JN098591

現場の悩みを
法と判例から
解決に導く！

自治体財務
Q&A

青田悟朗 著

第一法規

はじめに

　自治体財務の基本となる法令は、地方自治法、地方自治法施行令（以下「自治法」、「自治法施行令」と略します。）ですが、自治体の業務は公金を基にし、公共性、平等性から民事法の考えがそのまま当てはまらないことです。

　民法には契約自由の原則がありますが、例えば、水道の給水契約は申込みがあれば事業者は基本的に拒否できず、電気、ガス等と同様に定型約款とされます。給水の申込みに対し、物理的に供給できない場合以外、事業者は承諾義務が課せられ、公共性から民法の考えを修正しています。

　また、売買、請負、委任契約などは交渉を前提とする契約になりますが、公平性、機会均等、効率性を意図した方法による一般競争入札、指名競争入札、随意契約をとることが要請され、手続の透明性、法令順守の点から自治法等の理解が必要になります。

　収入の面では、行政処分、滞納処分ができる債権と、合意、契約で成立する債権では、管理・回収においても手続、方法が違います。債権管理についても、民法の考えを理解した上で地方税法、自治法等をみると理解しやすいものです。民事債権の回収は債務名義を必要とし、時効完成しても債権の消滅には援用が必要です。地方税等公課は債権の成立に合意を必要とせず、法令により一方的に賦課、更正し、督促により行政限りで強制的に徴収でき、執行停止により免除できます。

　また、時効により債権は消滅し、援用は不要であり、時効の利益を放棄して支払うこともできません。　予算の面では繰越し、将来にわたる債務負担行為なども自治法、自治法施行令に定められ、公金を適正に扱う必要から正しい財務手続をとることが求められます。このような手続、規定の正しい解釈をする上で参考になるのは裁判例（以下「判例」といいます。）です。

　判例は読みづらく、理解が難しいものもあり、また、確定していないものもあります。本書では下級審判決でも解釈の指針となり、有益と思われる判例を多く取り上げ、判断理由の要約箇所を抜き出しました。また、解釈に資

する参考文献も取り上げています。

　ところで、地方自治法が改正され、内部統制が問われるようになりました。内部統制の目的は、①業務の効率的かつ効果的な遂行、②財務報告等の信頼性の確保、③業務に関わる法令等の順守、④資産の保全にあります。本書は、内部統制の視点からも適切な財務事務手続のあり方をお答えしています。

　なお、債権管理については最小限とし、詳細は拙著『改正民法対応　自治体のための債権回収Ｑ＆Ａ　現場からの質問【第２次改訂版】』、『判断に迷ったら読む　自治体の債権管理　50の疑問からわかる解決の糸口』、『裁判例から読み解く　自治体の債権管理』（いずれも第一法規刊）をご参照いただければ幸いです。

　自治体財務に関して既に優れた著作がありますが、本書は概説書、解説書を読むだけでは理解しにくい、実務上、問題になるところを取り上げました。Ｑ＆Ａは自治体からの質問に答えたものを、一般化するために多少変えています。長年の実務と研修に携わった経験から、自治体財務について知っておくべきこと、誤りやすいところを中心に解説しましたので、関心のあるところからお読みいただき、疑問が生じたときに参考にしていただければ幸いです。

　また、初任者にも制度の理解も含め、財務全般に興味を持ってもらえるようにコラムを設けました。参照条文は探しにくい別表、自治体の財務規則等以外は掲載していませんので各自でご参照ください（民法とあるのは改正後を指します。）。

　説明が不十分なところはご寛容いただき、また、誤りのあるところはご指摘いただきたいと思います。

　なお、参考文献以外は個人の見解、意見であることをあらかじめお断りしておきます。

　本書の企画段階で労をとっていただいた第一法規の梅牧文彦さん、丁寧な校正をしていただいた西島理津子さんに改めて感謝を申し上げます。

　令和５年１月

青田　悟朗

現場の悩みを法と判例から Q&A 解決に導く！
自治体財務Q&A

はじめに

2 収入

3 支出

4　契約

5　財産

6　住民監査請求、住民訴訟、賠償責任

7　その他

COLUMN

著者紹介

（装丁デザイン　篠　隆二）

凡例

1　法令名の略称について

　本文中は、以下の法令名を略称で表記しています。

　　　法…地方自治法

　　　令…地方自治法施行令

　　　規則…地方自治法施行規則

2　判例未搭載の書誌情報について

　判例情報データベース「D 1-Law.com　判例体系」（有料）（https://www.d1-law.com）に収録されているものは判例 ID を掲載しています。

3　参考判例、参考文献の下線は筆者によるものです。

1　財務規則、予算、決算、組織

Q1　財務規則の範囲と定め方

　財務規則は自治法、自治法施行令を受けてどこまで定めておくべきでしょうか。また、財務規則は情報量が多く、規則を内容により分けることができるでしょうか。

A　財務規則は、法令が条例に委任しているところも考慮して、各自治体の実情により、内部手続として長により定めます。条例、規則は法令に反しない限り定めることができ（**法14、15**）、財務規則は外部に対する効力を定めるのではなく、職員が順守すべき事項を定めます。

　財務規則は、収入、支出、契約など金銭を扱う財務全般の手続を定めることから細かくなることはやむを得ませんが、広い意味で法令の一つですから、別立てにする体裁はとりません。

　法令は、題名（題名の後、制定順に暦年で番号を付します。）、本則、附則から構成されています。

　法令の本体は本則であり、条文が多い場合、編、章、節、款、目に分けますが、必ずしもこのような体裁をとらず、目次で内容を明示することもあります。本則の後ろに置かれる規定を附則といい、施行期日、関係法令の改正、経過措置が定められ、様式、書式、別表は附則の後に付けます。

　条例は罰則、過料を定めることができ（**法14③**）、規則は過料のみを定めることができます（**法15②**）。自治体の契約も民法の法定利率以上の利息、遅延損害金を特約で定めることができますが、財務規則に法定利率よりも高い率が規定されていても、契約書にその率の記載がない場合は法定利率の遅延損害金しか認められません（**参考判例 1**）。

　財務規則の効力は契約者の合意内容には及ばないことになります。

また、財務規則に反する遅延損害金の率による特約は定められないとされます（ 参考判例 2）。財務規則が分かりにくいのは、自治法、自治法施行令を受けて定めることも多いためであり、これらの法令を理解していなければ身近なものにはなりません。財務規則と関連する法、施行令その他の法令を別途に明示しておくことも工夫の一つです。このような工夫をしておけば、法令の改正に合わせて改正しやすくなります。

参考判例

1　財務規則に規定があっても契約に記載のない場合は合意されない（水戸地判平3・11・12判時1449号86頁、判例 ID 27811891、参考判例2の原審）

　「契約書に遅延損害金の料率の記載がなくても、契約当事者は財務規則119条を前提に契約しているのであるから、本件契約には右規則119条と同一内容の合意がある旨主張する。しかしながら、地方自治法234条5項が、契約書を作成する場合、契約当事者が契約書に記名押印しなければ当該契約は確定しない旨規定している趣旨からすると、契約書を作成した場合には原則として当該契約書に記載のない合意を認めるのは困難である」

2　財務規則の改正なしに規則に反した契約は容認されない（東京高判平4・11・17行裁例集43巻11・12号1395頁、判例 ID 27816481）

　「(筆者注：政府契約の支払遅延防止等に関する法律を受けた) 財務規則119条1項の遅延損害金の料率が特に高額で不当であるとか、あるいは同条項を遵守する義務がないとはいえないし、しかも、控訴人が右規則を改正することなく、当然に右規則に反する契約を締結することを容認することはできない」

Q2　自治体会計の特徴について

　自治体会計には一般会計、特別会計、公営企業会計がありますが、それぞれどのような特徴があるのでしょうか。また、まとめることができないのでしょうか。

会計年度、会計区分は決められ（**法209**）、特別会計は特定の歳入により特定の支出を賄います。

　自治体の会計は現金に伴う入出金により費用と収益を認識する方法ですが（現金主義）、企業会計は独立採算を基本とし、現金決済及び単年度の収支だけではなく、複数年度の収支により経営を見ていく会計制度です（発生主義）。自治体の活動が多岐にわたることから特別会計、公営企業会計に区分されます（ 参考文献 1）。

　一般会計は自治体全体に関わる歳入、歳出であり、特別会計は特定の歳入により特定の支出を賄い、事業ごとに条例で定め、例えば、介護保険事業は特定の歳入、歳出とする特別会計扱いです（**介護保険法３②**）。

　一般会計が単年度であるのは、毎年度の地方税等の収入に依存し、現金決済を原則とするためです。

　地方公営企業では単年度でなく、企業経営として複数年度の収支が求められる貸借対照表（バランスシート）による会計を条例で定めます。企業会計では継続的な事業活動から、複数年度の収支が求められます（**法208**、 参考文献 ２）。

　各会計で違った性質があり、まとめることはできませんが、一般会計が黒字でも、特別会計が赤字であれば財政状況が分からないので、連結決算として自治体の財政状況を見る試みがされています。財政の基本は「入を量りて出を為す」とされ、収入を見込んで、支出を予定し、限度を決める財政の心がまえを表しますが、義務的な支出は増える傾向にあり、単年度会計だけでは財政状況の健全性が判断しにくくなっていることは否めません。

　なお、会計年度区分の例として、工事請負費は工事が完了し、履行があったと認められる年度において支出することができ、繰越手続をとらない限り次年度は支出できないのが原則です。

　 参考文献
　１　会計を分ける意味

「地方公共団体の会計は、一般会計と特別会計とに区分されます（法209条1項）。
　本来なら、会計は単一であることが望まれますが、地方公共団体の活動は複雑かつ多岐にわたり、単一の会計で明確かつ適正に処理することが困難となり、会計の区分が必要となったものです。
　（1）　一般会計
　一般会計は、地方公共団体の行政一般の事務を処理するための会計であり、地方公共団体の基本的な経理を中心としたものです。
　なお、特別会計との違いとして、一般会計においては、必ず予備費を計上しなければなりません（法217条1項）。
　（2）　特別会計
　特別会計は、地方公共団体が特定の事業を行う場合その他特定の歳入をもって特定の歳出に充て一般の歳入歳出と区分して経理する必要がある場合において、条例でこれを設置することができるものです（法209条2項）（越智恒温監修『会計事務質疑応答集』学陽書房、1994年、53頁）。」

2　一般会計と企業会計の違い
　「両者（一般会計と企業会計）の違いは、地方公共団体の収入がもっぱら地方税等の年度ごとの現金収入に依存し、即時・現金決済が原則であるのに対し、企業のそれが継続的な事業活動（取引）から生ずる債権債務関係を基礎とし、企業間の取引が即時・現金決済で行われることの方が稀であることによるものと思われる（橋本勇『自治体財務の実務と理論 改訂版―違法・不当といわれないために』ぎょうせい、2019年、330頁）。」

Q3　予算書の見方

　財政状況を判断するためには予算書のどのようなところを見ていけばよいでしょうか。

予算書の体裁は自治法施行規則に様式が定められており（**令147**、
規則15）、予算は会計年度の出し入れを表し、一切の収入、支出は
全て予算に編入しなければなりません（**総計予算主義、法210**）。

　歳入、歳出、債務負担行為等に分かれ、歳入、歳出はそれぞれ費目があり、
積算根拠を問われます。

　予算のうち、財源構成も重要であり、工事費用は補助金、起債、一般財源
の構成を見ていきます。毎年同様の支出があるものは、前年、数年間の費用
を積算して予算を組みます。予算の見積りが甘いと過不足が生じ、積算根拠
を明確にすることが求められます。

　自治体の予算は、所管を越えて使用、利用できるものがあっても算出する
ことが多いものですが、無駄をなくすよう、所管を越えた調整も必要です。

　財源は補助金が付く方が有利になるのは当然ですが、将来の維持費、補修
費も含め必要な事業かどうか見ておきます。慣れてきたら、前年度との比較
も必要です。どの支出が増減しているのか、その原因を探ることで今後の予
算も立てやすくなります。

　予算が適正かどうかは、決算を離れて見ることはできず、財政状況は決算
カードにより自治体の財政状況を見ておくと今後の予算が身近に感じられる
ことでしょう。

　一つの指標として、決算カードにある実質収支比率は3％から5％までが
適正な範囲とされ、純然たる借金の比率である公債費負担率（15％を超える
と警戒ラインとされます。）、将来の債務負担等を加えた実質公債費負担率な
ども含めて財政状況を判断することができます（**参考文献**）。

参考文献

決算カードによる分析

　「財政状況を分析する際には、財政収支、財政構造、将来への財政負担の3つ
の切り口から点検することが一般的です。財政収支を見るための代表的な指標と
して実質収支比率があります。

実質収支比率とは、自治体の財政規模に対する収支の割合を示します（中略）。収支が黒字ならば正の数、赤字ならば負の数になります。一般的に３〜５％が適正な範囲とされています。

　実質収支比率が３％を下回った場合、剰余金が少なく、翌年度の財政運営において不測の事態が生じた場合に弾力的な対応ができない状況が想定されます。

　一方、５％を超えるような状況は、剰余金が多額に発生したことで、収入が当初より相当上回ったか、歳出の不用額が多額に生じた状況を示しており、年度の途中でこうした実態を把握していれば補正予算を編成して、その財源を有効に活用できたにも拘わらず、その対応が十分でなかった、つまり、適切な財政運営ではなかったといえます。（中略）

　一方、歳出は、個々の事務事業ごとに必要な費用を把握して計上し、基本的には当初の金額を超えて支出することはできません。予算編成では歳入と歳出が均衡するように編成されますので、歳入が予算額を下回るときは何らかの手当をしないと赤字決算になります。

　したがって、歳入が予算額を上回れば余剰金となり、歳出との差額分の不用額とともに繰越金となります。

　年度の途中で適宜こうした状況を把握し、新たな課題に対応して補正予算を編成したり、次年度以降の財政運営のために基金に積み立てたり、地方債の繰り上げ償還を行なっていくことが財政運営には必要な視点です。」（一般社団法人　構想日本ホームページ）

　＊　筆者注：実質収支比率…計算式は、実質収支÷標準財政規模×100です。
　　　標準財政規模とは、自治体の標準税収入額と国からの普通交付税を足したもので、自治体の裁量で使える財源です。マイナス数値が出れば、赤字団体とみなされ、国からの制約があります。
　　　要するに税等収入額と普通交付税でどれくらい支出を賄うことができるのかとする指標です。

Q4　総計予算主義と学校給食費の管理

本市の学校給食費は学校限りの管理ですが、このような管理方法は総計予

算主義に反するでしょうか。また、総計予算主義に対する例外があるのでしょうか。

 総計予算主義とは、会計年度における一切の収入・支出を予算に編入することをいいます（**法210**）。

予算は単に見積りではなく、議決により支出として財務行為を拘束し、予算手続のない支出は違法とされます（**参考判例** 1）。

給食費を学校長、給食センター長等の名義で管理している場合は私会計の扱いであり、一般会計（公会計）に編入されていないことになります。学校給食費は公会計か、私会計とするのかは自治体の裁量とされています（**参考判例** 2）。

学校給食費は材料費相当額を扶養義務者の負担とするものですが（**学校給食法11②**）、一方で学校給食に係る労務費、設備費は自治体の負担とされ（**学校給食法11①**）、学校給食費を私会計扱いすることは総計予算主義（**法210**）に反することから公会計化が求められます。

また、私会計では一般会計の予算、決算に組み込まれず、歳入として調定できないため、長部局により徴収、管理はできません（債権放棄を含みます。）。私会計では学校長は自治体の債権者でなく、学校長個人の立場で管理・回収することになります。もっとも、規約等を定めた学校給食会のような組織であれば権利能力なき社団として債権者になることができ、代表者、管理人の定めがあればその名において訴訟ができます（**参考判例** 3、**参考文献**、民事訴訟法29）。この場合、訴訟費用は自治体負担にできず、職員は指定代理人（**法153①**）になることもできません。

私会計における未収金を公会計にするには、学校長等が自治体に債権譲渡する旨を扶養義務者に通知し、自治体の長に債権譲渡した上で改めて長から扶養義務者に通知を行い、公会計に組み入れることができます。

1 予算手続をしていない支出は違法である（松山地判昭48・3・29判時706号18
頁、判例ID 27603430）

「一会計年度の財政運営の基礎をなす歳出予算が議会で議決されると、<u>歳出予
算はたんなる支出の見積表ではなく、歳出の予定準則として、地方公共団体の執
行機関に対して歳出予算の定める支出の目的・金額・時期において、その財務行
為を拘束する</u>のであり、本件のように交際費は、予算科目に組まれていたがもは
や支出すべき金額がなくなつた場合は予備費の充用（旧法237条）または当該年
度における補正予算の議決を経るなどの会計手続を経て支出するほかないところ、
本件は右何らの会計手続をとることなく、金銭を支出したのであるから違法であ
る」

2 学校給食費の会計は自治体の裁量に委ねられる（横浜地判平26・1・30判例
自治383号60頁、判例ID 28223280）

「学校給食の実施者が義務教育諸学校の設置者であることを重視すれば、当該
設置者である地方公共団体が学校給食費を徴収管理する（公会計）と解すること
が可能である。他方、児童又は生徒の保護者が負担する学校給食費は、学校給食
の食材費等に相当する部分であり（学校給食法11条1項、同法施行令2条参照）、
学校給食の対価といえることからすれば、学校給食費の徴収管理は、児童又は生
徒の学校教育に必要な教材費等の徴収管理と同様の性格を有していると解するこ
とができ、このような理解に照らせば、学校長が学校給食費を徴収管理すること
も許容される（私会計）と解することも可能である。（中略）学校給食法は、学
校給食費の徴収管理に係る会計制度として公会計又は私会計のいずれを採るかを、
設置者である地方公共団体の裁量に委ねている」

3 権利能力のない社団の土地賃貸借契約の効力（最判昭39・10・15民集18巻8
号1671頁、判例ID 27001362）

「いわゆる●●支部は、支部という名称を有し、その規約は前記本部の定款と
全く同旨のものであつたが、しかし、それ自体の組織を有し、そこには多数決の
原則が行なわれ構成員の変更に拘らず存続をつづけ、前記の本部とは異なる独立
の存在を有する権利能力のない社団としての実体をそなえていたものと認められ

るのである。従つて、訴外Ａと右権利能力のない社団である●●支部の代表者との間で締結された本件土地賃貸借契約により、いわゆる●●支部の構成員全体は●●支部の名の下に本件土地の賃借権を取得したものというべく、右と同趣旨の原判決は正当である。」

参考文献

規約等を定めた学校給食会は権利能力なき社団として債権者になり得る

「小中学校というのは施設を意味するだけであり、校長というのは学校設置者の機関にすぎないので、法律上の権利義務の主体となることはできず、債権者とはなりえない。一方、市学校給食会に法人格はないとのことであるが、費用徴収の方法や代表者の選定について規約が定められて運営されていることが通常と考えられる。最高裁判例は、権利能力なき社団と言うためには、団体としての組織を供え、多数決の原則が行われ、構成員の変更等にも関わらず団体そのものが存続し、その組織において代表の方法、総会の運営、財産の管理その他団体としての主要な点が確定していることを要する（最判昭39・10・15民集18巻8号1671頁）としている。『市学校給食会』の詳細は不明だが、運営規約があり、規約に従ってPTA役員を代表者として選任して運営する組織を有し、継続的に学校給食の提供事業を運営しているものと考えられることから、権利能力なき社団に当たり、権利の主体として債権者になる（債権管理・回収研究会編『自治体職員のための事例解説　債権管理・回収の手引き』第一法規）。」

Q5　予算の議決と専決処分

予算が否決された場合、どのような手続を行うのでしょうか。

A　予算の否決は再議を求め、さらに否決されたら予算は廃案になります（法176①～③、**参考文献** 1）。

議会が長の権限を超え、会議規則に反する場合は知事に審査を求め、不服があるときは出訴できます（法176④～⑧）。

予算が否決された場合、長は専決処分をすることができます（**法179①**）。ただし、専決処分は議会が成立しないとき、出席議員の半数を満たさない場合に議長において出席の催促をしたにもかかわらず会議を開催できないとき、緊急を要するとき、議決すべき事件を議決しないとき（参考判例 1）が要件であり、予算が否決されたというだけでは専決処分はできず、違法とされます。

　また、予算措置が計上できなければ議会には条例を提出できません（**法222①**、参考文献 2）。

　専決処分の要件は直ちに議決が必要な場合であり、緊急性のない専決処分は無効とされます。住民訴訟の面からは「専決処分の内容となった案件が義務負担を内容とする行政処分としての性質をもつものであれば、住民訴訟の対象となりうる適格性をそなえている」とし（参考判例 2）、専決処分は長に与えられた立法権限から専決処分は住民訴訟の対象ではなく、取消しを求め得る行政処分が対象とされます（参考判例 3）。

　また、訴訟における和解金の支出を専決処分することは、議会において予算を成立させる議決と同じものとみなされます（参考判例 4）。

参考判例

1　議決すべき事件を議決しないときに専決処分したのは違法でない（東京高判平25・5・30判例自治385号11頁、判例ID 28224013）

　「議会の議決を要する案件である本件道路工事請負契約の締結について議決を求める議案を提出した。（中略）原告ら議員は、Ｔ議長に対し、再三にわたり定例会の開会を要求したが、Ｔ議長は定刻をすぎても議会を開会せず、流会となった。（中略）議決すべき案件である本件道路工事請負契約の締結について、議決がされなかったものと認められる。したがって、本件専決処分〈4〉は、議会において議決すべき案件を議決しないことによりなされたものであって、この専決処分について、第1審原告ら主張のような違法事由があるということはできない。」

2 専決処分は住民訴訟の対象ではない（青森地判昭52・10・18判時895号65頁、判例ID 27662047）

　「地方自治法242条の2による（中略）無効確認の訴はそれによって当該処分に基づいて将来なされることが予想される財産上の行為を予防しうる場合など地方公共団体の職員の財政上の違法行為の防止是正に必要かつ有効適切な方法である場合でなければ訴訟として争うだけの実益はないという客観的意味における確認の利益は要求されるというべきである。そこで本件専決処分についてみるに、（中略）臨時会において、本件専決処分により一部改正された各給与、報酬条例をさらに改正して、当該職員の給料、報酬を再度引上げる旨の各改正条例を可決成立させたことが認められる。右事実によれば、右各改正条例の制定により、本件専決処分によって制定された各改正条例は適用される余地がなくなり、実質的に廃止されたものということができ、したがって、その（筆者注：専決処分の）効力が無いことを判決によって確認しても、村が将来蒙るであろう損失を予防する意義はすでに存せず、また過去に受けた損失を回復するためには、あえて処分の無効確認の訴を提起しなくとも、損害賠償請求等の請求訴訟によってより抜本的な解決を得ることができるから、右無効確認の訴は必要かつ有効であるといえず、前述の客観的意味における確認の利益はない」

3 専決処分は住民訴訟の対象ではない（名古屋高判昭44・3・31行裁例集20巻2・3号317頁、判例ID 27603227）

　「地方自治法第242条の2による住民訴訟（中略）の対象となるのは、当該普通地方公共団体の長又は委員会もしくは委員、又は当該普通地方公共団体の職員のなす違法な（a）公金の支出、（b）財産の取得・管理・処分（c）契約の締結・履行（d）債務その他の義務の負担、および違法な（a）公金の賦課・徴収を怠る事実（b）財産の管理を怠る事実で、監査請求を経た事項である。そして右第242条の2第1項第2号により取消しを求め得る行為は行政処分に限られるのである。（中略）被控訴人が昭和43年4月1日地方自治法第179条第1項に基づいてなした専決処分は、被控訴人が●●市議会に代つてなした意思決定であつて、前記住民訴訟の対象となる行為のいずれにも該当しない」

4 専決処分の効力（東京高判平25・6・12判例自治385号19頁、判例ID

28224014）

「損害賠償を求める訴えについて和解をすることや解決金の支出について予算を定めることは、本来、議会の権限であるところ、議会が地方自治法179条3項等に基づき適法な議決によって専決処分を承認した場合には、議会の意思が表明されたものとして、議会の議決によって、本件和解をし、解決金の支出について予算を定めた場合と同視するのが相当である。」

参考文献

1 再議に付すること

「本条（筆者注：地方自治法176条）1項所定の付再議の対象となる条例や予算の内容については特に定めはないので、長は、政策的判断に基づいて執行することが不適当と認められる議決はすべて再議に付しうるが、当該議決を執行する前でなければ行使しえず（行実昭23・9・22高知県総務部長宛自治課長電話回答）、また、『否決』された議決は、効力または執行上の問題は生じないので、再議の対象とはならない（行実昭26・10・12地自行発319号）。議会は、理由が示されている限り再議に応じないでそのまま放置しておくことは許されないが（行実昭28・3・30自行発58号）、長が理由を示さずまたは不十分な理由で再議に付した場合は、当該付再議の行為は法的効力を生じず、議会は再議する義務を負わないと解される（村上順＝白藤博之＝人見剛編『別冊法学セミナー　新基本法コンメンタール地方自治法』日本評論社、2011年、196頁）。」

2 予算上の措置の意味

「『予算の措置が適確に講ぜられることとなる』とは、『予算上の措置が適確に講ぜられる見込み』より強く、予算で定めるところによると同程度の意味であるから、関連予算案の提出のみでは十分ではなく、予算が確定する必要があり、費目流用又は予備費充用も手続が完了する必要があるのであって、必要経費が予算計上済みでなければならない（地方財務制度研究会編『地方財務ハンドブック〔改訂版〕』ぎょうせい、1999年、105頁）。」

Q6 予算における支出の特例

　財務規則に継続費、繰越明許費、債務負担行為等の手続がありますが、それぞれの違いを説明してください。

A　各年度の歳出は、その年度の歳入から充てるという会計年度独立の原則（単年度主義）があります（法208②）。しかし、単年度会計では支出できない場合があり、会計年度独立の原則の例外として、財政の効率的運用、経理の円滑化から支出の特例として継続費、繰越明許費、債務負担行為、事故繰越は次年度以降に支出することが認められ（参考文献1）、それぞれ原因、要件により区分し、手続を財務規則に定めます。

　継続費（法212、令145）は、複数年度にまたがる契約であり、あらかじめ年割額にして年度内に全ての支出が終わらないものをいい、契約で総額、年度ごとの経費等を明記します。継続費は年度契約を避け、大規模工事等は費用を抑えることにもなります（参考文献2）。

　繰越明許費（法213、令146）は、年度内に支出が終わらない見込みを次年度予算に定め、継続費と違って予算時点で見込めないことが要件であり、繰越明許費にすると補正予算は不要です（参考文献3）。

　債務負担行為（法214）は、将来にわたる支出義務を表し、次年度以降の予算の先取りになり、将来負担として財政への影響を考える必要があります（参考文献4）。

　各年度に支出が予定された指定管理料は、年度ごとに協議して協定を締結しても、将来にわたる費用として債務負担行為を設定することになり、次年度以降の予算が設定した限度額まで認められます。

　継続費と債務負担行為の違いは、継続費はあらかじめ金額を確定しますが、債務負担行為は確定せず、限度額として将来の負担を定めます。

　なお、債務負担行為が無効とされるのは、契約自体が無効な場合に限られます（参考判例1）。

事故繰越（法220③、令150）は、当該年度に発生することが要件であり（参考判例2）、年度末に突発的な天災、事故等により支出できなければ、議決を受けずに長が繰越することになります（専決処分）。

　繰越明許費はある程度、経費の見込みが立ち、事故繰越は突発的でやむを得ない事由により扱い（参考判例3）、次年度予算において議決は不要です。

参考判例

1　債務負担行為が無効となる場合（奈良地判令2・1・30、平成30年（行ウ）第10号・平成31年（行ウ）第12号、判例集未登載、判例ID 28280764）

　「本件請負契約のうち産業廃棄物の撤去等に係る部分につき、裁量権の範囲の著しい逸脱又は濫用があり、同部分を無効としなければ地方自治法2条14項、地方財政法4条1項の趣旨を没却する結果となる特段の事情が認められる場合には、同部分は私法上無効になるというべきである（最高裁平成17年（行ヒ）第304号同20年1月18日第二小法廷判決・民集62巻1号1頁参照）。（中略）原告ら及び参加人らは、本件売買契約において、相手方Aが、相手方Bらとの関係で産業廃棄物の撤去費用等をE市が負担することとしたことが違法であるから、本件請負契約のうちこれに関する部分についても違法である旨主張する。しかしながら、本件売買契約と本件請負契約は契約主体を異にしており、本件売買契約の違法によって直ちに本件請負契約のうち上記部分が相手方Aの裁量権の逸脱、濫用により違法無効になるものとはいえず、結局、上記の特段の事情があるとは認められない」

2　自治法220条3項ただし書の意味（大阪地判令元・6・26判例自治465号88頁、判例ID 28284011）

　「事故繰越しは、会計年度独立の原則の例外として、予算の効率的な執行の見地から、予算の執行の段階において、地方公共団体の長の判断で行うことができるものとされていることを勘案すると、前記の『避けがたい事故』（法220条3項ただし書）とは、支出負担行為の後で、かつ、当該会計年度中に発生したものである必要がある」

3　事故繰越できる場合、繰越明許費との関係（東京地判平29・5・23判例自治
　439号17頁、判例ID 29047349）

　「地自法の規定の文理上、地自法213条1項の繰越明許費と地自法220条3項た
だし書の事故繰越しは、一方が他方に優先して適用されるという関係にあるもの
として定められていると解することはできない。（中略）繰越明許費の手続は、
『予算成立後の事由に基づき年度内にその支出を終わらない見込みのあるもの』
について行われるのに対し、事故繰越しは、『年度内に支出負担行為をし…年度
内に支出を終わらなかったもの』について行われるものと規定されていることを
勘案すると、年度当初の予想に反して、避けがたい事故により年度内に支出が終
わらない可能性が生じたが、支出を終わらないとの見込みが必ずしも確実ではな
いような場合には、その見込みの程度など諸般の事情を考慮した上、直ちに補正
予算により繰越明許費とする手続を留保しつつ、支出を終わらせることができる
ように努め、それにもかかわらず、支出が終わらないという結果となったときは、
予算の執行上、これを事故繰越しとするという取扱いをすることも許容されてい
る」

参考文献

1　会計年度独立の原則、例外

　「各会計年度における歳出は、その年度の歳入をもって、これに充てなければ
なりません（法208条2項。また、繰越明許費の金額を除くほか、毎会計年度の
歳出予算の経費の金額は、これを翌年度において使用することができないと定め
られていますが（法220条3項本文）。このように、一会計年度の収支が他の年度
にまたがってはならないことを、会計年度独立の原則といいます。このため、
個々の収入及び支出がいずれの会計年度に所属するかを区分するため、歳入・歳
出の会計年度所属区分が定められています（令142条・143条）。会計年度独立の
原則を徹底して貫いていくと、財政の効率的運用及び経理の円滑な運営が阻害さ
れる恐れがあるので、次の例外（筆者注：継続費の逓次繰越、繰越明許費、事故
繰越し、過年度収入及び過年度支出等）が認められています（前掲、越智恒温監
修『会計事務質疑応答集』37頁）。」

2　継続費

「継続費というのは、その履行に数年度を要する事業について、あらかじめ、経費の総額、所用年度数、年度毎の経費を定めて支出するための制度であり（自治法212条）、現実の必要性から、会計年度独立の原則に対して認められた例外（長期予算方式）である。（中略）ただし、継続費においては、債務負担行為と異なり、初年度の支出が全くないということはない。（中略）なお、継続費における財源は予定財源であることから、逓次繰越の場合には、繰り越された経費を支出するための財源は、その経費が支出される年度で手当される。このため、財源を繰り越すことは不要であり、このことが、繰越明許費及び事故繰越の制度との違いとなっている（前掲、橋本勇『自治体財務の実務と理論 改訂版－違法・不当といわれないために』132頁）。」

3　繰越明許費

「繰越明許費というのは、一応当該年度内に完了することを予定しているものの、特別の事情が生じたことにより年度内に完了しないときに、翌年度に繰り越して使用することを予算で認められている経費のことである（自治法212条、自治法施行令146条）。これは、予算（補正予算を含む。）の成立時において年度内に支出の終わらない可能性が予見できるときにとられる措置であり、工期内に完成させるために無理な工事が行われることによる不良工事等を防ぐためのものでもある。したがって、繰越明許費の対象となっている工事については、当該年度内に支出の原因となる請負契約が締結されている（支出負担行為がなされている）場合もあるし、契約の締結自体が翌年度に繰り越されることもある（前掲、橋本勇『自治体財務の実務と理論 改訂版－違法・不当といわれないために』135頁）。」

4　債務負担行為

「債務負担行為というのは、歳出予算、継続費又は繰越明許費のいずれかにも計上されていない経費について債務を負担する行為のことであり、当該年度における支出は予定されていないが、対象となる事項、期間及び限度額を予算で定めておくことが必要とされる（自治法214条、自治法施行規則4条）。債務負担行為がなされた経費は、後年度において義務的に支出しなければならないものであるから、財政民主主義の見地から、予算において歳出予算とは別に定めなければな

らないのである。債務負担行為は、それを行うときに財源措置がなされている必要性はなく、現実に支出される年度において財源措置をすることとなるので、経済的には、借入金と同じ意味をもつこととなり、起債や継続費との代替性もある。それだけに、安易にこの方式を利用するときには将来の財政運営に深刻な影響を与えることになりかねないので、その妥当性について慎重な吟味が必要となる（前掲、橋本勇『自治体財務の実務と理論 改訂版－違法・不当といわれないために』134頁）。」

Q7　債務負担行為の設定年度

令和4年度に「令和5年度から令和6年度」の債務負担行為を設定しましたが、工事進捗状況から限度額を増額し、「令和6年度から令和7年度」に変更しました。このような変更は問題があるでしょうか。

 自治体の予算は単年度単位であり、債務負担行為は将来にわたる支出の義務を表します（各年度に予定された指定管理料など）。

債務負担行為は次年度以降の予算の先取りであり、次年度以降の予算は設定した限度額まで認められます。契約確定まで至らなくても、ある程度、期間と金額が見込める場合、予算に反映していなければ財政上の負担となることから、あらかじめ歳出予算と別に定めます。

ご質問は、限度額も増額し、「令和5年度から令和6年度」を「令和6年度から令和7年度」に変更したとのことですから令和6年度中に本契約できれば問題はなく、令和6年度にできなかった場合、合理的な理由があれば債務負担の期間及び額を変更してよく、特段問題にはなりません。

なお、債務負担行為は議決事項であり、専決処分は議会の権限を長に与える例外的なことから、補助金の支出をする旨の債務負担行為を専決処分することは違法とされます（参考判例 1）。

また、議会を招集しないことに合理的な理由がない専決処分は違法とされ、

その後、議会が承認した場合はこのような瑕疵は治癒されます（参考判例 2）。

　なお、債務負担行為の議決の単位は1事業を意味するものではなく、土地の合計面積により判断すればよいとされた例があります（東京高判平23・10・26判例自治362号57頁、判例 ID 28210081）

参考判例

1　債務負担行為は専決処分できない（千葉地判平25・3・22判時2196号3頁、判例 ID 28210993）

　「支出負担行為は、法令又は予算の定めるところに従い、これをしなければならず（法232条の3）、また、予算を定めることは議会の議決事項とされているところ（法96条1項2号）、その趣旨は、地方公共団体の財政負担となる歳出及び債務負担行為を住民の代表機関である議会の統制の下に置くことで、長等の執行機関による地方公共団体の行政活動を統制する点にあるものと解される。（中略）専決処分の制度は、例外的に、議会の権限事項につき長に決定権限を与えるものにすぎないことに照らせば、予算に関する議会と長との権限の調整を図った上記法の趣旨を全うする必要上、違法な本件専決処分に基づいてなされた本件贈与契約も違法となる」

2　専決処分による議会の承認（津地判昭54・2・22行裁例集31巻9号1829頁、判例 ID 22003391）

　「条例の制定は本来議会の権限であるところ、普通地方公共団体の長の専決処分に対し議会の承認がなされた場合には結局議会の議決のあつたのと同視してよいのであるから、専決処分が前記要件を欠いてなされた場合であつても後に議会の承認があれば右瑕疵は治ゆされる」

　＊　筆者注：地方税法の改正に伴う条例改正を専決処分とし、自治法179条1項所定（専決処分）の要件を欠く瑕疵があっても、後に議会の承認があれば瑕疵は治癒されるとしました。

Q8　予算区分の意味

款、項、目、節の予算区分はどのような意味があるのでしょうか。

A　予算では、どのような収入があり、どの程度の額が確保され、支出は何に充てるのか明確にしなければなりません。

　支出が特定される収入もあり、区分はそれぞれの費用を明確にし（法216、令147、規則14、15）、このような区分をしなければ、みだりに費用を流用できることになります。このように共通した区分は、各自治体の財政状況を同じように把握するために設けられたものです。

　予算ではその年度の一切の収入と支出を計上し、歳入も歳出も款、項として区分し、目、節は細分化し、歳入は性質により、歳出は目的によって区分します。

　款、項は流用禁止と関連し、議会による統制として議決事項になり、長の執行を拘束しますが（法96①（2）、参考文献）、目、節は款、項の支出目的を明らかにし、行政科目又は執行科目と呼ばれ、目、節の間で流用可能ですが、款、項の間は流用できません（法220②）。

参考文献

予算の議決

　「予算の発案権は長に専属する（149）。長は、調製した予算案を年度開始前に議会に提出しなければならない（211①）。また、長は予算を議会に提出するときに、予算に関する説明書もあわせて提出しなければならない（211②）。予算区分として款項目節と順に細かくなるが、議会が議決対象とするのは款と項という科目までである。予算について、議会は増額修正することは許されるものの、長の予算初案権を侵さない限度でなしうると解されている。これに対して減額修正は当然可能であるといわれている（中略）。議会は、予算に条件を付することはできないとされているが、予算執行上の要望事項を付帯決議とすることは可能である。議会が予算の議決をしたときは、議長は3日以内に長に送付する。送付を受

けた長は、直ちにその要領を住民に公表しなければならない（219）（前掲、村上
順＝白藤博之＝人見剛編『別冊法学セミナー　新基本法コンメンタール地方自治
法』122頁）。」

Q9　項目間予算の流用禁止

項目間につき予算の流用が禁止されているのはなぜでしょうか。

A　予算の流用は予算を補正せずに他の費用に充てることです。
　　款、項は議決事項であり、原則として、款、項間の予算の流用は議
会による統制を免れることから認められませんが（**法220②**）、緊急、必要な
場合は認められます（**法220②**ただし書、**令150**、 参考文献 1 ）。目、節間は予
算の流用が長の裁量として認められますが、実質的に議会の統制を免れるよ
うな場合は裁量権の濫用になります（ 参考判例 1 、 2 ）。

　予算は決められた範囲内で目的に沿って支出することが義務付けられ、年
度途中の予算の移動は不正につながり、流用をみだりに認めることは経費の
最小化になりません。細節の流用であっても、予算積算、予算説明書（**法
211②**、**令144**）と違う目的に使用する場合は不当な支出と評価されます
（ 参考文献 2 ）。

　確定した支出は円単位ですが、議決の対象となる総額、款、項の区分、予
算の執行区分を千円単位の表示とし（**法216**、**令147②**、**規則14**、**15①**）、予
算流用についても円単位まで表す必要はありません。

　交際費の性質を有する支払を食糧費の前渡金から支出することは相当では
なく、財務会計行為として違法とされます（ 参考判例 3 ）。原則として食糧
費の流用は認められず、支出の目的に相当性があり、やむを得ない場合は流
用が認められます（ 参考判例 4 ）。同じ秋田地裁において参考判例 3 と 4 の
判断が分かれた理由は、本来、食糧費から交際費に相当する費用は支出して
はならないとされますが、相当性、緊急性からやむを得ず認められるかどう

かで違いがあることになります。

参考判例

1 議会による予算統制を免れる目節間の流用は許されない（長野地判平31・3・22判例自治463号21頁、判例ID 28273666）

「目節は、予算執行のために定められる科目であり（同法施行令150条1項）、予算議決の対象とならないから、普通地方公共団体の長において、同一の項内の他の目又は同一目内の他の節（細節を含む。）への流用を実施することは、普通地方公共団体の長の予算執行における裁量の範囲内の行為として原則として許容されるというべきである。しかし、他方において、歳出予算について目節が設けられたのは、議会による予算統制の一環であることからすると、実質的に議会による予算統制の潜脱となるような違法な予算執行を許容するに等しい結果をもたらすような執行は、裁量権の逸脱、濫用として許されない」

2 予算統制を潜脱する流用は裁量権の濫用である（福岡高判平23・5・24判例自治353号62頁、判例ID 28180342）

「普通地方公共団体の長において目節の間の流用を実施することは、普通地方公共団体の長の予算執行における裁量の範囲内の行為として原則として許容されるというべきであるが、他方、歳出予算について目節が設けられたのは、議会による予算統制の一環であることからすると、実質的に議会による予算統制の潜脱となるような違法な予算執行を許容するに等しい結果をもたらすような執行（目節間の予算の流用）は、裁量権の逸脱、濫用として許されない」

3 食糧費から交際費に相当する支出はできない（秋田地判平28・4・15判例自治419号33頁、判例ID 28251110）

「本件懇親会においても会費又は寸志の名目で公費から一定の金員を支払うことを容易に予想することができ、交際費からの支出を準備することができたところである。したがって、本件支払について、本来食糧費から支出することが相当でないにもかかわらず、殊更に食糧費から支出しなければならない必要性を基礎付ける事情は何ら認められない」

4 懇親会費用を食糧費から支出したことの是非（秋田地判平28・7・15、平成27年（行ウ）第6号、判例集未登載、判例ID 28242872）

「（筆者注：懇親会費等を寸志として支出する場合、交際費から支出すべきであるが）食糧費には市が主催する各種会議等における茶菓や食事の経費として支出するものも含まれ、この経費から各種会議等に出席した市の職員分が除外されるわけでもないことに照らすと、食糧費から市の職員の飲食代を支出すること自体が直ちに禁じられるところではない上、当時、食糧費の支出に係る明確な基準も存在しなかったことも考慮すると、金額の当否はともかく、A市長ら市の職員の飲食代を食糧費から支出したこと自体が違法となるものではない。（中略）（筆者注：過密な日程から）昼食会等が行われたことを考慮するも、本件懇談会が相当性を欠くものであったということはできない。（中略）支出の目的に相当性があり、これを達成する上で必要かつ最少の限度を超えるものとは認められないから、地方財政法4条1項に違反するものではない。」

参考文献

1 流用の意義

「流用とは、予算の補正を行うことなく、一定の目的に充てた経費を抑制して他の支出費用の増額に充当することをいう（自治総研・逐条IV93頁、松本逐条725頁）。本条（筆者注：自治法220条）は、歳入歳出予算の議決科目（216条）である款・項間の流用を原則として禁止する。款項間については例外を認めていない。しかし、流用が全く認められなければかえって執行に不都合が生じる場合があるので『予算の執行上必要がある場合に限り』予算の定めるところに従い、項間の流用が認められる。これに対し、行政科目である目・節間の流用は禁止されていない（前掲、村上順＝白藤博之＝人見剛編『別冊法学セミナー　新基本法コンメンタール地方自治法』263頁）。」

2 安易な流用は不当な支出との評価を受ける

「節の科目である需要費には、その内容に消耗品費、燃料費、食糧費、印刷製本費等が含まれるため、予算の積算段階では消耗品費あるいは印刷製本費として計上し、予算に関する説明書でもその旨をしながら、執行段階でその金額を食糧

費として支出するということも不可能ではない。しかし、しかるべき理由がない
にもかかわらず、予算の積算の基礎や予算に関する説明書における説明と異なる
目的のために支出がなされた場合は、直ちに違法な支出とはならないまでも、不
当な支出との評価を受けることになろう。なお、需要費や役務費に細節が設定さ
れている場合は、それは執行方法についての規範であるから、正規の手続を経な
いで、細節間においてその金額を流用することができないのは当然のことである
（前掲、橋本勇『自治体財務の実務と理論 改訂版―違法・不当といわれないため
に』432頁）。」

Q10　予算の流用

予算が承認されなかった費用は他の費用から流用できるでしょうか。

A 議会は予算を定め（法96①（2）、211①）、長は予算を調製して執
行する関係にあります（法149（2））。

　予算の議決と流用の関係において、再開発事業の予算が否決され、予算か
ら削除された整備計画委託費用に充てるため、流用により支出命令したこと
は議会による予算統制を失わせ、法の趣旨に反するとした例があります
（ 参考判例 1 ）。

　目節間の流用は長の裁量とされますが、否決された予算は、目節間の流用
でも議会の予算統制を免れることから流用は認められないとした例がありま
す（ 参考判例 2 ）。

　参考判例2は、病院誘致関連予算として病院予定地に存在する小学校体育
館の解体工事費、不動産鑑定評価委託料及び市道接続道路整備費を計上しま
した。しかし、市議会は全額削除した修正予算を可決し、その後、市議会臨
時会に病院誘致関連予算を柱とする補正予算案を提出したところ、市議会は
否決しました。そこで、市は予算の流用により、工事業者との間において体
育館等解体工事請負契約、市道整備工事請負契約を締結して請負代金を支払

いましたが、これは議会による予算統制を没却するものであって、裁量権の濫用にほかならず、違法とされました。

参考判例

1　予算が認められなかった費用は流用が認められない（東京高判平16・12・21 裁判所ウェブサイト、判例ID 28131521）

「地方公共団体の長が、予算流用の方法を用いて、普通地方公共団体の経費を、議会が当該事業の実施を否定して予算から削除した事業の費途に充てることを目的とする予算執行は、議会に与えられた予算議決権を一部空洞化させ、議会による予算統制を定めた地方自治法の趣旨に反する」

2　予算が認められなかった費用は目節間も流用できない（東京高判平15・12・10判時1849号37頁、判例ID 28091036）

「目節間における予算の流用の実施については、執行機関に相応の裁量権が認められるとしても、それには一定の制約があり、その裁量権の行使に当たっては、上記法の趣旨を逸脱、濫用しないようにすべきは当然であって、議会が当該事業の実施を否定して予算案から全額削除した事業の費途に充てることを目的とする予算の流用は、議会の予算修正権を有名無実化し、議会による予算統制を定める地方自治法の趣旨を実質的に没却し、濫用するものにほかならず、違法である」

COLUMN

元本と利息、利息制限法

2020年（令和2年）に入り、新型コロナの影響で事業者も含め経済的に苦しむ方が増えましたが、今後、返済とその利息に苦慮する状況が増えると思われます。

金銭消費貸借の金利や遅延利息が制限金利を超える場合は無効とする利息制限法、加えて高利を処罰する出資法があります。

　そもそも、利息の制限は近代になってから決められました。

　ところが、近世、近代までは、どれだけ高利で借りても利子は元本の2倍以上には増えないとする慣習がありました。そこでは、債権者と債務者の関係を対等に、社会を円滑にする知恵がありました。

　法律学では債権法はあっても債務法はありません。現行の利息は制限されていても、元金と合わせた総額規制ではないため、必ずしも債務者を保護する規定にはなっていません。

　古い時代のあり方を知ることは、現在の改正すべきところにつながります。

　現在の経済的な苦境こそ、柔軟な発想で法律は見直されてよいのではないでしょうか。

　「法学の世界でも債権者の権利を研究する債権論という学問分野はあるが、立場の弱い債務者の権利を考える債務論という研究分野は存在しない。歴史学の世界では、債務と返済の原理の歴史を考えようとする研究分野は存在しない。しかし、中世史料の中に債務契約の実体や在地における慣習法をさぐってみると、近代の債権論とは異質な中世独自の債務慣行の世界や原理が見えてくる。（中略）中世では利子率を無制限にした代わりに、利子は元本の2倍以上には増えない総額規制の利息制限法が機能していた。これを利倍法と呼んでいる。銭貨出挙（せんかすいこ、銭の出挙）では、利子は元金の0.5倍以上の利子を支払ってはならない法律になっていた。これを挙銭半倍法という。いずれも古代・中世の利息制限法であった。だからこそ利子率がどんなに高く、どんな種類の謝金でも、利息は元金の2倍以上には増殖しなかった。利子の総額制限が存在したから、債権者と債務者の権利が共存しやすい世界であった（井原今朝男『中世の借金事情』吉川弘文館、2009年、11頁）。」

Q11 決算認定と支出

決算が認定されれば支出は正当と認められたことになるのでしょうか。

 決算書は会計管理者が長に出納閉鎖後３か月以内（８月31日まで）に監査委員の意見を付けて議会に提出します（法233①）。

決算剰余金は翌年度に繰り越すか、基金に編入でき、編入は将来の赤字に備える意味もあり、決算に誤りがあった場合は、修正の上、後日、議会に再度認定を求めることができます（行実昭28・７・７自行行発221号）。

決算認定は支出の効力に影響を与えず、決算認定されても支出の違法性を治癒するものでなく（ **参考判例** ）、決算認定後であって後日違法な支出が発見された場合は、支出を取り消すことができ、職員に対して賠償請求ができます。不納欠損が決算認定後であっても、改めて調定を復活させることができるのと同じ考え方です。

参考判例

決算認定後の違法な支出（名古屋高判昭34・８・３行裁例集10巻９号1776頁、判例ID 27601978）

「本件補助金交付は市議会の決算審議の際市議会によつて承認せられたものである（中略）市議会が右の如き議決をなしたことが認められるけれども右決議によつては予算支出の名目上の不当性又は違法性は治癒されるかもしれないが本件補助金の交付行為自体に存する前記の違法性は治癒するものとは考えられない」

＊　筆者注：補助金の交付につき、交付した相手方が詐欺行為、不正をした場合、補助金を支出した市がそれに加担する行為となることから認められないとしたものです。

Q12 指定金融機関の指定

指定金融機関は必ず指定しなければならないでしょうか。本市では隔年で指定金融機関が交代しますが、指定の議決は毎年必要でしょうか。また、指定金融機関である銀行が合併した場合は新たに議決が必要でしょうか。

A 自治体の会計事務は会計管理者が行いますが、実務上、会計事務は膨大で多岐にわたり、公金の収納又は支払事務を特定の金融機関に行わせることができます（法235）。

都道府県は金融機関の指定が義務付けられ、市町村は議会の議決により一の金融機関を指定できます。「一の金融機関」は会計単位ではなく、自治体を通じて単一であるとされます（前掲、村上順＝白藤博之＝人見剛編『別冊法学セミナー　新基本法コンメンタール地方自治法』302頁）。

指定代理金融機関は、指定金融機関の事務の一部を取り扱うことができ、指定数に制限はなく、収納代理金融機関は指定金融機関の収納事務の一部を扱います。収納事務取扱金融機関は、指定金融機関を指定していない市町村では公金収納のみ扱います。指定金融機関は、指定代理金融機関、収納代理金融機関の公金又は支払の事務を総括し、公金の収納又は支払の事務につき当該地方公共団体に対して責任を負います（令168①②⑧、168の2）。

当初指定の際、隔年に交代する旨の議決を受け、年度ごと議決を受けずに告示している例があります。この場合、告示だけでよいか明確な解釈はありません。私見になりますが、形式的とはいえ、公金の取扱いについて議会が関与することから、その都度、議決を受ける方が望ましいといえます。

指定の有効期限を定めて議決を受けた場合、同一の指定金融機関でも指定の有効期限後は改めて議決を受けなければなりません。

指定金融機関である銀行等が合併した場合、合併後の銀行が従来の指定金融機関の権利義務を一切引き継ぐことになり、合併に伴う再度の指定の議決は不要と考えます。

Q13 指定管理者の指定手続

指定管理者は審議会答申を経なければ指定できないのでしょうか。

A 指定管理者は、経費節減とサービスの向上を目的として、公の施設の運営・管理を民間団体に委託する制度であり、指定管理者は行政運営の一部を担うものです。運営方法として、運営資金を賄う指定管理料と施設の利用料金を委託者の収入とする利用料金制度があります。

指定管理者制度は委託契約に比べ、管理運営に直接に関与できる点が違います。指定管理者の候補者を選定する場合、審議会を通して意見を聴き、長が指定し、議会の承認を受ける仕組みですが、審議会の意見を尊重する形で指定されます。

審議会は候補者選定の適正を担保する趣旨で活用され、審議会を経ずに指定した場合は客観性、公平性を疑われるおそれがあります（ 参考判例 1）。

参考判例1は、審議会はある事業者を指定管理者の候補者として選定する答申をしましたが、市長は審議会の答申と異なり、同事業者を候補者に選定しなかったことが裁量権の濫用に当たるとされました。

必ずしも審議会の意見には拘束されませんが、審議会の答申と違う指定をした場合は合理的な理由が求められます。

また、同判例では、指定管理者の指定を受けようとする者は、指定管理者の候補者に選定することを求める申請権は、申請人の法律上の地位に影響を及ぼすことから、抗告訴訟として行政処分に当たるとしました（処分の取消しを求めます。）。

特定の候補者を単独で指定する場合は、能力的に妥当かどうか資格審査として審議会の意見を聴くことも必要です。反対に、指定管理者が継続できない場合は指定を取り消すべきであり、そのまま指定管理料を支出することは財務会計上、違法な支出になります（ 参考判例 2）。

なお、指定管理者の管理権限は財務行為に当たらず、住民訴訟により指定

処分の取消しを求めることはできません（ 参考判例 3 ）。

参考判例

1　指定管理者の指定のあり方（水戸地判平29・10・20、平成27年（行ウ）第12
　　号、判例集未登載、判例ID 28262074）

　「市長が審議会の意見に拘束されるものではないとしても、このように条例が
指定管理者の候補者の選定に当たり審議会の意見を聴くものとしたのは、指定管
理者の候補者の選定の客観的な適正妥当と公正を担保する趣旨であり、市長は、
審議会の意見を尊重して指定管理者の候補者の選定をすべきである。（中略）市
長が審議会の答申とは異なる本件決定をしたことについての被告の主張は、客観
的で合理的な根拠に基づくものといえるかについて疑問があるものであったり、
審議会が答申をするに当たり考慮した点を殊更に取り上げるものであったりする
もので、審議会の答申とは異なる決定をすることについての十分な理由になるも
のとはいい難い。」

2　指定管理者が継続できない場合に指定を取り消さずに指定管理料を支出する
　　ことは違法（仙台高判平28・6・16、平成28年（行コ）第1号、判例集未登
　　載、判例ID 28261717）

　「被控訴人は、指定した指定管理者による管理を継続することが適当でないと
認めるときは、その指定を取り消し、又は期間を定めて管理の業務の全部又は一
部の停止を命ずることができるのであって（法244の2第11項）、違法な原因行為
をそのままにして財務会計上の行為をすべきではないという義務を負っており、
この権限を行使せずにそのまま財務会計上の行為を行った場合には、上記義務に
反し、その財務会計上の行為は違法になる」

3　指定の取消しは財務行為に該当しない（大阪地判平18・9・14判タ1236号201
　　頁、判例ID 28131121）

　「指定管理者の有する管理権限は、当該施設ないし附属設備の維持、修繕、使
用関係の規制等、公の施設が本来の目的を達成させるために行われる管理一般に
幅広く及ぶものである。したがって、指定管理者の指定自体は、公共用物設置の

目的を達成するために行う行政管理的行為であって、当該公共用物の財産的価値の維持、保全を図る財務的処理を直接の目的とする財務会計上の行為には当たらない。」

Q14 指定管理者の行為と自治体の損害賠償責任

指定管理者による行為により損害が生じた場合、自治体として損害賠償責任を負うでしょうか。また、賠償が認められれば指定管理者に求償できるでしょうか。

A 委託契約では契約後は偽装請負となるため受託社員に直接の指示はできませんが、公の施設の管理から指定管理者の指定は議会の議決事項であり、自治体は指定管理者の管理運営に関与できます。

指定確認検査機関と同様、民間業者による施設の運営でも、権限が委任され、公権力の行使として認められる場合、国家賠償法の対象になり、公の施設を管理する自治体は使用者責任を負います（ 参考判例 1、2）。

指定管理者の権限行使が公務員と同様の公権力の行使として評価される場合、国家賠償責任に該当します（ 参考文献 1）。

また、自治体として事業者に対して規制監督の権限があり、その権限の行使を怠っていなかったかどうかが問われることになります（ 参考文献 2）。

指定管理者は自治体の管理運営に関与することから、指定管理者による不法行為は、国家賠償法による公権力の行使として認定される可能性が高いと考えます。

国家賠償が認められ、指定管理者に重過失があった場合、自治体がその賠償につき指定管理者に求償ができます。このような事故等に備え、あらかじめ協定書により自治体と指定管理者のリスク分担を決めておきます。

1　指定検査機関の処分は国又は自治体に当たる（最判平17・6・24集民217号
　　277頁、判例ID 28101333）

　「指定確認検査機関の確認に係る建築物について確認をする権限を有する建築
主事が置かれた地方公共団体は、指定確認検査機関の当該確認につき行政事件訴
訟法21条1項所定の『当該処分又は裁決に係る事務の帰属する国又は公共団体』
に当たる」

2　都道府県の措置による社会福祉法人の設置した施設の養育監護行為は公権力
　　行使に当たる（最判平19・1・25民集61巻1号1頁、判例ID 28130316）

　「（筆者注：児童養護施設の）入所後の施設における養育監護は本来都道府県が
行うべき事務であり、このような児童の養育監護に当たる児童養護施設の長は、
（中略）本来都道府県が有する公的な権限を委譲されてこれを都道府県のために
行使するものと解される。したがって、都道府県による3号措置に基づき社会福
祉法人の設置運営する児童養護施設に入所した児童に対する当該施設の職員等に
よる養育監護行為は、都道府県の公権力の行使に当たる公務員の職務行為と解す
る」

1　参考判例2の評釈（判例タイムズ1233号136頁）

　「民営の児童養護施設の職員等は組織法上の公務員ではないが、国賠法1条1
項にいう公務員とは、およそ『行政主体』のために公権力を行使するとみなされ
得る者（藤田宙靖『行政法I（総論）〔第4版〕』474頁）をいい、一時的に権限
を委託された者であってもよいとされる。私人が国賠法上の公務員に該当すると
いうためには、当該私人が公務すなわち本来国又は公共団体の行うべき事務を委
託されるなどしてこれに従事する者であることが前提となるが、公務の委託があ
るというのみで公務員該当性が認められるわけではなく、当該私人が、公務の委
託に伴い公的権限の委譲を受けるなどして、『行政主体』のために公権力を行使
していると評価されることが必要である。」

2　自治体の規制監督権限の行使

「社会福祉法人等による福祉の実施が地方公共団体からの措置の委託として行われている場合には、福祉措置の実施過程で生じた事故について地方公共団体が法的責任を負う場合がある（最判平19・1・25民集61・1・1を参照）。これを参考にすると、事業者の介護の提供がどの程度『公的』な性格をもつかといえるかが重要となる。また、行政機関が、介護サービス事業者に対してどのように規制監督権限を行使したか（あるいは、規制監督権限の行使を怠っていなかったか）も重要な点である（深澤龍一郎＝大田直史＝小谷真理編『公共政策を学ぶための行政法入門』法律文化社、2018年、156頁）。」

Q15　指定管理者による減免

　料金の未納について、新たに指定された指定管理者により減免できるでしょうか。指定管理者が減免できない場合、どのように対応すればよいでしょうか。

 　利用料金の収納は、前払いを義務付けるか、施設利用と同時に利用料金を支払う同時履行の関係になるのが通常です。

　利用料金制度は指定管理者の収入とされ、指定管理者に権限があり、減免するかどうかは条例に準じて指定管理者が判断し、減免による負担は指定管理者が負うことになります。

　減免は事前か、納付期限までに行い、通常、使用料の納付は前納とされます。「長が前納することができない相当の理由があると認めたときは、この限りでない」と規定されていても、滞納になってから公益性を理由とする減免をすることは不明瞭な扱いになります。

　ご質問の場合、指定管理者による以前の料金の未納であれば、自治体の収入として調定し、長が減免し、減免による損失は自治体の負担になります。

　つまり、自治体の歳入とするのか、指定管理者の利用料金の収入とするのかで債権者が違うことになります。

指定管理者の指定後の利用料金としての収入であれば滞納分は指定管理者として償却、欠損することになり、利用料金だけで経費を賄えない場合は指定管理料（委託料）で補充することになります。指定管理料（委託料）で補充する場合、事後的に指定管理料（委託料）の不足を自治体で支出することはできないため、次年度以降に事業の継続から指定管理料（委託料）に反映させます。

　なお、指定期間後の利用料金の収入は、新たな指定管理者に帰属するのか、自治体の収入にするのか、協定書等で決めることになり、目的外使用を認めた場合、その許可は財務会計上の行為でないとされ、住民訴訟の対象にはなりません（ 参考判例 ）。

　参考判例

図書館の目的外使用許可は財務会計上の行為でない（横浜地判平29・1・30判例自治434号55頁、判例 ID 28250653）

　「市の教育財産である図書館の目的外使用の許否処分それ自体は、教育行政を所掌する教育財産の管理者である市教委が、教育上及び公共上の政策的な見地から、図書館施設の管理に係る教育行政上の処理を直接の目的としてその許否を決すべき処分というべきであって、当該図書館施設の財産的価値に着目し、その価値の維持、保全を図る財務処理を直接の目的とする財務会計上の行為としての財産管理行為には当たらない」

Q16　基金の管理・運用

　基金の繰替運用、資金運用は議会の議決が不要でしょうか。また、管理・運用は住民訴訟の対象になるでしょうか。

A　基金は家計でいえば預貯金に相当し、特定の目的のために財産を維持し、資金を積み立て、又は定額の資金を運用するために設定され

ます。将来の赤字に備えた財政基金、国債、地方債の償還に備えた減債基金、その他特別目的のための基金があり、基金は一般会計予算、決算と別ですから設置にはそれぞれ条例が必要になります（法241）。

基金条例に歳計現金への繰替運用を定めていれば、一般会計において一時的に現金不足が生じた場合、基金から一般会計に補填することができ、議決は不要です。新型コロナ感染対策として給付金の支出に関し、財政基金を取り崩して財源を捻出したことは記憶に新しいところです。

条例による基金の設置後は予算とは無関係に経理され（参考文献）、定額の範囲で資金運用ができ、決算の附属資料に会計年度ごとに運用状況を示す書類を提出しなければなりません。

基金の運用は裁量とされ、昨今の低金利では運用の範囲は狭いものです。しかし、元本額が保証されていても、得べかりし運用上の利益を喪失する損害もあり得ることから、基金の管理、運用、保管行為は財産管理として住民訴訟の対象となります（参考判例）。

参考判例

基金の管理は財産管理として住民訴訟の対象である（高松高判平12・3・6判夕1056号193頁、判例ID 28050927）

「基金に属する現金の管理は、歳計現金の例によるものとされている（筆者注：法241条7項）ところ、（中略）元本額が保証されているとはいえ、地方公共団体は正当な管理・運用・保管行為がされていたならば当然得られたであろう運用上の利益を喪失する損害を被ることがあることは否定できない。そうすると、元本額が保証されていることのみをもって、本件預託行為がその直接かつ固有の効果として徳島県に財産的損害を与える客観的可能性を有しないということはできず、したがって、このことを理由に本件預託行為が住民訴訟の対象にはならないということはできない。」

参考文献

設置後の基金の運用

　「基金の設置については、必ず定額の予算を計上して基金へ編入しなければならないが、一旦設置されたのちは、その定額の資金の運用については、予算とは無関係に経理されることとなる（前掲、地方財務制度研究会編『地方財務ハンドブック〔改訂版〕』368頁）。（同趣旨、前掲、村上順＝白藤博之＝人見剛編『別冊法学セミナー　新基本法コンメンタール地方自治法』328頁）」

COLUMN

一部の請求と残額の時効更新（中断）

　訴訟において一部を請求した場合、残額にも時効の更新（中断）は及ぶのでしょうか。また、一部請求の場合、どの範囲で時効の完成猶予とされるのでしょうか。

　訴訟費用は訴額によって決まるので、訴訟費用を節約したい場合は少ない額で訴訟をして、残額まで時効が更新（中断）されれば債権者にとって都合がよいものです。この点、権利行使の意図が継続的に表示されているとはいえない特別の事情がない限り、裁判上の催告として認められるとしたものがあります（最判平25・6・6民集67巻5号1208頁、判例ID 28211822）。

　「明示的一部請求の訴えを提起する債権者としては、将来にわたって残部をおよそ請求しないという意思の下に請求を一部にとどめているわけではないのが通常であると解されることに鑑みると、明示的一部請求の訴えに係る訴訟の係属中は、原則として、残部についても権利行使の意思が継続的に表示されているものとみることができる。したがって、明示的一部請求の訴えが提起された場合、債権者が将来にわたって残部をおよそ請求しない旨の意思を明らかにしているなど、残部につき権利行使の意思が継続的に表示されているとはいえない特段の事情のない限り、当該訴えの提起は、残部について、裁判上の催告として消滅時効の

中断の効力を生ずるというべきであり、債権者は、当該訴えに係る訴訟の終了後6箇月以内に民法153条所定の措置を講ずることにより、残部について消滅時効を確定的に中断することができると解する」

　このような考え方が改正民法でも維持されるか不明ですが、できるだけ、一部請求はやめて全額請求することが無難に思います。

　少額訴訟は60万円（元金のみ）が対象ですが、60万円以上は請求額を分けることができます。例えば、100万円の債権であれば60万円と40万円に分け、60万円で請求し、審理において100万円で和解できますが、債務者が出頭しなければ60万円の審理になります。

　一部請求を明示すれば後日残部を争うことができます（判決の既判力があると同一事項は争えません。）。

　もちろん、請求を分けた場合、少額訴訟の回収は請求ごとにカウントされます。

2　収入

Q17　地方税法と条例の関係

　地方税について条例で定めることができるのはどのような範囲でしょうか。また、普通税と目的税はどのように違うのでしょうか。税外公課についても法律以外の事項は条例に定める必要があるでしょうか。

地方税は法律の定めるところにより、賦課徴収でき（法223）、法律の委任により条例で定める部分もあります。

　課税権は法律で与えられ、立法政策に委ねられ、地方税法は準拠すべき準則法であり、例えば、標準税率のように条例に委任して異なる率を定めるこ

とができる事項に限るとされ（参考判例 1）、地方税法は任意規定ではなく、強行規定であり、反した場合は無効とされます（参考判例 2）。

　反対に、法律で課税自主権を制約することは許されないとする見解もあります（参考文献）。

　地方税法は枠組みを規定し、条例は具体化するものとする見解がありますが、法、施行令、施行規則により細部まで定められ、法律による委任以外は独自に条例で規定できる箇所は少ないものです。

　地方税以外の公課についても、使用料、手数料の名称に限らず、行政限りで徴収する強制の度合い等から租税に類するものは、法律の範囲内において条例で定めることができ条例に基づく告示は法律に反しないとされます（下水道使用料につき参考判例 3、国民健康保険料につき参考判例 4）。

　地方税は一般の経費に充てられる普通税（例、市県民税、固定資産税）と支出が特定される目的税（例、都市計画税）があります。都市計画税の賦課決定は、市街化区域の指定に係る都市計画がその内容において適法であり、事業から便益を受けることが前提とされます（参考判例 5）。

　また、都市計画事業等の実施に伴う都市環境の改善や土地の利用状況の増進等を通じ、市街化区域内の土地及び家屋について一般的に利用価値が向上することから、その受益者である当該不動産の所有者に都市計画税を課することができるとされます（東京高判平29・7・27、平成29年（行コ）第4号、判例集未登載、判例ID 28253286）。しかし、受益者負担としながら一般財源に取り込まれ、受益と負担の関係が明確でないとする批判もあります。

　なお、保育所保育料は自治法上の使用料ではなく、児童福祉法に基づく負担金とされ、必ずしも条例でなく、規則でも定め得ると解されていますが（昭33・12・27行発205号行政課長回答）、住民に負担を求めることから条例によることが適切と考えます。

　参考判例
　1　課税権は法律によって与えられる（福岡地判昭55・6・5判時966号3頁、判

例ID 21069801）

　「電気ガス税という具体的税目についての課税権は、地方税法 5 条 2 項によつて初めて原告●●市に認められるものであり、しかもそれは、同法に定められた内容のものとして与えられるものであつて、原告は地方税法の規定が許容する限度においてのみ、条例を定めその住民に対し電気ガス税を賦課徴収しうるにすぎない」

2　地方税条例は地方税法の規定に拘束される（最判平25・3・21民集67巻 3 号
　　438頁、判例ID 28210886）

　「地方税法が、（中略）税目、課税客体、課税標準及びその算定方法、標準税率と制限税率、非課税物件、更にはこれらの特例についてまで詳細かつ具体的な規定を設けていることからすると、同法の定める法定普通税についての規定は、標準税率に関する規定のようにこれと異なる条例の定めを許容するものと解される別段の定めのあるものを除き、任意規定ではなく強行規定であると解されるから、普通地方公共団体は、地方税に関する条例の制定や改正に当たっては、同法の定める準則に拘束され、これに従わなければならない」

3　租税以外の公課に対する租税法律主義との関係（さいたま地判平26・12・17
　　判例自治400号84頁、判例ID 28234214）

　「租税以外の公課であっても、賦課徴収の強制の度合い等の点において租税に類似する性質を有するものについては、憲法84条の趣旨が及ぶと解すべきであるが、その場合であっても、租税以外の公課は、租税とその性質を共通する点や異なる点があり、また、賦課徴収の目的に応じて多種多様であるから、賦課要件が法律又は条例にどの程度明確に定められるべきかなどその規律の在り方については、当該公課の性質、賦課徴収の目的、その強制の度合い等を総合考慮して判断すべきものである。」

4　国保料は法律の範囲内で条例により定めることができる（最判平18・3・1
　　民集60巻 2 号587頁、判例ID 28110487）

　「市町村が行う国民健康保険は、保険料を徴収する方式のものであっても、強制加入とされ、保険料が強制徴収され、賦課徴収の強制の度合いにおいては租税

に類似する性質を有するものであるから、これについても憲法84条の趣旨が及ぶと解すべきであるが、他方において、保険料の使途は、国民健康保険事業に要する費用に限定されているのであって、法81条の委任に基づき条例において賦課要件がどの程度明確に定められるべきかは、賦課徴収の強制の度合いのほか、社会保険としての国民健康保険の目的、特質等をも総合考慮して判断する必要がある。（中略）本件条例が、8条において保険料率算定の基礎となる賦課総額の算定基準を定めた上で、12条3項において、被上告人市長に対し、同基準に基づいて保険料率を決定し、決定した保険料率を告示の方式により公示することを委任したことをもって、法81条に違反するということはできず、また、これが憲法84条の趣旨に反するということもできない。」

5　都市計画税は都市計画決定が適法であることが課税要件である（東京地判平30・10・26、平成28年（行ウ）第39号、判例集未登載、判例ID 29051800）

　「都市計画税の賦課決定が適法であるためには、その前提となる市街化区域の指定に係る都市計画がその内容において適法であることが必要であると解するのが相当である。これに対し、被告（筆者注：市）は、都市計画税の課税要件である『市街化区域』とは、形式的に当該区域が市街化区域である旨の都市計画の決定がされていれば足りる旨主張する。しかしながら、市街化区域内の土地及び家屋が利用価値の増大や価格の上昇等の利益を受けることができるのは、飽くまで適法な市街化区域の指定の下に都市計画事業等や法令上の規制の緩和による便益を受けることができるからであって、そのような前提を欠く場合には、都市計画税の課税根拠を欠くものといわざるを得ない。このことは、法令上、区域区分に関する都市計画の決定の主体（都道府県）と都市計画税の課税主体（市町村）が異なることによって、左右されるものではない。」

参考文献

地方税条例と租税法律主義（憲法84）との関係

　「通説は、地方税条例は地方税法3条1項の授権によりはじめて制定可能となったとする（法律委任説）が、地方には、地方税条例の制定権は地方自治権の保障に当然に随伴する地方公共団体の自主的権能であり、地方税法は自治体の課税のあり方のガイド・ラインを示す枠組法ないし標準法にすぎないとする見方（地

方税条例自主法説）もある。両説の対立は、理念的なもので、法解釈上の実益は
あまりない。ただ、前説によるときは、地方税のあり方はもっぱら国の立法政策
に委ねられるとみられがちなのに対し、後説によるときには、国の法律といえど
も自治体の自主課税権を不当に制約することは許されないとの解釈が比較的容易
に導かれやすい。判例は、通説に従い地方税の非課税措置を定める法律の合憲性
を承認している（電気税の非課税措置に関し、福岡地判昭和55年6月5日判時
966号3頁）。だが、地方税条例自主法説に従えば、国のこうした立法が特定の自
治体の自主財源に重大な制約を貸す場合には、自主課税権を不当に侵害する意見
の措置とされ相応の代償措置が求めやすくなろう（原田尚彦『行政法要論〔全訂
第七版補訂版〕』学陽書房、2011年、66頁)。」

Q18　分担金と受益者負担金の違い

　分担金と受益者負担金はどのように違うのでしょうか。下水道の整備方法
はどちらを採用するのか基準があるのでしょうか。

A　分担金は、特定の地域に事業を行い、その経費を税以外の負担で賄
い（**法224、下水道事業等**）、分担金を条例に位置付けることにより
滞納処分できます。

　本来、事業の経費は税で賄い、分担金は特定の事業の経費に充てるために
課され、特定の地域に受益をもたらすことから、特定の農業土木等事業に関
し、税と同様に特定の区域の住民に負担を求めることができます。

　下水道の整備は受益者負担金、分担金による手法があり、いずれも、受益
者に事業費の一部負担を求めます。下水道付設に際してその経費に受益者負
担金を採用することは、都市計画事業負担の公平から裁量の問題とされます
（参考判例 1）。

　また、都市計画税と下水道受益者負担金を同時に賦課することは、調整規
定が設けられていない以上、政策的判断として違法でないとされます

（ 参考判例 ）2）。

　受益者負担金は市街化区域及び用途地域を対象とし（**都市計画法75**）、分担金は市街化調整区域及び用途地域区分の定めがなく、かつ、用途地域が定められていない地域を対象にします。

　学校給食費を分担金として徴収条例に位置付け、滞納処分できるとする見解があります（『自治体法務研究2009年増刊号　自治体法務実例・判例集』地方自治研究機構、308頁）が、分担金は税と同様に一方的に課すことから、一般的受益であるサービス、利用の対価である債権は、分担金に位置付けることはできないと考えます（ 行政実例 ）。

 参考判例

　1　下水道付設に受益者負担金を採用した是非（横浜地判昭56・12・23行裁例集32巻12号2256頁、判例 ID 21075572）

　「被告（筆者注：●●市）は、前記認定のとおり、市民の一部にすぎない受益者に対し負担金を賦課することによって公平感が醸成され全市民的協力が得られること、受益者の数が多いため単位負担額は少額であっても全体としては比較的多額の財源を確保できること、受益の地域的範囲が明確で賦課の対象者を捕えやすいことから受益者負担金制度を採用するに至つたものであり、右の選択に何ら違法な点はなく、その他被告の選択に裁量権限の濫用ないし逸脱があると認めるに足りる証拠はない。」

　2　受益者負担金と分担金の関係（神戸地判昭57・4・30行裁例集33巻4号919頁、判例 ID 21076332）

　「公共下水道事業の費用は全て公費負担によるべきものとするものではなく、その後に制定された都市計画法に基づく都市計画事業として行なわれる公共下水道事業においても、同法第75条及びこれに基づく条例によつて公共下水道事業の費用の一部を受益者に負担させることができるものとする趣旨であると解される。（中略）地方自治法第224条の分担金は受益者負担金の一種であるが、当該事業が都市計画法に基づく都市計画事業として行なわれる場合は、都市計画法と地方自

治法とは、特別法と一般法の関係に立つものであるから、右事業に関して地方自治法第224条の適用はないものと解される（都市計画法第75条は、地方税法第703条第3項、地方自治法施行令第153条が既に存在することを前提として立法されたものであるところ、これらの規定との関係については特に調整規定に設けられていない。）。（中略）以上述べたところからすれば、本来、受益者負担金と目的税たる都市計画税の双方を同時に賦課することが許されない理由はない」

行政実例

学校給食費を分担金とすることの可否（昭23・4・5自治課長通知）

「学校教育のような一般的受益の性質を有するものについては、217条（筆者注：現行自治法224条）の分担金は徴収できないから、かかる条例を制定することはできない（前掲、『地方財務制度研究会編『地方財務ハンドブック〔改訂版〕』106頁）。」

Q19　道路占用許可を受けていない道路占用料の徴収

道路占用許可を受けていない場合、過年度分の道路占用料として徴収できるでしょうか。また、この場合、延滞金、遅延損害金はどのように付するのでしょうか。

A 道路占用料は占用という土地の賃借権に似ている面があり、道路の占用権の対価として徴収できるとされ（参考判例1）、道路占用料の時効は5年です（**道路法73⑤**）。

道路占用料は占用許可に対する附款（条件、期限、負担）とされ（参考文献1）、道路占用料の未納は占用許可を取り消すことができます（参考文献2）。

道路占用料は占用許可を前提とし、許可を受けていない場合、過年度の道路占用料として徴収できず、不法占拠により道路占用料相当の損害賠償請求権又は不当利得返還請求権を取得します（参考判例2、どちらをとるべきか

明言していません。)。

　公道に面する看板についても「路上交通に必要な空間とは無関係な上空の
みの使用とは言えず（大阪高判昭62・4・28判時1254号74頁、判例ID
27800736）」、占用許可を受けなければなりません。

　道路占用料と同様に、港湾使用許可を受けずに使用した場合に使用料を課
すことは、法令上の根拠がなく、違法、無効とされます（参考判例 3）。

　損害賠償請求権は知った時から3年、債権が発生した日から20年ですが
（民法724）、不当利得返還請求権は知った時から5年、債権が発生した日か
ら10年のどちらか時効完成していなければ請求できます（民法166①）。

　不正行為によらない場合、知った時から5年間は不当利得返還請求権を行
使でき、損害賠償での請求は不正行為かどうか判断が難しい場合もあります。

　また、道路を権限なく占有している者に対し、占用料相当額の不当利得請
求権を行使しない場合は違法とした例があります（参考判例 4）。

　道路占用料は滞納処分できますが、許可なく占用、使用した場合は裁判所
による回収になり、また、時効の援用、時効の利益の放棄も考えられ、道路
占用料と債権管理の仕方も違います。

　なお、不当利得は支給から時効は進行し、改正前民法の施行日である令和
2年4月1日以前の支給は10年を限りに遡って請求でき、改正後は支給され
てから10年又は、不当利得を知った時から5年のどちらか早い方により時効
完成することになります。

　占用許可を受けていない道路占用は滞納処分ができる課徴金制度をとらな
い限り、不当利得返還請求か、損害賠償請求することもやむを得ません。不
当利得返還請求権か、損害賠償請求権の場合、収入はどちらの立場でも延滞
金でなく、遅延損害金を請求することになります。

　なお、不当利得返還請求権は期限の定めのない債務であり、「請求を受け
た時」の翌日から遅滞が生じることから遅延損害金が請求できますが（民法
412③）、不法行為の場合は損害発生時点で請求します（翌日起算にならない
とされています。）。

1　道路占用料は占用権の対価である（東京高判平31・2・19、平成30年（ネ）
　　第884号、判例集未登載、判例ID 28271704）

　「道路占用許可処分に基づく占用料は、物件の事実上の設置ではなく道路の占
用権の対価として徴収されるものであると解されるから、当該電線等が許可の対
象である道路ではなく私有地の上空を通過し、それによって権利者に損失が生じ
たとしても、占用料の徴収と当該損失との間に因果関係があるということはでき
ない。」

2　権原のない道路占有に対する措置（最判平16・4・23民集58巻4号892頁、判
　　例ID 28091160）

　「道路が権原なく占有された場合には、道路管理者は、占有者に対し、占用料
相当額の損害賠償請求権又は不当利得返還請求権を取得するものというべきであ
る。」

3　港湾使用許可を受けていない使用料賦課は無効である（那覇地判平22・9・
　　29判タ1373号163頁、判例ID 28181674）

　「原告らが管理者から（筆者注：港湾使用）許可を受けていないことについて
は当事者間に争いがないから、（筆者注：●●港管理組合港湾施設管理）条例17
条1項は、本件各処分の法令上の根拠とはなり得ず、（中略）本件各処分は、何
ら法令上の根拠なくなされたものであるから、本件条例に租税法律主義が妥当す
るか否かについて論ずるまでもなく、重大な違法があり、かつ、違法が明白であ
るから、無効といわざるを得ない。」

4　道路占用料相当額の不当利得返還請求権の不行使は違法（京都地判平28・
　　3・3、平成26年（行ウ）第26号、判例集未登載、判例ID 28241051、事案
　　は4年間の不法占有）

　「条例の効力は法令に劣るのであり（地方自治法14条1項）、（中略）地方自治
法は、原則として、地方公共団体の長に債権の行使又は不行使についての裁量権

を与えていないのであるから、本件（道路占用料）条例2条2項の『特別の理由』も、地方自治法施行令171条～171条の7が規定する、相手方が無資力である場合などに限定して解釈すべきであって、上記の本件条例の規定によって、Ｙ市長（被告）に占用料を徴収するか否かについて裁量権を与えたと解するのは相当ではない。（中略）本件市道の管理者である被告は、本件市道を権原なく占有しているＢに対し、占用料相当額の不当利得返還請求権を取得しており（筆者注：上記2の最高裁判所の判決参照）、被告が当該不当利得返還請求権を行使しないことは、違法である」

参考文献

1 道路占用料は道路占用許可に当たっての負担である

　「負担とは、相手方に特定の義務を命ずる附款である。法令に規定されている義務以外の義務を課すことになるが、負担に違反しても行政行為の効力には影響がなく、せいぜいその撤回（筆者注：将来的に無効とする）がなされるにとどまるような場合をいう。運転免許に付された眼鏡使用等の限定や、道路占用許可に付された占用料の納付等がこれにあたる（櫻井敬子＝橋本博之『行政法〔第6版〕』弘文堂、2019年、99頁）。」

2 道路占用料は道路占用許可に当たっての負担である

　「道路の占用許可にあたって、占用料の納付を命じたり、運転免許にあたり運転者に眼鏡の使用を義務づけたりするがごときである。法文上は条件と記されることが多い。負担の場合には、相手方がこれに従わなくても、本体たる許可などの効力が当然に失われることはない。負担はこの点で条件、期限とその性質を異にする。相手方が負担に従わないときは、行政庁は、（罰則の適用のほか）負担の履行を強制するとか、本体たる許可を取り消すなど、あらためて別途に措置を講ずる必要がある（前掲、原田尚彦『行政法要論〔全訂第七版補訂版〕』174頁）。」

Q20 不納欠損

不納欠損ができるのはどのような場合をいうのでしょうか。決算認定後に不納欠損の誤りに気付きましたが、どのように措置すればよいでしょうか。

A 不納欠損は、収入としての調定を次年度に繰り越さない会計上の措置であり（参考判例 1）、法的効果はなく、原則、債権が消滅して不納欠損します。会計上の措置から不納欠損は決算を踏まえた適正な時期、3月末にまとめて行ってよいとされます（参考文献 1）。

調定は調査・決定の略であり、歳入とするため、契約等により確定している債権を決定する内部の意思決定をいい（法231、令154、参考文献 2）、調定には法的効果はなく、通知することにより対外的に効果があります。当該年度3月31日までに調定し、できなければ次年度4月1日以降に過年度分として調定し、返還金は返還することが判明した時点で調定します。事前調定が原則であり、事後調定は延滞金、遅延損害金、窓口手数料等、性質上、事前に調定できないものに限られます（参考文献 3）。

また、病院外来の診療費などは窓口で即納する場合が多く、やむを得ず事後調定しますが、通常では収入分だけを事後調定にすると、債権として未納額が表示されず、予算、決算が不正確になります。

不納欠損は法的な効果はなく、原則、消滅した債権を不納欠損します。税等公課では時効完成後に債権は消滅し（法236等）、そのまま不納欠損できますが、貸付金、水道料金、病院診療費等の私債権では時効完成後に時効の援用がなければ消滅しません。

また、税等公課では執行停止した場合も納付義務が免除され、そのまま不納欠損ができ、私債権では徴収停止後は時効完成を待って債権放棄した後に不納欠損することになります。

水道料金の未納分は、地方公営企業の決算から、先に簿外資産として不納欠損している例が見られます。しかし、債権を消滅させるには債権放棄が必

要です。民事債権において行方不明の場合の通知は裁判所による公示送達によることになり、また、時効が完成したら債権放棄により消滅させるしかなく、債権放棄は免除（**民法519**）と同じ意味になります。

　減免も債権放棄と同様に免除に該当しますが、条例に規定していれば議決は不要です。債権放棄は議決事項であることから、長限りの債権放棄は条例によらなければなりません（**債権管理条例、**参考文献 4）。

　また、企業会計における債権放棄は自治法の適用除外とされていませんので（**地方公営企業法40**）、議決は必要です。決算の認定は議会が予算執行の確認、検証にほかならず、不納欠損は会計上の措置ですから債権を消滅させる効果はなく、誤った不納欠損は決算認定後でも、調定を復活させることができます（参考判例 2）。この場合は過年度分として現年で調定します。

参考判例

1　不納欠損は免除の意思表示ではなく会計上の処理である（熊本地判平31・3・4、平成28年（ワ）第175号、判例集未登載、判例 ID 28271433）

「本件会社は上記債権放棄の時点では既に消滅していたのであるから、同債権放棄が、債権が存在しないことを確認しその旨の会計処理をしたものと解することはできても、原告の本件会社に対する免除の意思表示であると解することはできず、原告における財務会計上の処理としてされたものにすぎない」

2　誤った不納欠損は決算認定されても復活できる（水戸地判平19・8・8裁判所ウェブサイト、判例 ID 28152662）

「不納欠損処理（（筆者注：●●市）財務規則46条1項）は、既に調定された歳入が徴収し得なくなったことを表示するために行われる会計上の内部的な整理手続であり、それ自体は何らの法的効果を有するものではない。また、地方自治法233条3項に規定する議会による決算の認定は、予算執行結果の確認・検証を行うものにすぎず、不納欠損額を決算に表示して議会の認定を受けた場合であっても、当該表示に係る不納欠損額に関する法的権利の消長に何らの影響も及ぼすものではない。」

1 不納欠損とは

不納欠損処分というのは、財政状況を正確に把握する（公営企業の場合は、経営実態を明確にする）ために、経済的（財産的）に価値のない債権を財産（自治法237条1項・240条1項）から排除するための会計処理の手続であり、法律的な権利の有無とは直接関係はないので、不納欠損処理の時期は適正な決算をするために適切な時期はいつかという観点で考えればよく、適当な時期に当該事業年度分を一括して処理することもできるものと考える（前掲、債権管理・回収研究会編『自治体職員のための事例解説　債権管理・回収の手引き』1730頁）。」

2 調定とは

「調定というのは、歳入を受け入れるに際して、予算上の取扱いを確認し、相手方の支払い根拠に過誤がないことを確かめるものであり、それ自体は相手方の権利義務に影響を及ぼすことのない、地方公共団体の内部手続である。したがって、調定の内容に誤りがあっても、そのこと自体によって当該調定の対象となった収入が違法となることはない（前掲、橋本勇『自治体財務の実務と理論 改訂版－違法・不当といわれないために』387頁）。」

3 事後調定の可否

「問　事後調定が認められるときとは、どのような場合か。

答　調定は、原則として納入の通知の前に行うべきものですが、申告納付に係る地方税、元本と同時に納入される延滞金等はその性質上事前に調定することができず、納入の通知をすることができません。

また、出納員が窓口で口頭又は掲示による納入の通知を行う収納金についても、事前に調定することができない場合が多いものです。

法令上明文の規定はありませんが、こうした場合には納入済通知書その他関係書類に基づいて徴収金額を把握したうえで事後に調定の手続をとることはやむを得ないことです（前掲、越智恒温監修『会計事務質疑応答集』68頁）。」

4 債権管理条例の発想は任意代理的専決処分に近いもの

　「『私法上の債権』については、回収が事実上不可能となっても、債務者が援用しない限り（そして、それは通常ほとんど期待できません）、自治体は債権を財産として計上し続けざるを得ず、資産管理上、極めて不合理なことになるのです。議会の議決（法96条１項10号）が得られれば、こうした不良債権を放棄することができるのですが、議員に納得してもらうには困難が伴います。兵庫県芦屋市が制定した債権管理条例は、債権の消滅時効が完成したにもかかわらず、債務者が援用しないときなど、一定の条件の下に、議会の議決なしで債権を消滅させることができる権限を包括的に長に授与しています。債権管理条例の発想は、任意代理的専決処分に近いものがあります（板垣勝彦『自治体職員のためのようこそ地方自治法〔第３版〕』第一法規、2020年、174頁）。」

Q21 公営住宅保証金（敷金）の返還と未納家賃への充当について

　公営住宅を無断で退去した者に公営住宅保証金（敷金）を返還していません。退去者は行方不明であり、未納家賃は債権放棄しました。この場合、敷金をどのように扱えばよいでしょうか。未納家賃に充当できるでしょうか。

A　公営住宅保証金（敷金）の性質は、未納家賃、損害賠償金等を担保し、敷金は明渡し、退去後に返還しなければなりません（参考判例１）。

　改正民法622条の２は、参考判例１を受けて敷金の返還時期は明渡時としました。敷金は明渡しと同時に返還しなければならないのではなく、明渡し後に返還義務が発生します（参考判例２、参考文献）。

　敷金返還請求権は入居者の権利であり、また契約保証金に近い性質であり、改正前民法167条では時効は10年と考えられ、改正後は返還すべきことを知った時から５年の時効が早く完成することになります（改正民法166①）。

　ご質問の場合、まず、誤って不納欠損した未納家賃を過年度分として調定します。次に、敷金を復活させた調定額の範囲で充当し、残額があれば返還

します。未納家賃に足りない場合は、敷金を比較して充当できる分だけ調定を復活させ、残りは改めて債権放棄の対象とするのか検討します。

公営住宅使用料を自治法236条の時効とする立場では、時効完成と同時に債権は消滅しますから、このようなことはなく、敷金の返還のみの問題となります。しかし、公営住宅入居後は民間の賃貸借と変わりないことからすると、時効は民法が適用されると考えます。未納家賃への充当後に敷金の残額が生じた場合、本人行方不明では返還できませんので供託すればよいことになります（民法494）。

また、敷金は通常損耗も含めて明渡し後、補修した費用も充てることもできます。ただし、通常損耗の修復費用を充てる場合は入居の際に明確に入居者に説明し、入居のしおり等にも明示されていなければなりません。

なお、不納欠損した場合の職員の責任ですが、不納欠損は会計上の内部処理にすぎないことから誤った不納欠損処理の違法性が問われるのではなく、時効消滅させたことの違法性の責任を問うものとされます（参考判例 3）。

参考判例

1 敷金の性質（最判昭48・2・2民集27巻1号80頁、判例ID 27000512）

「敷金は、賃貸借存続中の賃料債権のみならず、賃貸借終了後家屋明渡義務履行までに生ずる賃料相当損害金の債権その他賃貸借契約により賃貸人が賃借人に対して取得することのあるべき一切の債権を担保し、賃貸借終了後、家屋明渡がなされた時において、それまでに生じた右の一切の被担保債権を控除しなお残額があることを条件として、その残額につき敷金返還請求権が発生するものと解すべきであり、（中略）敷金は、賃貸借終了後家屋明渡までの損害金等の債権をも担保し、その返還請求権は、明渡の時に、右債権をも含めた賃貸人としての一切の債権を控除し、なお残額があることを条件として、その残額につき発生する」

2 敷金返還義務と明渡しの関係（最判昭49・9・2民集28巻6号1152頁、判例ID 27000422）

「一般に家屋の賃貸借関係において、賃借人の保護が要請されるのは本来その

利用関係についてであるが、当面の問題は賃貸借終了後の敷金関係に関すること
であるから、賃借人保護の要請を強調することは相当でなく、また、両債務間に
同時履行の関係を肯定することは、右のように家屋の明渡までに賃貸人が取得す
ることのある一切の債権を担保することを目的とする敷金の性質にも適合すると
はいえないのである。このような観点からすると、賃貸人は、特別の約定のない
かぎり、賃借人から家屋明渡を受けた後に前記の敷金残額を返還すれば足りるも
のと解すべく、したがつて、家屋明渡債務と敷金返還債務とは同時履行の関係に
たつものではないと解するのが相当であり、このことは、賃貸借の終了原因が解
除（解約）による場合であつても異なるところはない」

3 不納欠損処理の違法性（仙台高秋田支判平30・11・28、平成30年（行コ）第1号、判例集未登載、判例ID 28273147）

「市職員らが行った不納欠損処理の違法性の有無を問題とする部分があるが、
本件において第1審原告らが主張する怠る事実は、<u>各市税債権について適切な管
理をせずに時効を完成させて消滅させたことであるから、その違法性を問題にす
れば足りる</u>のであって、各市税債権が時効消滅したことを前提に行われる行政機
関における会計上の内部処理にすぎず法的効果を有しない不納欠損処理の違法性
を問題とする必要はない。」

参考文献

敷金返還義務は明渡しと同時履行に立たない

「目的物の返還義務（明渡義務）と敷金返還義務が同時履行の関係に立つかに
ついて、今回の法改正では明文規定は置かれなかったが、改正法の解説書によれ
ば、明渡時説をとることが明文化されたことからすれば、敷金は、賃貸借契約契
約終了後の明渡義務履行までに賃貸人が賃借人に対して取得することがある一切
の債権を担保することになることから（<u>明渡しの時点ではじめて、返還請求権の
有無や額が確定する</u>）、目的物の返還義務は敷金返還債務に先行して履行される
結果、両者は同時履行の関係には立たないと解されている（筒井健夫＝村松秀
樹・一問一答327－328頁）。この点について、実務家からも、『一般的な不動産賃
貸借の実務においては、<u>賃貸借契約が終了し目的物の明渡しがなされた後に、賃
貸人において未払い賃料や精算を要する主費用の有無、原状回復の要否や金額を</u>

検討し、これを敷金から控除した残額を賃借人に返還するという取扱いがなされており（いわゆる退室精算）、このような退室精算の協議や事務処理自体に相応の時間を要することから、目的物の明渡しと同時に敷金を返還することは物理的にも困難である』との指摘がされており（シティユーワ法律事務所編『債権法改正対応　不動産賃貸借契約の実務Ｑ＆Ａ」商事法務（2018年）90頁）、また賃貸人が、敷金を返還した後に、賃借人に損害賠償を請求することは負担が大きいと考えられる（中田裕康・契約法419－420頁）。このようなことからしても、結論として妥当であり、したがって、今回の改正は、本判決（筆者注：参考判例１）及び先の前掲（筆者注：参考判例２）の考え方を踏襲したものと考えられる（伊藤進監修『改正民法（債権法）における判例法理の射程〜訴訟実務で押さえるべき重要論点のすべて〜』第一法規、2020年、610頁）。」

COLUMN

小切手の記載金額

小切手の記載金額が漢数字記載とアラビア数字の記載が違っていましたが、どちらの金額で受領すべきでしょうか。

複数の記載で金額が違う場合は小さい数字の方を小切手金額とします（小切手法9）。

小切手法9条1項は強行規定と解され、画一的に表示を判断すればよいとされます。

参考判例は手形100円と100万円の例でしたが、100円に収入印紙を貼ること、また、取引上、当時の手形金額100円はあり得ないとしても、手形所持人に解釈、判断を要求するのは判定基準があいまいになり、混乱を招くとして100万円の記載を認めませんでした。

約束手形の金額表示（最判昭61・7・10民集40巻5号925頁、判例ID 27100046）

「100円という小額の手形が振出されることが当時の貨幣価値からしてほとんどありえないこと及び本件手形に貼付された収入印紙が100円であることを理由として、本件手形における文字による金額記載を、経験則によつて、算用数字により記載された100万円の明白な誤記であると目することは、手形の各所持人に対し流通中の手形について右のような判断を要求することになるが、かかる解釈は、その判定基準があいまいであるため、手形取引に要請される安全性・迅速性を害し、いたずらに一般取引界を混乱させるおそれがあるものといわなければならない」

Q22 開発負担金

　本市では開発負担金の制度を設けていますが、開発負担金は受益者負担金と違うのでしょうか。開発負担金を支払わない場合、給水停止を行い、また、給水契約を拒否できるでしょうか。

A　マンション、宅地開発に伴い、公園、教育施設等が不足することを懸念して開発指導要綱により、開発者に一定の負担を求めるのが開発負担金と呼ばれ、寄附金に相当します。

　受益者負担金は受益者に納付義務が課せられます。しかし、開発負担金は開発指導要綱に基づき、法令によらないため開発者に納付義務を強制できず、任意の寄附、協力金の扱いです。相手方が任意に納付したことが認められない場合、事実上の強制として行政指導は国家賠償責任の違法な公権力の行使とされ（**国家賠償法1**）、寄附が強制になる場合は割当的寄附の禁止にも抵触します（**地方財政法4の5**）。

　開発指導要綱は、急速な開発により公共設備が追い着かないため、法律、条例に代わって公益を確保するために制定されてきた経緯があります（ **参考文献** 1）。

　開発指導要綱に従わず、教育施設負担金を納付しない場合でも給水契約、下水道使用を拒否することは認められません。また、このような建築、開発指導要綱に従わないという他事により給水停止はできず、条例で定めても水道法15条との関係で給水義務違反を問われます（ **参考判例** 1、2、**参考文献** 2）。

　水道法15条1項の「正当な理由」は水道料金の滞納等、水道法上の範囲内の理由により、水道法と関係のない事項は考慮されません。給水契約における「正当な理由」を判断するに当たり、公序良俗に反する場合は給水契約を拒否しても正当とした例があり、限定的な場合に許されます（ **参考判例** 3）。

　参考判例3は、「正当な理由」の解釈につき、建築基準法違反で除却を命

じられている建物に給水契約を締結することは公序良俗違反を助長し、水道事業以外の場合でも給水契約拒否ができるとしたものであり、一般的には、他事を考慮した給水契約の拒否については否定的な考えが多数です。

なお、農地転用許可申請において寄附を要請したことが民法96条の強迫に当たり、寄附を取り消された例もあり（ 参考判例 4）、開発負担金においても同様のことがいえます。

参考判例

1 指導要綱を遵守させるための給水契約拒否は許されない（最判平元・11・8判時1328号16頁、判例ID 27806908）

「指導要綱を順守させるための圧力手段として、水道事業者が有している給水の権限を用い、指導要綱に従わないA建設らとの給水契約の締結を拒んだものであり、その給水契約を締結して給水することが公序良俗違反を助長することとなるような事情もなかったというのである。そうすると、原判決が、このような場合には、水道事業者としては、たとえ指導要綱に従わない事業主らからの給水契約の申込であっても、その締結を拒むことは許されない」

2 指導要綱による負担金の強制は違法となる場合がある（最判平5・2・18民集47巻2号574頁、判例ID 27814474）

「指導要綱に基づく行政指導が、武蔵野市民の生活環境をいわゆる乱開発から守ることを目的とするものであり、多くの武蔵野市民の支持を受けていたことなどを考慮しても、右行為は、本来任意に寄付金の納付を求めるべき行政指導の限度を超えるものであり、違法な公権力の行使であるといわざるを得ない。」

3 水道法15条1項所定の正当な理由（大阪地判平2・8・29判時1371号122頁、判例ID 27808133）

「水道法15条1項所定の『正当な理由』とは、（中略）専ら水道事業固有の事由のみを指すと解すべきであり、水道法の所期する目的以外の他の行政目的を達成するため、たやすく右水道事業固有の事由以外の事由を『正当な理由』の有無の判断の基礎とするのは相当でないというべきである。（中略）（筆者注：水道法15

条1項の）承諾義務の免除事由である『正当な理由』の解釈も、原則として、かかる水道法の所期する目的と関連する限度においてなされなければならないのは当然であって、水道法以外の他の行政目的の達成を目的とした事由を安易に『正当な理由』を基礎付ける事由としたときは、水道法がその所期する上記目的を達成するため水道事業者に承諾義務を課した趣旨が容易に没却され、法治主義の原則上相当ではないからである。しかしながら、水道事業者に給水契約の申込みに対し承諾義務を課し、給水を強制することが法秩序全体の精神に反する結果となり、公序良俗違反を助長することになるような場合には、必ずしも水道事業固有の事由に基づく場合でなくとも、給水契約の締結を拒みうる『正当な理由』があると判断される場合もある」

4 寄附が強要に当たるとされた例（東京高判昭51・10・28判時843号55頁、判例ID 27441792）

「本件土地を上告人●●市に寄付（贈与）しなければ被上告人の農地転用申請書を受付けない旨の告知をし、その際右職員において相手方に畏怖を生ぜしめようという意思と右畏怖によって意思表示をさせようという意思があったものと認定判断した上、これを前提として右告知をもって民法96条の強迫に当たる」

参考文献

1 要綱行政が要請された理由

「要綱は条例と異なり、行政内部的な効力しかもたず、行政外部への法的拘束力はありません。行政外部の私人に対しても効力をもつ規範を設けるのならば、条例を制定する必要があります。とすると、いわば条例制定が本筋であり、要綱行政は脇道です。ならば、なぜ訴町村は本筋を通らなかったのか（条例を制定しなかったのか）と疑問に思うことでしょう。しかし、これには相応の理由があります。というのも、条例は『法律の範囲内』で制定されなければならないからです（憲法94条、法14条1項）。かつては法律先占論とよばれる考え方が支配的で、『地域の実情』を反映した条例を定めるためには、現在ほど自由度が高くありませんでした。法律以外に条例で定めを置くには、高いハードルが課せられていたのです。これに対して、要綱は内部的な行政規制にすぎないため、容易に策定することができました。市町村は、法律と条例の抵触を回避しながら、何とか公益

を確保するために要綱行政をしてきたという時代背景は理解しておくとよいでしょう（前掲、板垣勝彦『自治体職員のためのようこそ地方自治法〔第3版〕』86頁）。」

2　各法律はそれ自体完結しており、権限の連結は許されない

「各法律は基本的にそれ自体として完結した存在であり、法治主義という場合の『法』が、個々の法律を想定していることの帰結である。換言すれば、それぞれ別個の目的の下で制定されている法律を行政当局が勝手に関連づけて運用することは、立法者の予想しない事態である。納税義務の履行を確保するために水道供給を停止するというように、水道法と地方税法・税条例を関連づけることは、違法な『権限の連結』として許されない（前掲、櫻井敬子＝橋本博之『行政法〔第6版〕』177頁）」

Q23　使用料と手数料の違い

使用料と手数料はどのように違うでしょうか。規則で定めることができるでしょうか。「特定の者のためにするもの」とはどのような場合をいうのでしょうか。

A　公の施設の使用料は施設利用の対価であり、手数料は人的な役務の対価です。使用料は行政財産の目的外使用料、公の施設の使用料があります（法225）。

手数料は特定の者のためにするものにつき、徴収する費用であり（法227、参考文献）、例えば、住民票の交付手数料は全国的に統一した標準事務として条例で定めます。また、直接、住民に負担を求め、使用料、手数料は条例で定めることから（法228①）、金額を規則に委ねるのは適切でなく、手続は規則で定めることができます。督促手数料も自治法上の手数料と同じ位置付けであり、郵便料相当額として条例で定めることにより徴収できます。

手数料にいう「特定の者のためにするもの」とは、自治体の行政上の必要

から行われる事務は当たらず、個人の請求に基づきその者の利益になるものをいいます。手数料は、役務の提供と負担について「特定の者のためにするもの」かどうかか問われます。

　一般廃棄物の家庭ごみ袋の手数料を徴収することにつき、自治法227条の「特定の者」から手数料を徴収するものではなく、同条に反すると争われましたが、ごみ排出と収集を一対一で対応することができ、また、自治事務であることから手数料を一切徴収できないことではないとされました（ 参考判例 1）。

　参考判例1の控訴審において、「指定収集袋を介在させることにより、ごみの排出者とその収集運搬行為との間に対応関係が生じ、指定収集袋を用いたごみ排出者に対してのみ負担を課することが可能となるのであるから、指定収集袋を用いた排出者のためのごみの収集運搬行為は、『特定の者』のために提供する役務であるということができ、排出者の指定収集袋に係る料金の負担」が可能とされました（東京高判平22・4・27、判例集未登載）。」

　ごみ袋の一括購入・一括販売方式は、一般廃棄物の収集、運搬、処理業務という自治体の行政サービスを受ける際に使用を義務付けられ、事業者の職業活動の自由を侵害しないとされています（ 参考判例 2）。

　参考判例2では、ごみ処理サービスを受けるため、指定ごみ袋を購入する方法によりごみ処理手数料等を支払うことは対価的関係にあり、特別の給付に対する反対給付がない租税と異なり、指定ごみ袋を購入する方法は憲法84条の租税に該当しないとされました。

　なお、図書館の複写代、講座等の資料代は、実費相当の負担であれば手数料に該当しないとされます。

　 参考判例
　1　一般廃棄物の収集、運搬及び処分の手数料（横浜地判平21・10・14判例自治338号46頁、判例ID 28170449）
　　「一般廃棄物の収集、運搬及び処分そのものについては普通地方公共団体の自

治事務としたことをもって、当該事務について、普通地方公共団体が手数料を一切徴収することができないものとはいえない。（中略）大多数の者が利益を受けるとしても、それが間接的なものではなく、直接的なものであり、排出者の排出行為と収集運搬者の収集運搬行為とを一対一の関係で対応させることが可能であるなら、受益者に対してのみ負担を課すことが可能となるから、その負担をもって手数料の概念に当てはまると解釈することは可能である。そうすると、本件における被告のごみ処理有料化が、地方自治法227条の『特定の者』のためにするとの文言に反するとまではいうことができない。」

2 ごみ袋の一括購入・一括販売方式は事業者の職業活動の自由を侵害しない
（静岡地下田支判平21・10・29判タ1317号149頁、判例 ID 28160906）

「本件条例及び本件規則に基づく本件運用及びそれに伴う一括購入・一括販売方式は、指定ごみ袋に関する規制であって、ごみ袋の製造・販売に関して一般的な規制をかけるものではない。指定ごみ袋は、町民が本件条例第5条第2項に基づく一般廃棄物の収集、運搬、処理業務という被告の行政サービスを受ける際に使用を義務づけられるものであるが、それ以外の、排出者が自らごみ処理施設に廃棄物を搬入する等の場合には使用が義務づけられるものではないから、指定ごみ袋に関する規制は、職業活動の一内容又は一態様に対する規制であるにすぎない。」

参考文献

特定の者のためにする事務

「手数料を徴収することのできる『特定の者のためにする事務』とは、一個人の要求に基づき主としてその者の利益にために行う事務（身分証明、印鑑証明など）を意味し、専ら地方公共団体の行政上の必要性に基づき行われる事務はこれに当たらない（前掲、村上順＝白藤博之＝人見剛編『別冊法学セミナー　新基本法コンメンタール地方自治法』271頁）。」

Q24 過料の対象と金額

不正を行った者が義務者でない場合も過料の対象にできるでしょうか。免れた料金に加えて5倍までの過料を徴収することができますが、過料額の算定基準はあるのでしょうか。また、水道料金に対する過料は企業会計の収入にできるでしょうか。

A 過料は不正使用（利用）に対する制裁金であり（法228）、公の施設にも適用され（法244①）、支払義務者以外の者の不正により支払義務者が料金を免れた場合も適用されます（**参考判例** 1）。

参考判例1の原審は「家族らの不正取水によつても支払義務者が過料に処せられるとすることは、行政刑罰上のいわゆる両罰規定に類似する（福岡高判昭59・12・27判例自治13号81頁、判例 ID 29012212）」とされます。条例により5万円以下か、不正で免れた金額の5倍までを過料として徴収できます。

水道料金、下水道使用料の過料は、免れた当該料金、使用料の2倍まで認めた例が多いようです（**参考判例** 2、不正防止から1.6倍を認めた例、さいたま地判平26・12・17判例自治400号84頁、判例 ID 28234214）。

過料の算定は行為の悪質性を考慮すべきとされますが（**参考文献**）、判断基準として類似判例を考慮して何倍にするか決定することが適切です。

罰金は刑事処分が必要ですが、過料は反則金ともいわれ、自治体自ら科すことができます。地方公共団体が経営する水道、ガス事業の不正使用等には、条例により過料を科すことができます。

地方公営企業において過料を科すのは事業管理者ではなく、長が科し、企業会計ではなく、一般会計の歳入とします（法149（3）、地方公営企業法8①（4））。

なお、不正により免れた水道料金は窃盗罪で刑事罰を科すことができますが、下水道の不正使用は排水に係る費用であるため窃盗罪に当たらず、人を

騙したわけでもないので詐欺罪にも当たらないことから不正の下水道使用料の請求に併せて過料を科すことが適切です。

参考判例

1　家族、従業者等の不正による水道料金の過料（最判昭61・5・29判例自治64号54頁、判例ID 29012432）

　「水道料金の支払義務を負う給水装置の使用者が、その家族、同居人、使用人、その他の従業者等その容認の下に当該給水装置を使用している者のした詐欺その他不正行為によつて、水道料金の徴収を免れた場合にも、右使用者に対し同条所定の過料の制裁を科し得る旨を定めたものと解する」

　＊　原審、福岡高判（昭59・12・27判例自治13号81頁、判例ID 29012212）

　　「ここにいう使用者とは当該給水装置を実際に使用するすべての者をいうのではなく、水道料金の徴収の便宜のために、使用する者のうちから水道料金の支払義務を負担すべき者としてことさらに取り上げられたある特定の者を指すといつてよい。そして、水道料金の支払義務を負うものとされた当該給水装置の使用者の背後には、さらにその家族、同居人、使用人らがいることが通常であるところ、これらの者は右の支払義務者の容認の下に当該給水装置を使用しているのがことの実際である」

2　下水道使用料の過料を不正免脱金額の2倍とした例（名古屋地判平16・9・22判例自治266号68頁、判例ID 28092871）

　「どの程度積極的に本件の不正免脱行為を推進していたかという情状面における最も重要な事実関係は、必ずしも十分に解明されているとはいえない（中略）（筆者注：原告は、）被告の調査にも全面的に協力していること、不正免脱に係る下水道使用料については、分割払によって納付する旨の合意が成立し、現在、原告はこれを履行していることなどの事情を総合考慮すると、下水道の使用料の徴収を免れるための不正を防止し、適正な使用料の徴収を確保するという行政目的を達成するためには、原告に対して不正免脱金額の2倍に相当する3762万5000円の過料を科すことで足りる」

参考文献

過料には情状を考慮する必要がある

「（筆者注：参考判例２について）過料について、重加算金ないし脱税の罰金の上限を超える金額の過料を科すには、それを正当と認めるに足りる情状（の悪質さ）の存在を必要と解する旨を判示している（判例タイムズ1203号144頁当該判例解説）。」

Q25 督促の適用

督促は全債権に適用されるのでしょうか、地方税のように書面によることが必要でしょうか。督促の要件は催告と違うのでしょうか。また、納入の通知により時効が更新されますが、どのような場合を想定したものでしょうか。

A 自治体の債権は公債権、私債権に限らず、納期限後、督促により請求します（督促につき、公債権は法231の３、私債権は令171によります。令171は法231の３を除くとあり、法231の３は公債権の滞納処分の手続を中心とした規定ですので自ずと棲み分けています。）。

督促は時効を中断（更新）し（法236④）、最初のものに限り更新（中断）を生じ、２回目の督促は催告（民法150）として扱われます。催告と同様に督促は「履行の請求」ですが、加えて自治法上の督促は「履行（指定）期限」を要します。

地方税は納付期限後に督促を発し、10日を経過して滞納処分できますが（地方税法329、331等）、自治法上の督促は納付期限とは別に、再度、指定期限を設けた上で納付がなければ滞納処分できるとされています（法231の３③）。

地方税及び税外公課（滞納処分ができる債権）は督促がなければ滞納処分はできず、督促手数料及び延滞金も徴収できません。税外公課に適用される自治法231条の３の督促は、滞納処分、督促手数料及び延滞金徴収の前提で

すから審査請求が認められますが、同法施行令171条の督促は、裁判所による回収、遅延損害金の発生の前提でなく、審査請求は認められません。

　延滞金は督促を発することにより納付期限の翌日から起算して徴収することが認められ（前掲、越智恒温監修『会計事務質疑応答集』70、71頁）、延滞金の納付義務及びその額については督促を争うしかありません（東京高判平19・3・13訴訟月報54巻5号1130頁、判例ID28141560）。「履行の請求」と「履行（指定）期限」があれば、督促状という記載がなくても督促とみなされ（例えば、「納付のお願い」も同様）、到達により時効が更新（中断）され、到達の翌日から新たな時効が進行します（指定期限は債務者に期限の利益を与えず、指定期限後から進行するものではありません。）。

　地方税の督促は書面によりますが、自治法、同法施行令による督促は書面を義務付けていません。しかし、時効の更新の効果を問われることもあり、書面の方が確実です。

　改正により時効の「中断」が「更新」に、「停止」が「完成猶予」に改められましたが、意味合いは変わりません。

　催告は、「履行の請求」だけで指定期限は要件とされていません。催告は、督促と同様に1回限りで6か月の完成猶予が認められ（民法150①）、繰返しを認めませんので（民法150②）、時効管理は6か月を加算して判断をすればよく、税等公課においても同じです。

　改正前の催告は訴訟等を行う前提として時効間際の催告に対して6か月の猶予が認められ、改正後は訴訟等の条件なしに猶予が認められます。

　改正前は訴訟等（差押え、債務の承認を含みます。）を条件に6か月猶予を認めていましたが（改正前民法153）、改正後は訴訟等の条件なしに6か月の完成猶予が与えられ、時効完成の確認に注意を要します。

　納入通知は請求の面と、滞納処分ができる債権は決定という面もあります。自治体が私債権を譲り受けた場合、改めて納入通知をすることにより時効が更新されます。

　また、下水道使用料は水道使用に伴って発生し、納入の通知の如何にかか

わらず、下水道の使用により債権が発生しますので時効完成に注意が必要です（ 参考判例 1）。

　下水道使用料は、水道料金と併せて徴収することから、通常はこのような問題になりません。しかし、井戸水の使用、下水道の不正使用等により過年度分は請求できる期間が問題になり、通知を発することで時効が更新（中断）されることでは意味があります。

　なお、相続発生により債務は当然に相続人に承継され、承継通知を発しても、時効の更新（中断）の効力はありません（ 参考判例 2）。

参考判例
1　下水道使用料の納入の通知（東京高判平29・5・18、平成28年（行コ）第319号、判例集未登載、判例ID 28252975）

「納入の通知がされていないことが下水道使用料請求権の行使についての法律上の障害であるということはできない。このような解釈は、同法236条4項が納入の通知が時効中断の効力を有する旨規定していることとも整合するといえる。（中略）被控訴人は、本件納入通知によって初めて処分行政庁が権利行使可能な程度に具体的な本件下水道使用料請求権が発生するから消滅時効は完成していない旨主張する。しかしながら、前記のとおり、控訴人が被控訴人下水道を使用したことにより当然に生じているといえる下水道使用料請求権の行使につき、本件納入通知がされていないことは法律上の障害にならず消滅時効の成立を妨げるものではないし、被控訴人の上記主張によれば、消滅時効の起算日を処分行政庁の側の意向で遅らせることが可能になってしまい、時効制度の趣旨にも整合しない」

2　相続の承継通知は時効中断しない（最判令2・6・26民集74巻4号759頁、判例ID 28281772）

「被相続人に対して既に納付又は納入の告知がされた地方団体の徴収金につき、納期限等を定めてその納付等を求める旨の相続人に対する通知は、これに係る地方税の徴収権について、地方税法18条の2第1項1号に基づく消滅時効の中断の効力を有しない」

Q26　差押現金を一時保管金とすることについて

　歳入歳出外現金は地方公共団体の所有に属しない現金であり、担保として徴収するほかは法律又は政令により保管するとされます。

　滞納処分した現金、裁判所により強制執行された現金などのような場合、市の債権として入金されているのに市の所有に属しない現金、歳入歳出外現金といえるでしょうか。

A　差押現金を歳入歳出外現金の一時保管金とするのは、歳入科目が直ちに決まらない場合があり、現金は法令の定めるところにより保管しなければならず（法235の4②）、確定しない間は雑部金としても歳入扱いできません（参考文献 1）。

　裏を返せば、一切の収入、支出（収入・支出に係る現金は歳計現金を含みます。）は全て予算に編入しなければならないとする総計予算主義の原則と一致します。

　銀行預金を差し押さえた場合、債務者が払い戻しを受ける権利を差し押さえたことになり、歳入歳出外現金扱いである「普通地方公共団体が債権者として債務者に属する権利を代位して行うことにより受領すべき現金（規則12の5（1））」に該当します。差押現金を歳入歳出外現金として扱う自治体の例は多く（（高崎市）市税徴収に伴う歳入歳出外現金等の取扱要領2（3））、差押現金は税目、年度等を含め、滞納処分費、本料、督促手数料及び延滞金に充てなければなりません。また、他の執行機関に配当するなど、直ちに歳入に扱えない場合、一時的に歳入歳出外現金扱いとしている例が多いと思われます。このような手間を要するのは、差押現金と未納分の充て先を一致させ、不正を防ぐ意味もあります。

　ご質問の場合、債権の種類で区分するものではなく、滞納処分、強制執行等の手続において、段階を踏んで歳入とするかどうかが問題であり、一時的に歳入歳出外現金になり、未納分への充当先を決めると歳入として扱うこと

ができます。

　差押現金は、当初から歳入として扱うことができない、預り金、保管金とは性質が違います。当初から歳入歳出外現金扱いとするものは、契約保証金、公営住宅の入居保証金（敷金）、源泉徴収した所得税・住民税、共済組合の掛金などがあります（ 参考文献 2 ）。

　これら歳入歳出外現金の保管中に利子が生じた場合、自治体の歳入の扱いにすることができます。

参考文献

1　歳入歳出外現金制度

　「歳入歳出外現金制度は、普通地方公共団体が責任をもって現金の保管に当たる趣旨から法定されたものであり、この制度の下では、普通地方公共団体が無制限にその所有に属しない『雑部金』といったような現金を保管することはできない。法律または政令の規定によらない現金の保管は、その現金の保管者が私人としての立場で保管していることになるが、このような運用は許されないところである（前掲、村上順＝白藤博之＝人見剛編『別冊法学セミナー　新基本法コンメンタール地方自治法』307頁）。」

2　歳入歳出外現金の例

　「（筆者注：法235条の4第2項の）『法律又は政令』というのは、権能が法律又は政令に根拠を有すること、保管手続等が法律又は政令に根拠を有することを広く意味する。保管金の例としては、①入札保証金、契約保証金、②公営住宅敷金、③職員の給与に係る源泉徴収所得税及び住民税としての現金、④地方税法第20条の4の規定による納付納入受託のため保管する有価証券又は受託徴収金、⑤未納地方税に係る差押物件公売代金、⑥市町村が債権者として債務者に属する権利を代位して行うことにより受領すべき現金、⑦生活保護法第76条の規定による遺留金、⑧児童福祉法第33条及び第33条の2の規定による児童の所持金、遺留金、⑨遺失物法第1条の規定による遺失物等が挙げられる（前掲、地方財務制度研究会編『地方財務ハンドブック〔改訂版〕』267頁）。」

Q27 書類の送達

地方税は普通郵便で送付しますが、納税義務者は通知書を受領していないので納期限を過ぎても延滞金を支払わないと主張しています。この場合、延滞金は免除してよいでしょうか。また、書留、簡易書留、配達記録の違い、内容証明はどのように使い分けるのでしょうか。

 通知、督促を送達できなければ、滞納処分ができず、延滞金も徴収できません。

地方税は普通郵便の送達につき、その郵便物は、通常到達すべきであった時に送達があったものと推定する旨を定め（**地方税法20④**）、送達の立証責任は納税義務者側にあります（**参考判例** 1、2）。

この規定は地方税法以外にありませんが、滞納処分を考えると税外公課においても適用され（**法231の3④**）、債務者が郵便事情を証明できない限り、延滞金の免除はできないと考えます。

税等公課以外の債権の送達は債権者側に立証責任があるとされます。送達は相手方の支配下にあればよく、相手方が現実に中味を見ていなくても、債務者が通知を知り得る状態であれば送達されたものとみなされます（**参考判例** 3）。

また、返戻は送達の効力に影響がありません（**参考判例** 4）。

郵便の到達日は地域によって違い、差出日から祝日を除いて4日以内の送達が郵便会社に義務付けられています（**郵便法70③（4）**）。到達できなければ、郵便局は7日間局留めにし、その後は差出人に戻します（**内国郵便約款88**）。

なお、税外公課において債務者が行方不明の場合、地方税のとおり、行政限りで公示送達ができます（**法231の3④**）。

送達方法として、書留は経路の追及ができますが、簡易書留は到達状況のみ情報提供されます。

送達における補償額は、書留10万円（最大500万円まで増額可）に対し、簡易書留は5万円であり（増額不可）、配達記録は補償がありません。

　内容証明は相手にどのような内容を出したか証明でき、心理的な強制力があり、訴訟、時効等を前提に実施し、併せて配達証明にすることが多く、例えば、時効間際の催告、債権譲渡通知、供託通知、契約解除、保証意思の確認、相殺通知などは内容証明による方がよいでしょう。

　内容証明の手続は、以下のとおりです。

　①同じ文書を3通用意し、受取人複数の場合、例えば、受取人3名なら、受取人3通、差出人用1通、郵便局用1通の合計5通を用意します。

　②体裁は、1行20字以内、1枚26行以内で、タテ、ヨコどちらも可能です。

　③使用文字は、かな、漢字、数字が使用でき、日本語以外、英語、仏語等は使用できず、商品名等の固有名詞は使用できます。

　④封筒は市販のもので差し支えなく、封をせずに郵便局で内容を証明してもらいます。

　⑤添付資料として、資料、写真は同封できません。

　⑥手紙文3通、封筒1通、差出人印鑑、郵便料金を用意し、公印は持参できないので、あらかじめ内容をチェックします。

　⑦料金は、手紙1枚は令和4年10月20日現在、最低でも1,279円（内容証明440＋書留料435＋郵便料金84＋配達証明料320）になり、内容証明料は1枚増すごとに260円増しになります。

参考判例

1　送達の立証は納税義務者にある（東京地判平27・4・23、平成26年（行ウ）第313号、判例集未登載、判例ID 29022868）

　「（筆者注：地方税）の送達の立証義務は徴収者が負うべきであり、不送達の立証義務を納税者が負うのは余りに不当であるなどと主張するが、立法論はともかくとして、原告の主張が納税通知書一般について、送達の立証責任を全て徴収者に負わせるとする趣旨であるとすれば、法20条4項を含む法の趣旨に反する」

2　地方税の通知及び督促の送達（東京地判平27・4・28、平成26年（行ウ）第483号、判例集未登載、判例ID 29022538）

「地方税法20条4項は、通常の取扱いによる郵便又は信書便によって同条1項に規定する書類を発送した場合には、この法律に特別の定めがある場合を除き、その郵便物は、通常到達すべきであった時に送達があったものと推定する旨規定しているところ、前提事実によれば、処分行政庁は、（中略）通常の取扱いによる郵便である普通郵便によって本件各通知書を発送していることからすると（中略）、本件各通知書は、通常到達すべきであった時にF税理士の本件届出住所に送達があったものと推定される。」

3　送達は債務者の了知し得る時から効力を生じる（最判昭29・8・24刑集8巻8号1372頁、判例ID 27660386）

「依願免官による退職の効果の発生時期について考えてみると、特定の公務員の任免の如き行政庁の処分については、特別の規定のない限り、意思表示の一般的法理に従い、その意思表示が相手方に到達した時と解するのが相当である。即ち、辞令書の交付その他公の通知によって、相手方が現実にこれを了知し、または相手方の了知し得べき状態におかれた時と解すべきである（中略）。」

4　通知書の返戻は送達の効力に影響がない（広島地判昭25・6・3行裁例集1巻追録192頁、判例ID 21002110）

「原告主張の如く原告等が右通知書を一旦受け取つた後税務署職員に返却したとしても、原告等が右処分を知つたことには変りがないから右認定に消長をきたすものではない。」

Q28　行政による公示送達と裁判所による公示送達

　自治法231条の3第4項による公示送達は税以外の債権も認められるでしょうか。また、契約上の通知につき、相手方に通知できない状態も利用できるでしょうか。

A 　自治法231条の３第４項による公示送達は行政限りで行うことができ、債権の対象を限定していないように読めます。しかし、公示送達は後に続く滞納処分を有効にするものであり、自治法による公示送達は滞納処分が認められた債権に限られると考えます（ 参考文献 ）。滞納処分できない債権は裁判所による回収になりますので、裁判所による公示送達を利用するしかありません（民事訴訟法110）。

　公示送達が認められるのは、「通常期待し得べき方法による調査を実施してもその者の住所及び居所が知れない場合」をいうとされ、相応の手段を尽くして知れない場合であり（ 参考判例 １）、民事訴訟法による場合も同様です。

　公示送達につき Facebook アカウントがある場合、やり取りできるかを要件とした例があり（ 参考判例 ２）、また、メールのやり取りができる場合も公示送達の要件を満たさないとした例もあり（ 参考判例 ３）、相応の手段を尽くして知れない場合に公示送達できることに注意が必要です。

　裁判所の公示送達は、通常は訴訟手続において申し立てることが多く、契約上の通知、例えば、契約解除したいとき、相手方に送達されない場合、意思表示の公示送達として認められ（民法98）、この場合、相続等で意思表示の相手方が知れない場合も利用できます。

　申請手続は、申立者の資格証明書、相手方の資格証明書、相手方の住民票又は不在証明書（住民票の除票や戸籍の附票など、３か月以内のもの）、返戻された郵便物、通知書の原本、通知書の写し、調査報告書、到達証明申請書を添えます（返信用封筒、切手も必要です。手続は裁判所ホームページに記載されています。）。ただし、相手方が受領しないというだけでは利用できません。

　行政限りの公示送達と比べ、裁判所による公示送達の要件は、調査手段は違いますが、調査内容は変わりません。

参考判例

1 公示送達の要件（東京地判昭59・9・28税務訴訟資料（1～249号）139号662
頁、判例 ID 21080797）

「送達を受けるべき者の住所及び居所が明らかでない場合とは、およそ考え得
るあらゆる方法による調査を尽くしてもその者の住所及び居所が判明しない場合
をいうのではなく、課税庁に対して通常期待し得べき方法による調査を実施して
もその者の住所及び居所が知れない場合をいうものと解する（中略）近隣や町内
会への聞きあわせ、住民登録の調査、固定資産税関係の調査、郵便局の転出届関
係調査、子供の通学校の調査、所轄警察署への聞き合せ、水道局調査と、通常考
えられる調査手段を尽くして原告の転居先を捜索したのであるが、原告が転出届
や郵便局への転居届の手続を経ていなかつたため、ついにその転居先を把握しえ
なかつたものであり、かかる手段を尽くしても原告の住所及び居所が判明しなか
つた以上、これは通常期待し得べき方法による調査を実施しても知れない場合に
該当すると認める」

2 公示送達につき Facebook アカウントを調査要件とする（京都地判平31・
2・5判夕1464号175頁、判例 ID 28274174）

「Facebook のアカウントを有する者であれば、誰でも他人の Facebook のアカ
ウントに対しメッセージを送信することができる機能があるから、申立人は、自
ら又は代理人、調査会社等を用いて、Facebook の上記メッセージ機能を用いて
本件アカウントに対してメッセージを送信することができ、これにより相手方B
に接触を試みることが可能である。（中略）被告の電話番号やファクシミリ番号
が判明している場合やその電話番号やファクシミリ番号であることが強く推認さ
れる連絡先が判明している場合に、それらを用いて接触を試みることは通常の調
査方法であり、電子メールにより様々なやりとりがされている現在では、電子メ
ールにより接触ができる場合もこれと同様に解することができる。」

3 メールによる連絡可能な場合は公示送達要件を満たさない（札幌地判令元・
5・14判夕1461号237頁、判例 ID 28273081）

「再審被告が、再審原告に対して、メールにより、対象事件に係る訴えを提起
することを告げた上で、訴状等の送達場所をどこにするか確認した場合、再審原

告が、再審被告の実家などを指定することにより、訴状等の送達を受けることが十分に期待できたものというべきである。」

参考文献

自治法上の公示送達の可否

「工業用水供給の使用許可の取り消しについては、自治法第231条の3第4項（筆者注：行政限りの公示送達）に定めるものとは全く別個のものと考えられる。したがって、その公示送達に関する手続は、民事訴訟の適用を受けるものということになる（地方自治制度研究会編著『地方自治法質疑応答集』第一法規、2217頁)」

Q29　充当と相殺

　地方税の還付は他の債権に充当できるでしょうか。また、地方税は相殺できないとされますが、他の債権は相殺できるでしょうか。

A　地方税の還付金は地方税に充当することになり、強制的に未納分に充て、行政処分として審査請求できます（**地方税法施行規則1の7**）。

　地方税の還付金は地方税法による地方団体の徴収金に充当できますが、徴収金に含まれない料等に充当はできません。充当ができない他の債権は当事者の意思により当該債権は相殺できますが、地方税は相殺できません（**地方税法20の9**）。

　税の充当につき、他の公課への準用できるかは、例えば、下水道使用料の還付金を未納の下水道使用料に充当できますが、他の公課である税に充当できないことになります。

　下水道使用料は自治法231条の3第1項の使用料であり、還付は地方税の例によるとされ（**法231の3④**）、地方税は相殺が禁止され（**地方税法20の**

72

9）、下水道使用料についても債権の性質から相殺を許さないとした例があります（参考判例1）。しかし、地方税法20条の9の地方団体の徴収金は地方税及び地方税に付随する延滞金等の債権であり、他の債権において相殺を禁止する明文はなく、他の債権において相殺できるとする考え方もあり得ます。

　ご質問の地方税の還付を他の債権に充当できるかどうかは、行政側からの一方的な充当はできませんが、債務者の同意書があれば充てることができると考えます。滞納処分ができる債権では未納があれば還付金を差し押さえることも可能です。

　税等公課以外の債権は、民事保全法により還付請求権を仮差押えし、その後、訴訟を提起し、確定判決を得た後に、強制執行できます。

　相殺は当事者双方から認められ、一部相殺は残債務に債務の承認が認められますが（**民法152**）、充当は行政側から認められ、行政処分であるため、債務の承認は生じないとされます。給与額の誤りは次月以降の給与において相殺として調整でき、過不足の調整を超えて生活を脅かすような額の調整は給与全額払いの趣旨からできないとされます（参考判例2）。

　生活保護法63条は保護費用の範囲内で費用返還を求める調整規定と考えられ、生活保護費として生活維持の上から過大な返還請求はできず、合理的な期間により調整することが求められます。同法63条及び78条の返還金を生活保護費から差し引く場合、本人同意を前提とします（**生活保護法78の2①**）。

　不正により返還を求める生活保護法78条の場合、同意があっても、生活維持を脅かすような額は保護費と相殺できないと考えます（参考文献）。

　児童手当では、受給資格者からの申出により保育料、学校給食費を支給費と調整することを認められ（**児童手当法21**）、活用できる場面があります。

　この場合、受給資格者からの同意を前提としていますので、一方の意思表示だけで可能となる相殺（**民法505**）とは違います。

1　下水道使用料と損害賠償請求権の相殺（大阪地判平20・10・1判例自治322号43頁、判例ID 28153752）

　「下水道使用料について使用者からの一方的意思表示による反対債権との相殺を許すとすれば、相殺の意思表示がされるごとに自働債権の存否及び額を調査し確定しなければならないこととなって、下水道使用料の迅速かつ確実な徴収に著しい支障を来し、ひいては公共下水道設置の目的をも阻害することが明らかであり、下水道法その他の法令がそのような事態を容認しているとは到底考え難い。そうであるとすれば、下水道使用料は、その性質が相殺を許さない債権である」

2　給与相殺は過不足調整を合理的な期間に行う趣旨である（高松高判平9・10・17判タ968号169頁、判例ID 28030980）

　「国家公務員法付則16条の規定によれば、労働基準法は適用されないと解されるものの、人事院規則9-7（俸給等の支給）1条の2が『何人も、法律又は規則によって特に認められた場合を除き、職員の給与からその職員が支払うべき金額を差引き、又は差し引かせてはならない。』と定めていることからすれば、労働基準法24条1項の趣旨が尊重され、同規定とほぼ同様の定めがなされているものと解するのが相当である。したがって、本件相殺は、人事院規則9-7（俸給等の支給）1条の2、債管法（筆者注：国の債権の管理等に関する法律）同法13条1項、同法施行令14条4号より、形式的には給与簿上の精算措置で足りると解され、前記認定事実によれば、控訴人の平成3年2月分の給与について、これがなされたものと認められるが、この場合においても、債管法施行令14条4号の趣旨は、通常給与の支払に関して起こりがちな過不足払の調整を合理的な期間に限って行う趣旨のものであるから、過不足の調整を越えて、受給者の経済生活の安定を脅かす場合には、給与の全額払の趣旨からして許されない」

本人の意に反する天引きは認められない

　「仮に、本人の意に反する保護費からの天引きが許されるとすれば、『被保護者は、既に給与を受けた保護金品〔中略〕を差し押さえられることがない』（生保58）という差押禁止規定、及び、差押禁止債権を受働債権とする相殺の禁止規定

（民法510）に明らかに抵触し、生存権保障の実施機関の役割と相容れません（大阪弁護士会貧困・生活再建問題対策本部編『Q＆A生活保護利用を巡る法律相談』新日本法規出版、2014年、275頁）。」

Q30　工事請負契約返還金と他債務の相殺

　工事請負契約を変更契約（減額）しましたが、返還金（自働債権）が生じ、督促の支払期限が到来しても納入がなく、遅延損害金が発生しています。同じ会社が請負う他課の工事が竣工予定であり、代金支払債務（受働債権）があります。他課の工事代金と相殺により返還金を回収したいと考えますが、返還金の遅延損害金の計算は起算日から相殺時点まで算定してよいでしょうか。また、契約上の支払期限まで期限の利益を放棄することにより、納入される遅延損害金額が減少するので契約上の支払期限まで待つ方がよいでしょうか。

A　遅延損害金の発生は、履行遅滞がいつの時点であるかによります。
　債務不履行による履行遅滞は、確定期限があれば確定期限が到来した時、不確定期限（例えば、大学を卒業したら10万円をあげようという契約です。）は期限の到来した後に履行の請求を受けた時又はその期限の到来したことを知った時のいずれか早い時から、期限の定めのない債務は請求を受けた時から（**民法412、不当利得**）、履行遅滞になり、遅延損害金を付することができます（**民法415、419**）。

　そうすると、契約書に定めた支払期限があり、債務者は期限の利益を放棄又は喪失しない限り、履行遅滞は契約の支払期限の翌日からになります。

　自治体側の債権（受働債権）がいつ確定するかですが、検査が終了しなければ工事完了により債権が確定したものといえません。請負契約と代金支払時期は、仕事の完成により債権・債務が確定することになり、前金払、中間払を契約書に定めていれば別として、報酬時期を定めた民法633条は任意規

定です（ 参考文献 1 ）。

　そうすると、他課の工事において代金支払時期を定めており、代金支払時期を履行期限として相殺適状時とみることができます。

　相殺の要件は、どちらも弁済期が到来していることが要件であり（**民法505、自働債権、相手方返還金**）は弁済期が到来していなければ相殺できませんが、受働債権は相殺適状にするため期限の利益を放棄でき（ 参考文献 2、3 ）、期限の利益の放棄日を相殺適状時とされます（ 参考判例 1 ）。

　この場合、債務者である自治体に期限の利益があり、請求を強制することから、相手方から自治体側に相殺を主張することは認められません。

　具体的に竣工検査が完了し、引渡しできる日を債権確定とし、期限の利益を放棄した旨の通知日を相殺適状時とし、相殺の効力は相殺適状時に遡って効力を生じます（**民法506②**）。

　相殺通知を相殺適状時とすると、相殺の通知の時期により遅延損害金を操作できることになります。ただし、受働債権に相殺実行日までとする特約があれば、相殺通知時まで遅延損害金を付することができます。

　民法506条2項は任意規定であり、特約により相殺実行日までとする金融機関の貸付例もあります（ 参考判例 2 ）。

　実務上は、期限の利益を放棄した日と通知日を同日で記しても差し支えありません。文面としては、「○○請負工事に係る債務である県の支払期限は○年○月○日ですが、○年○月○日に期限の利益を放棄し、下記のとおり御社の債務である（○○工事返還金）と相殺しますので通知します。○年○月○日」のような文面になります。通知により相殺できますので、内容証明による意思表示の方がよいでしょう。

　期限の利益の放棄により遅延損害金の減少を懸念されてのことでしたら、自治体側の弁済時期を早期に確定させ、元金である返還金を早期に回収することが先決です。返還金は発生していることから請求し、相手方が履行しないなら、相殺を実施すればよいと考えます。必ずしも期限の利益を放棄しなければならないことではありませんが、相手方が返還金を支払う意思がない

　ことを確認できたら、わざわざ、支払期限まで待つ理由はありません。

　相殺と差押えの問題はここでは触れませんが、当初の支払期限後は、相殺しなければ、相手方の未納状況から代金支払債権（受働債権）を差し押さえられる可能性もないとはいえません（差押え前に債権が発生していた場合には相殺はできます。民法511の反対解釈）。

　また、早期に相殺することは、相手方の遅延損害金の増加を防ぎ、利益を害しません（民法136②）。

　なお、自働債権よりも受働債権の方が多額であれば、特約がない限り、相殺による充て方は民法512条によります。

参考判例

1　受働債権の相殺適状は期限の利益の放棄又は喪失等を要する（最判平25・2・28民集67巻2号343頁、判例ID 28210715）

　「民法505条1項は、相殺適状につき、『双方の債務が弁済期にあるとき』と規定しているのであるから、その文理に照らせば、自働債権のみならず受働債権についても、弁済期が現実に到来していることが相殺の要件とされていると解される。また、受働債権の債務者がいつでも期限の利益を放棄することができることを理由に両債権が相殺適状にあると解することは、上記債務者が既に享受した期限の利益を自ら遡及的に消滅させることとなって、相当でない。したがって、既に弁済期にある自働債権と弁済期の定めのある受働債権とが相殺適状にあるというためには、受働債権につき、期限の利益を放棄することができるというだけではなく、期限の利益の放棄又は喪失等により、その弁済期が現実に到来していることを要する」

2　相殺の遡及効（岡山地判平30・1・18金融法務事情2088号82頁、判例ID 28261813）

　「相殺の意思表示がされた場合、債権債務は相殺適状時に遡って対当額で消滅する（民法506条2項）。これは、対立する債権を有する当事者は、互いの債権で清算されると期待するであろうから、このような当事者の意思を尊重する趣旨で

あると考えられる。相殺の意思表示がされれば、相殺適状時にさかのぼって債権が消滅し、したがって、その後は利息が発生することもなく、履行遅滞も消滅することになる。（中略）しかしながら、相殺適状時に遡及して債権が消滅するとはいえ、相殺適状時に当然に債権が消滅しているというのではなく、現実には、相殺の意思表示がされるまで時間が経過しているのであるから、それまでの間、互いの債権について利息、損害金等が発生していること自体は否定できない。したがって、当事者間で、上記（1）（筆者注：全銀協の銀行取引約定書ひな型）と異なる清算方法の合意をすることは許されるというべきであるが、このような合意は、相殺の遡及効と矛盾するとはいえないし、相殺の遡及効を制限する合意を当然に含む必要はない。」

参考文献

1 請負契約と支払義務

「請負は、一方（請負人）がある仕事を完成することを約し、他方（注文者）がそれに対して報酬を支払うことを約することによって成立する契約である（民632条）。（中略）注文主は報酬支払義務を負う。報酬の支払時期については、民法633条は目的物引渡時・仕事終了時としているが、これは任意規定である（大村敦志『基本民法Ⅱ債権各論〔第2版〕』有斐閣、2005年、130頁)。」

* 　筆者注：前金払、中間払を有効していることからも、633条は任意規定であると解されています。

2 相殺における弁済期の到来

「弁済期の到来は実際上最も重要な要件である。弁済期が未到来のうちに相殺を許すと、債務者の有する期限の利益（136条2項）を失わせることになるので、この要件が課されている。この理由により、（相手方が債務者である）自働債権の弁済期未到来の場合には相殺はできないが、（自分が債務者である）受働債権については期限の利益を放棄することができる場合には、これを放棄して相殺することができる。重要なのは自働債権の弁済期なのである（相手方の利益は奪えないが、自分の利益は放棄できる点に注意）（大村敦志『基本民法Ⅲ　債権総論・担保物件〔第2版〕』有斐閣、2005年、59頁)。」

3 相殺適状とは

「相殺適状とは、相殺をなすに適した状態であるが、それには、①「２人が互いに」債務を負担すること、②両債務が「同種の目的」を有すること、③両債務が弁済期にあること、④両債務が性質上相殺を許さないものではないことが必要である（同法505条）。同種の目的を有するためには、両債務が金銭債務であればよく、<u>両債務が弁済期にあるためには、受働債権の弁済期は地方公共団体が期限の利益を放棄することにより到来するから（民法136条２項）、自働債権の弁済期が到来していればよく</u>、自働債権の弁済期の方が受働債権の弁済期よりも遅く到来する場合（地方公共団体が履行遅滞の状態にある場合）でも差し支えない（最判昭45・6・24民集24巻6号587頁）（前掲、債権管理・回収研究会編『自治体職員のための事例解説　債権管理・回収の手引き』）。」

Q31　下水道使用料の算定

下水道使用料は水道使用量に比例して算定しますが、井戸水使用の場合はどのように算定するのが適切でしょうか。

A　下水道使用料は水道使用量により、下水道に排出される汚水の排出量とみなして算定されます。水道使用量に基づかない井戸水などの下水道使用の算定は、条例で定める申告、届出によります（**名古屋市下水道条例17、同条例施行規程39**）。

下水道使用料は使用水量をもとに算定することは合理性があり、使用水量と実際の排出量が著しく異なる場合は、例外的に、一定の証明を申請することにより水道使用量と違った下水道使用料が認められます（ 参考判例 1）。

さらに、条例により漏水による誤差は申請が認められ、誤差が生じても不合理とはいえず、財産権の侵害にも当たらないとされています（ 参考判例 2）。

井戸水専用の下水道使用料は、実務上、世帯人数から認定水量として計算されます。一般家庭では、１世帯３人まで月10㎥、１人増すごと３㎥加算し、基本料金を含め使用料を算定（北九州市）、１世帯１人まで月10㎥とし、１

人増すごと5㎥ずつ加算（千葉市）、基本料金に1人8㎥、2人14㎥、3人20㎥、4人以上1人増すごと5㎥加算（松山市）の例があります（令和4年4月1日現在）。

水道使用水量と排出量が著しく異なる場合は、クーリングタワー（冷却塔）、ボイラーなど蒸発水や散水などによるもの、製氷業などがあり、条例により減免を設けている例があります。

申請書による処分は受益的行政処分であり、申請書を要するのは公正な手続を担保することから、申請書に基づかない下水道使用料の認定は無効としています（ 参考判例 3 ）。

参考判例

1　水道使用量により下水道汚水排出量とみなすことは合理性があり、排出量の相違は申請がなければ争えない（東京地判平4・10・9判例自治107号60頁、判例ID 27815176）

「下水道への排出量が、上水の使用量より著しく少ない営業を営んでいる者や、下水道の使用を廃止した者など例外的な者については、その者からの申告や届出をまつて、それに応じた対応をするという制度を採用したものと解される。右のような制度の下においては、右の例外的な立場に置かれた者は、自ら条例などの定める申告又は届出をしない限り、使用水量を汚水の排出量と擬制するという条例によつて生じた効果を覆すことができず、右手続をとつていない者は、右の効果に基づいて算出された使用料の支払の請求に対し、現実の排出量が使用水量より少ないことをもつて争うことはできないものと解すべきである。（中略）上水の使用水量の計測は、汚水の排出量のそれに比較すれば、計測装置の管理等がより容易であり、技術的にもより高い精度が期待できることは、常識的に認められるところである。そこで下水道条例は、前者の量をもつて後者のそれとみなすこととし、水道水を使用しない者についてはこれを使用する者の場合に合わせて上水の使用量を計測し、その量をもつて汚水の排出量とみなすこととして、これを使用料算定の原則とすることとし、特殊な営業に水を使用するために両者の間に著しい差のあるときや下水道の使用を廃止し、又は休止する等の場合については

使用者に所定の方式によつて自らの個別事情を申告させ、又は届け出させて、これに基づいてのみ、例外的に右の原則を覆す余地を認めるとしたものであつて、右の制度は、大量の事務を公平に管理することの求められる使用料徴収事務の性質を考えれば、十分に合理性が認められる」

2 漏水誤差は申請により救済されるから不合理でない（名古屋地判平26・9・26判例自治396号43頁、判例 ID 28232877）

「汚水排水量について漏水により実際に使用できた水量との間に看過しがたい誤差が生じたとしても、本来給水装置について維持管理の責任を負う使用者の甘受すべき危険において生じた誤差であって、これを正確に把握できなかったことによる損失を使用者に負担させることについても、それなりに理由がないということはできないのであるから、このような運用を前提としても、漏水分の下水道料金につき、必要最小限度の救済措置は講じられているということができる。このような救済措置が講じられていることを踏まえれば、前記（筆者注：名古屋市）下水道条例17条1項の規程は必要かつ合理的なものということができ、これに基づき下水道料金を徴収したとしても憲法29条1項に違反するものではない。」

3 申告書によらない下水道使用料の認定は無効（大阪高判平12・10・13裁判所ウェブサイト、判例 ID 28152127）

「例外としての町長による汚水量の認定は、これにより、住民のうちの一部の下水道施設の利用者に対し、使用水量をもって汚水量とする原則規定の適用を排除し、使用水量と認定にかかる汚水量との差に相当する分につき徴収をしないこととする一つの利益処分（授益的行政処分）に他ならないところ、この例外認定に申告書及び認定通知書による通知を必要とした趣旨は、認定処分の存在を明確にするとともに認定資料を保存、保管して、処分の公正と適法性を客観的に担保するとの目的に出たものと解されるから、この趣旨目的及び認定処分による法律効果に照らし、右の各書面によらずになされた『認定』は、重大かつ明白な瑕疵があり、不存在もしくは無効と解される。」

参照条文

名古屋市下水道条例（昭和22年名古屋市条例第35号）

第17条　汚水排出量の算定は、次の各号に定めるところによる。

（1）　水道水又は工業用水道水を使用する場合は、水道又は工業用水道の使用水量とする。

（2）　前号以外の場合は、第19条第1項に規定する計測のための装置によるほか、使用の態様を勘案して管理者が認定する。

製氷業その他の営業で、その営業に伴い使用する水の量がその営業に伴い下水道に排出する汚水の量と著しく異なるものを営む使用者は、その旨を管理者に申告することができる。この場合において、管理者は、その事実が証明されたときは、前項の規定にかかわらず、同項による汚水排出量と異なる汚水排出量を認定するものとする。

汚水排出量の算定は、毎月これを行うものとする。ただし、管理者が必要と認めるときは2月分以上を一括して算定することができるものとし、この場合の汚水排出量は各月均等とみなす。

名古屋市下水道条例施行規程（平成12年名古屋市上下水道管理局規程第58号）

（減量認定）

第39条　条例第17条第2項に定める使用者とは、その営業に伴う汚水のうち下水道へ排出しないものの量がその営業に伴い使用する水の量の30パーセント以上を占める者をいう。

＊筆者注：第17条第2項とあるのは2号の誤りかと思われます。

Q32　条例の公布手続と使用料の効力

　下水道使用料の条例改正につき、公布手続は掲示するとしていますが、公布手続を失念して広報等で周知しました。この場合、改正部分は有効とみなすことができるでしょうか。

A　下水道使用料の改正は公布手続により改正条例の効力が生じます。

条例の公布手続は、通常は公告式条例で定め（**法16④**）、長が署名して掲示することになります。

　公布手続は掲示によるほか、広報による場合もあり、広報による公布手続についても条例の定めが必要です（**兵庫県条例、規則等の公布に関する条例2②**）。

　公布手続は公告式条例又は別途制定された条例によりますが、広報による公布手続が条例に定められていない場合、広報等の周知では公布したものとみなされず、条例が適式に公布されなければ改正条例の効力は生じません。

　適式でない条例公布の場合、改正後の税率は認められないとされます。ただし、賦課処分までは無効とはいえず、改正前の税率で認められます（最判昭25・10・10民集4巻10号465頁、判例ID 21002512）。

　改正下水道条例に対し、長の署名した日を公布日としましたが、定められた公布手続として掲示しなかった場合において改正条例は無効とした例があります（ 参考判例 ）。

　参考判例では排水区域住民の大多数が改正後の下水道使用料を支払っていても、その間の下水道使用料について不当利得は生じないとしました。

　 参考判例
　　公布がなく無効な場合の下水道使用は不当利得にならない（東京地判昭43・3・28判時516号3頁、判例ID 27421748）

　「有効に議決された条例でも適式に公布されなければ効力を生じないと解すべきであるから、結局、本件条例は無効であつたといわなければならない。地方自治法は、地方公共団体が公の施設の使用につき住民から負担金ないし使用料を徴収しようとする場合には、必らず条例で定めるべきものとし、かつ、その条例を公布させることによつて一般への周知を図り、住民の利益を保護しているのである。（中略）本件条例が無効である以上、前記のような事情があることから直ちに、原告らの本件下水道の無償使用が正義ないし公平の観念に反するとして、これを法律上の原因を欠くものと解することは困難である。」

　 参照条文
兵庫県条例、規則等の公布に関する条例（昭和37年兵庫県条例第48号）

（条例の公布）

第2条　条例を公布しようとするときは、これに公布する旨及び年月日を記入して知事が署名するものとする。

2　条例の公布は、兵庫県公報に登載して行なう。ただし、天災事変等により兵庫県公報に登載して公布することができないときは、県庁前の掲示場及び公衆の見やすい場所に掲示して行なうことができる。

COLUMN

訴訟の蒸し返しはできない？

　民事訴訟法262条2項では「本案について終局判決があった後に訴えを取り下げた者は、同一の訴えを提起することができない。」とされています。

　これは再訴の禁止を規定したものですが、裁判所の負担と当事者の信頼確保が理由です。しかし、相手に騙されて取り下げた場合は、新たな利益があるとして再審は可能です。

　下記の判決は、同一の訴えは当事者、訴訟物が同一というだけでなく、同一事情ということを明らかにしたものです。

　民事訴訟法262条2項の意義（最判昭52・7・19民集31巻4号693頁、判例ID 27000277）

　「民訴法237条（筆者注：現行262条）2項は、終局判決を得た後に訴を取下げることにより裁判を徒労に帰せしめたことに対する制裁的趣旨の規定であり、同一紛争をむし返して訴訟制度をもてあそぶような不当な事態の生起を防止する目的に出たものにほかならず、旧訴の取下者に対し、取下後に新たな訴の利益又は必要性が生じているにもかかわらず、一律絶対的に司法的救済の道を閉ざすことをまで意図しているものではないと解すべきである。したがつて、同条項にいう『同一ノ訴』とは、

単に当事者及び訴訟物を同じくするだけではなく、訴の利益又は必要性の点についても事情を一にする訴を意味し、たとえ新訴が旧訴とその訴訟物を同じくする場合であつても、再訴の提起を正当ならしめる新たな利益又は必要性が存するときは、同条項の規定はその適用がないものと解する」

　例として、相手方が弁済を確約したので訴えを取り下げたところ、その後相手方は支払わないという場合に適用されることが考えられます（判例タイムズ353号207頁）。

Q33　各種収入の端数処理

　地方税法は端数処理が定められていますが、他の収入は地方税と同様に端数処理ができるでしょうか。また、端数処理を財務規則で定めることができるでしょうか。

A　端数処理は免除ですから、少額でも債権放棄と同様になります。
　各債権の根拠となる法律に端数処理は規定されていませんが、滞納処分できる公課は地方税の手続が準用できます。この場合、地方税と同様の端数処理は条例により定めることが適切です。

　延滞金の算出方法について、地方税と同様に行う場合、納期限後1月を経過するまでの分とそれ以後を分け（**地方税法56ほか**）、税と同様の率で算出する場合も条例に規定しなければならないと考えます。

　端数処理が条例に規定されていなければ、国等の債権債務等の金額の端数計算に関する法律により1円まで算出します（**同法2、7（4）**、**参考文献**）。

　条例は法律の範囲内で定め、法律を上回る規定は定めることができません（**法14条**）。

　参考文献は「公法上の収入」とありますが、公法・私法の区分は明確でな

く、滞納処分が規定され、税と同様の性質がある公課は条例により端数処理を定めることができます。したがって、税外公課の場合、税と同様の端数処理を定めることができ、それ以外の債権は国等の債権債務等の金額の端数計算に関する法律によります。

　水道料金と下水道使用料は端数処理が違うことになりますが、債権の根拠、性質上やむを得ません。下水道使用料は水道使用量に基づき算定しますが、水道料金と下水道使用料を合わせて通知、請求することは、行政の都合によるもので根拠はありません。

参考文献

公有財産使用許可に伴う光熱水費の分担金の端数処理

　「問　公有財産使用許可の条件として、電気料等の分担金を徴収する場合、徴収額に端数金額が生じたので、『国等の債権債務等の金額の端数計算に関する法律』により処理すべきか。

　答　公有財産使用許可の条件として、電気・ガス等の使用に必要な経費を負担させることは、現在、公有財産使用許可の附かん（筆者注：条件）であることから、公法上の収入と解されています。

　地方公共団体における、その他の公法上の収入金について、条例又は規則で端数処理について規定されていいときは、国等の債権債務等の金額の端数計算に関する法律に準じて取り扱うのが適当です（前掲、越智恒温監修『会計事務質疑応答集』68頁）。」

Q34　期間の計算

　期間の計算は、当日は含めずに翌日から起算するとされ、例えば、「2週間前に通知しなければならない」とする規定がある場合はどのように計算するのでしょうか。

A　日、週、月又は年によって期間を定めたときは、期間の初日は算入しませんが、その期間が午前零時から始まるときは、この限りでない（算入する）とされ（**民法140**）、終期は、期間の末日の終了時点とされます（**民法141**）。

遡及期間（除斥期間）は民法の規定にはなく、民法を類推すると、例えば、「定期総会は２週間前に通知する。」ことであれば、総会の開催日に対して２週間の期間を空けなければならないことになります（**参考文献**）。

株金払込みの催告についての期間は、その催告が株主に到達した翌日から起算して２週間とした例があります（大判昭６・５・２大審院民集10巻232頁、判例 ID 27510410）。

各自治体の財務会計規則の「通知書等は、納入期限の10日前までに発行しなければならない。」とある場合、上記判例によれば、期間の計算として納入期限は10日間を確保して通知しなければ無効とされます。この場合の10日間について土日祝日を含むとされ（前掲、越智恒温監修『会計事務質疑応答集』66頁）、10日の最終日が土日祝日に当たる場合はその日を除き、金融機関等の慣習である営業日を考慮して日数を確定します（**参考判例**）。

一般的に土日祝日の扱いは、訴訟手続の例による期間の計算が確実です（**民事訴訟法95③**）。

参考判例

契約において支払日が土日祝日の明示がなかった場合（最判平11・３・11民集53巻３号451頁、判例 ID 28040597）

「毎月１回ずつの分割払によって元利金を返済する約定の消費貸借契約において、返済期日を単に『毎月Ｘ日』と定めただけで、その日が日曜日その他の一般の休日に当たる場合の取扱いが明定されなかった場合には、その地方においては別異の慣習があるなどの特段の事情がない限り、契約当事者間にＸ日が右休日であるときはその翌営業日を返済期日とする旨の黙示の合意があったことが推認される」

参考文献

過去に遡る場合

　「民法は、起算日から過去に遡る場合については何も規定をおいていないが、民法の規定はこの場合にも類推適用されると解されている。『株主総会を招集するには、取締役は、株主総会の２週間…前までに、株主に対してその通知を発しなければならない』（会社299条１項）が、たとえば、６月30日に株主総会を開催する場合、６月29日から起算（初日不算入）して、そこから２週間前は６月16日である。会社法299条１項は２週間前に通知を発しなければならないとしているため、６月15日中に招集通知を発しなければならないことになる（中山布紗ほか『ロードマップ民法１（第２版）』一学舎、2019年、238頁）。」

Q35　水道料金の減免と不服申立て

　水道料金において生活保護受給による減免を設けている条例がありますが、資力により減免を設けることは適切でしょうか。水道料金の減免を認めなかった場合は審査請求できるでしょうか。

A　債権によって減免のあり方に違いがあります。

　水道料金の条例において生活保護受給による減免を設けている例がありますが、水道料金は減免ではなく、公営住宅使用料と同様に扶助費として措置することが適当です。

　水道料金の減免は債務者の資力によるのでなく、漏水等の物理的な不可抗力によることが適切です。サービス、利用の対価とされる債権は、税等公課のような債務者の資力を対象にした減免規定を設けるのは適当ではありません。

　生活保護受給は地方税の減免対象ですが、地方税の減免を受けていることが生活保護費の給付の要件ではありません。減免の審査は生活の維持として備えがあることに配慮すべきであり、生活保護受給の要件より緩やかに解釈

すべきとした例があります（参考判例 1 ）。

　減免と同様に滞納処分の執行停止（地方税法15の 7 ）が準用できる場合、債権の性質を考慮しなければならないと考えます。

　生活保護法63条及び同法78条の返還金はともに滞納処分ができ、執行停止においても税の手続を準用できると考えられます。しかし、地方税は反対給付がなくても徴収されますが、生活保護費返還金は生活保護費用を考慮し、不当利得として返還を求め、特に78条の返還金は不正行為から罰金と同様に不利益を受けざるを得ない面があります。

　また、破産手続では罰金、過料は劣後的破産債権の扱いですが（破産法99① （ 1 ））、免責の対象ではありません（破産法253① （ 7 ））。

　なお、国保料の減免に当たり、国民健康保険法44条 1 項の「特別の理由」は生活保護とは別に一時的な収入の減少をいうとされ、一時的かどうかは個別事情によります（参考判例 2 ）。

　下水道使用料は下水道に接続され、下水道使用により生じ、水道料金は給水契約により生じます。しかし、水道料金の減免決定は審査請求できることを教示し、減免申請に対する処分として審査基準を定める必要があります（参考判例 3 、行政手続法 8 ）。

　参考判例

1　市税減免の審査は生活保護認定より緩やかである（秋田地判平23・ 3 ・ 4 賃金と社会保障1556号29頁、判例 ID 28180439）

　「市税条例、国保税条例、本件取扱要領によれば、生活保護を受給する場合、固定資産税及び国保税は減免される上、生活扶助、教育扶助、住宅扶助、医療扶助等国費から必要な給付を受けることになるので、保護開始に当たって厳格な審査が求められ、多額の手持金も必要ない。したがって、保護開始時の手持金については、基本的に家計上の繰越金程度のものに限って保有を認めるべきで、かつ、認めれば足りるのである。これに対し、市税減免の場面では、生活保護と異なって市税が減免されるのみで国費から必要な給付を受けられるわけではないので、減免の審査は、生活保護を受給する場合よりも備えが必要であることに配慮すべ

きであって、生活保護よりも相対的に緩やかとなるべきである。」

2 国保料の減免は生活保護とは別である（札幌高判平30・8・22賃金と社会保障1721・1722号95頁、判例ID 28264039）

「（筆者注：国民健康保険法44条1項）の特別の理由とは、社会保障の観点から一部負担金の減免を認めることが、国民健康保険制度と生活保護制度とを峻別する法の趣旨や、国民健康保険における加入者の相互扶助の理念、一部負担金の制度の趣旨に反しないと認められるだけの理由をいうものと解すべきであり、同項は、このような特別の理由があるかどうかの判断を市町村の裁量に委ね、かかる市町村の裁量的判断を通じて国民健康保険と生活保護等の他の社会保障制度との調整や国民健康保険制度の適正な運営を図る趣旨の規定と解すべきである。そして、かかる特別の理由としては、例えば、不可抗力等によって収入が減少したことなどが考えられるところ、上述のとおり、法は、生活保護を受給し得るほど恒常的な経済的困窮に陥っている者は、国民健康保険制度の対象者として予定していないものというべきことに鑑みれば、かかる収入の減少はあくまでも一時的なものであることが必要というべきである。」

3 減免の不服申立てに関する審査基準の明示（大阪高判平16・5・27判例自治271号53頁、判例ID 28091782）

「地下漏水等に係る水道料金の減免制度はあるが、生活困窮者等に対する減免制度はない旨が記載されているものの、本件給水条例34条にいう『特別の理由』の審査基準について回答するものであるとはされていない上、上水道料金の減免が地下漏水等の場合に限られるとまでの記載はないことが認められることからすれば、控訴人が、本件決定前の被控訴人との折衝の過程における被控訴人側の説明等により、本件給水条例34条にいう『特別の理由』に該当する事由が『地下漏水等に係る水道料金減免基準』に該当する事由に限られていることを推知できる状態にあったとも認めるに足りない。」

Q36 下水道使用料の審査請求の教示

　水道料金と下水道使用料を合わせて通知する場合、下水道使用料は、別途、審査請求を教示しなければならないでしょうか。下水道使用料の督促も同様でしょうか。

A　水道料金は申込みと承諾の給水契約による債権であり、裁判所による回収になります。

　下水道使用料は水道使用量により認定の上、決定し、自治法231条の3第3項に定める歳入であり、地方税と同様に滞納処分できます（**法附則6（3）**）。

　下水道使用料の督促は自治法231条の3を根拠とし、督促は滞納処分の前提ですから行政処分に該当し、不服申立ての教示が必要であり（ 参考判例 ）、延滞金は督促を争うしかありません（東京高判平19・3・13訟務月報54巻5号1130頁、判例ID28141560）。

　水道料金は自治法施行令171条により督促し、その効果として時効が更新されますが（**法236④**）、滞納処分はできず、また、延滞金も徴収できませんので審査請求の教示は不要です。

　参考判例は下水道使用料の不服について、行政側は争う手段として民事訴訟しかないような書きぶりから審査請求の教示をしなかったことになり、改正前行政不服審査法14条1項の「やむを得ない理由」があるとは認められなかった例です。

　水道料金と下水道使用料を合わせて通知し、徴収するのは行政の都合によることから、合わせて通知しても、下水道使用料及びその督促は審査請求できることを教示しなければなりません（**行政不服審査法82**）。

　なお、下水道使用料の還付金を未納の下水道使用料に充当することは行政処分ですが（最判平5・10・8集民170号1頁、判例ID 22006661）、破産等による交付要求は行政処分ではなく、不服申立ての教示は不要です（最判昭

59・3・29集民141号523頁、判例 ID 21080350)。

下水道使用料の教示（東京地判平27・10・27裁判所ウェブサイト、判例 ID 29014587）

「処分行政庁の担当職員が、原告Ｘに対し、下水道使用料を課金されたことについて異議があるのであれば裁判を起こしてもらうほかないなどと、あたかも審査請求を経ずに訴訟を提起できるかのごとく誤信させるような説明をしており、また、水道料金・下水道料金は一つの書面によって請求されているところ、その書面の裏面（中略）には、『指定期限までにお支払がないときは、後日、東京都給水条例第32条に基づく給水の停止や民事訴訟法382条に基づく支払督促の申立て等を行います。』とだけ記載されるなど、水道料金と下水道料金のいずれもが、民事訴訟手続によって支払を請求される性格のものであるかのように誤解されかねない書きぶりとなっていた。こういった被告側の教示懈怠や誤教示等が、被告側の責めに帰するべきものであることを考慮すると、かかる状況の下で、本件別訴を担当した弁護士が本件各通知は行政処分ではないと誤信したからといって、『やむをえない理由』がないということはできない。」

Q37　延滞金、遅延損害金の起算日

　延滞金の徴収は納期限の翌日又は督促を発した日からでしょうか、それとも督促状の指定期限の翌日から徴収できるでしょうか。また、遅延損害金は延滞金と違うと聞きますが、いつから請求ができるのでしょうか。

　督促を発することにより延滞金を徴収でき（法231の3②）、督促がなければ滞納処分はできません（同条③）。

　延滞金は罰金的性質があることから条例の定めを必要とします。督促は納付期限を過ぎて20日以内に発することが通常です。

　地方税では納付期限後20日以内に督促を発するとされ（地方税法66等）、

他の債権はこのような規定がなく、条例、規則の定めにより地方税と同様に督促を発することが適切です。

　延滞金は督促を要件に当初の納付期限後の翌日から計算します（前掲、越智恒温監修『会計事務質疑応答集』71頁、参考文献）。

　延滞金の計算は督促を発した日又は到達した翌日から起算するものではなく、また、督促の指定期限の翌日から起算するものでもありません。地方税では督促後10日を経過して滞納処分ができますが、税外公課にはそのような規定がなく、指定期限は債務者に期限の利益を与えず、その間は滞納処分をしない、猶予する期間であると考えられます。

　このような計算方法は、地方税に限らず、滞納処分ができる税外公課に共通した考えで、地方税における延滞金の計算は納期限後1月を経過するまでの分とそれ以後の分の期間を分けて計算します。

　税外公課において、地方税と同様に延滞金を納付期限からの期間を分けて算定する方法は条例に規定する必要があります。

　遅延損害金は債務不履行、履行遅滞という点から納付期限後に請求でき、督促後、納付期限の翌日から計算し、督促を発することは遅延損害金の発生の要件ではありません。また、遅延損害金の率は条例に規定する必要がなく、個別の契約等で定めればよく、個別契約等に特約がない場合は民法の法定利率によります（民法404①）。

参考文献

延滞金徴収の要件

「（1）　自治法231条の3第1項は、『分担金、使用料、加入金、手数料、過料その他の普通地方公共団体の歳入を納期限までに納付しない者があるときは、普通地方公共団体の長は、期限を指定してこれを督促しなければならない。』と規定し、同条第2項は、『普通地方公共団体の長は、前項の歳入について同項の規定による督促をした場合には、条例で定めるところにより、手数料及び延滞金を徴収することができる。』と規定する。

（2）　これら自治法の規定によれば、延滞金を徴収するための要件は、①期限を指定して督促をなすこと、及び②延滞金を徴収し得る旨の条例が制定されていることである（地方自治関係実務研究会編著『図解地方自治法の要点（第2巻）』第一法規、3609頁参照）。（前掲、債権管理・回収研究会編『自治体職員のための事例解説　債権管理・回収の手引き』）」

Q38　固定資産税返還金における遅延損害金の算定

　固定資産税の課税誤りによる返還に当たり、遅延損害金はどのように算定すべきでしょうか。また、遅延損害金に当たり、改正民法の法定利率である3％はいつから算定するのでしょうか。

　無効な固定資産税の課税は地方税法432条及び434条の審査請求を経ていなくとも、国家賠償法の適用は妨げないとされます（**参考判例** 1）。

　国家賠償法による無効な課税に対し、5年の減額更正の期間制限によらずに遡って不法行為の時効である20年間分を返還できる場合があり、遅延損害金を付すことになります。

　改正民法の法定利率は基準割合による変動制をとりますが、発生時点で固定され（**民法404①**）、遅延損害金は履行遅滞、不法行為による責任が生じた時から算定されます。裏を返すと、返還として弁済すべき時期が決まるということになります。

　債務不履行の場合、確定期限があるものは確定期限の翌日から、不確定期限のものは期限の到来後に請求を受けた時又は期限の到来を知った時の翌日から、期限の定めのないもの（不当利得等）は履行の請求を受けた日の翌日から遅延損害金を算定します（**民法412**）。

　不法行為の場合は損害発生と同時に履行遅滞に陥り、損害発生の日から算定します（損害発生の翌日起算ではありません。）。

　無効な固定資産税の課税による国家賠償責任が認められる場合、遅延損害金は不法行為時の法定利率とされます（**参考文献**）。

　不法行為時である損害発生日は各年度に納付した最終期限の翌日からそれぞれ民法の遅延損害金が発生するとしていましたが（前橋地判平27・11・4、平成26年（ワ）第397号、判例集未登載、判例ID 28252973、東京地判平28・11・10判例自治462号49頁、判例ID 28260267も同様）、家屋の評価誤りにより遡及期間（除斥期間）を争った例では、年度ごとに賦課決定として通知書が到達した時点を損害発生日としました（**参考判例2**）。

　参考判例2の第2審は第1審と同様に評価誤りは認めたものの、損害発生日は建築当初の評価時点として全て遡及期間を過ぎたものとしました。しかし、損害発生日を建築当初の評価時点とすると、評価誤りは遡及できないことも考えられ、納税者に不利になる場合があります。

　前掲前橋地判平27・11・4、前掲東京地判平28・11・10は過払金訴訟の返還の考え方を基にしており（損害発生時説）、貸付金は契約により債務を知ることができます。しかし、地方税の場合は年度ごとの通知により債務を知ることになります（加害行為時説）。

　参考判例2の最高裁は加害行為時説をとっているものと思われ、遅延損害金の発生日についても損害時点をいつとみるかは遡及期間と同じです。ただ、前掲前橋地判平27・11・4は、データの保存に関係なく返還を命じ、遅延損害金算定を最終納付期限日とし、全て民法の率で遅延損害金を付することとし、自治体の書類保管年限に関係なく、違法状態を是正できる点で評価できます。

　改正民法との関係では、年度ごとの通知の交付時点を損害発生日とみて、それぞれ法定利率が適用され、通知の交付日が改正法施行日の令和2年4月1日前は旧法5％が、それ以後の分は新法3％が適用されます。なお、遅延損害金の算定の終了日は支出決定の日とされ、端数処理は地方税法の範囲外ですから、1円まで算出する方が適切です（**国等の債権債務等の金額の端数計算に関する法律1、2**）。

返還に当たり、地方税法の５年間の還付加算金とそれ以前の期間は遅延損害金を分けて付する考え方もありますが、そもそも違法、無効な課税に対する損害賠償であり、地方税法と関係がなく、全て民法の法定利率による遅延損害金を付する方が適切であると考えます。

参考判例

1　固定資産税の審査申出と国家賠償法の関係（最判平22・6・3民集64巻４号1010頁、判例ID 28161470）

　「たとい固定資産の価格の決定及びこれに基づく固定資産税等の賦課決定に無効事由が認められない場合であっても、公務員が納税者に対する職務上の法的義務に違背して当該固定資産の価格ないし固定資産税等の税額を過大に決定したときは、これによって損害を被った当該納税者は、地方税法432条１項本文に基づく審査の申出及び同法434条１項に基づく取消訴訟等の手続を経るまでもなく、国家賠償請求を行い得る」

2　違法な固定資産税課税の損害時点（最判令2・3・24民集74巻３号292頁、判例ID 28281075）

　「固定資産税等の賦課に関し、その税額が過大であることによる国家賠償責任が問われる場合において、これに係る違法行為及び損害は、所有者に具体的な納税義務を生じさせる賦課決定等を単位として、すなわち年度ごとにみるべきであり、家屋の評価に関する同一の誤りを原因として複数年度の固定資産税等が過大に課された場合であっても、これに係る損害賠償請求権は、年度ごとに発生するというべきである。そして、ある年度の固定資産税等の過納金に係る損害賠償請求権との関係では、被害者である所有者に対して当該年度の具体的な納税義務を生じさせる賦課決定の効力が及んだ時点、具体的には納税通知書の交付がされた時点をもって、除斥期間の起算点である『不法行為の時』とみることが相当である。以上のことは、所有者が、当該年度以前の基準年度等の価格決定やこれに基づいて課された固定資産税等に関し、評価の誤り等を理由に審査の申出及び取消訴訟又は国家賠償請求訴訟をもって争い得たとしても、左右されるものではない。」

　　*　筆者注：第１審判決（東京地判平28・11・10判例自治462号49頁、判例 ID 28260267）は、除斥期間の起算点は損害発生時である各年度の第４期分支払日（平成４年度については平成５年３月１日）であり、本件訴訟の提起時（平成25年１月27日）において除斥期間は経過していないとして、請求を一部認容しました。

　　原審（東京高判平29・12・5 判例自治462号64頁、判例 ID 28260268）は本件の不法行為における除斥期間の起算点である「不法行為の時」は、昭和58年の建築当初の評価行為及び価格決定時であり、遅くとも同年６月30日の価格決定時と解するとし、Ｘの請求を全部棄却しました。しかし、最高裁は年度ごと納税通知書が交付された時点で損害発生とみることができるとして高裁へ差し戻しました。

参考文献

改正法定利率の適用関係

　「金銭債務の不履行に適用される法定利率は、債務者が遅滞の責任を負った最初の時点における法定利率である（法419条１項）。弁済期の定めがある場合は、その弁済期で、期限の定めのない金銭債務の場合は、履行の請求の時となる。不法行為に基づく金銭債務の場合は、不法行為により直ちに遅滞に陥るとされているから、不法行為時における法定利率となる。不動産の不法占有の場合には、日々不法行為があるから、その時の法定利率が適用される。したがって、不法占拠継続中に、法定利率の変動があった時は、その後は新たな法定利率が適用される。騒音振動等による健康被害に対する損害賠償などの継続的不法行為の場合も同様であると解される（債権法研究会編・田原睦夫ほか『詳説改正債権法』金融財政事情研究会、2017年、55頁）。」

Q39　債権管理における自治法、自治法施行令の適用

　自治法、自治法施行令に債権管理の規定がありますが、税の手続とどのように違うでしょうか。また、自治法施行令171条の７により免除できますが、税の執行停止とどのように違うでしょうか。

A 収入の規定は自治法231条の３があり、財産管理の規定は240条があります。自治法231条の３と240条を分けているのは、自治法231条の３が税と同様の公課の歳入（収入）として定めますが、自治法240条は財産管理上の債権として定められ、適正な債権管理がなされないと財政に影響を与えることにつながります。自治法240条は管理手続として督促、強制執行、保全及び取立て、徴収停止、履行延期、免除できることを規定し、その手続を自治法施行令に定めています（令171〜171の７）。

自治法施行令171条から171条の７までによれば、自治体の債権管理において長の行使、不行使の裁量はないとされます（参考判例）。自治法、同法施行令の管理規定が簡潔であるのは、民事訴訟法、民事執行法等により回収手続が定められていることによります。

地方税を含め税等公課は大量、画一的処理、歳入確保から行政回収（滞納処分）が法律で定めることにより認められますが、財産としての債権管理は、サービス、利用の対価という性質から裁判所による回収と同様の手続になります。

税等公課の規定は、民事債権に比べ、早期の回収、収束することが要請されます。また、地方税等の公課では執行停止による免除ができ（**地方税法15の７**）、自治法施行令171条の７による免除は権利放棄（債権放棄）に該当し、法令によることから議決事項ではなく、条例も不要です。

徴収停止（**令171の５**）の要件は税の執行停止より厳格であり、また、免除（**令171の７**）も執行停止による免除より長期の管理を要します。

改正前民法167条１項の一般時効が10年であることから、長期の管理になることはやむを得ません。

自治法施行令と同様である、国の債権の管理等に関する法律を定めた理由は、債権を発生段階から把握して徴収漏れを防ぎ、保全措置、権利行使について取扱基準を定めるものとされています（参考文献）。

参考判例

債権管理に関する自治体の裁量（最判平16・4・23民集58巻4号892頁、判例ID 28091160）

「地方公共団体が有する債権の管理について定める地方自治法240条、地方自治法施行令171条から171条の7までの規定によれば、客観的に存在する債権を理由もなく放置したり免除したりすることは許されず、原則として、地方公共団体の長にその行使又は不行使についての裁量はない。」

参考文献

債権管理の準則

「債権管理法施行前においても、国の債権の大部分を占める歳入金債権については、会計法の規定による歳入徴収の面から部分的な管理が行われていた。しかし、これは履行期の到来した歳入についての調査決定及び債務者に対する納入の告知を主体とするに止まり、債権を権利発生の段階から把握して徴収漏れの絶無を期するといった管理体制としては十分でなかった。さらに、担保の提供又は保証人の保証の請求、債権者代位権の行使、時効の中断などといった債権保全措置、担保権の実行、強制執行、訴訟の提起その他国の債権の権利行使についての的確な取扱基準が定められていないため、関係の職員の間に積極的な管理意識が乏しく、また国の機関相互における連絡不十分による徴収不能又は徴収の困難化をもたらす危険があった（前田努編『債権管理法講義』大蔵財務協会、2020年、6頁）」

Q40　債権発生日について

病院診療費の入院の場合、まとめて月末に請求する場合が多く、時効管理の上の債権発生日は請求した日か、入院の初日でしょうか。

私債権は契約時に債権が発生し、告知した時点で発生するのが原則と理解します。下水道など（使用した時点で債権発生）のように、告知時点でないものもあり、債権はどの時点で発生するのでしょうか。あるいは、契約だけでは具体的な債権額が確定せず、金額確定して請求した時点になるのでしょ

うか。

　入院して、日々、検査や投薬、診療、ベッド代、食事代などで費用は発生
し、債権の発生をどのように考えればよいでしょうか。

　ご質問は債権の発生と時効の関係を混同しているように見受けられ
ます。

　契約は申込み、承諾で成立し、債権を発生させますが、債権の発生は契約
だけでなく、事務管理、不当利得（返還金）、不法行為（損害賠償請求権）
によっても発生します（参考文献 1 ）。

　契約は権利と義務を発生させ、診療契約では、患者は診療を受ける権利を
有し、医師、病院側に報酬を支払う義務を生じさせ、医師、病院側は報酬を
受け取る権利を有し、患者を診療する義務を生じさせます。診療契約は民法
656条の準委任契約とされ、美容整形は請負契約とされます（参考文献 2 ）。

　債権の発生は不確定期限の場合（例えば、大学を卒業したら腕時計をあげ
ようという贈与契約です。）、また、期限を定めない場合（不当利得による返
還）もあり、通常、履行期限である納付期限を設けますが、期限は債務者の
ためにあり、期限が来るまで債権者としては請求できません（民法135①）。

　期限はもう一つの意味があり、権利を行使できる時、請求できる時から時
効が進行します（改正前民法166、改正民法166、参考文献 3 ）。

　病院診療費の場合、外来では診療終了したら即時に診療費用を請求し、支
払うことが通常ですが、後日請求する場合は納付期限を設けます。

　歳入は納入通知しなければなりませんが（法231、令154）、窓口で即納す
る場合、「性質上納入通知書によりがたい歳入については、口頭、掲示その
他の方法によってこれをすることができる」とされ、通知に代わり口頭によ
り請求額を明示することが通常です（参考文献 4 ）。

　請求金額を確定する調定（調査・決定の略です。）は事前調定が原則です
が、窓口で即納する場合、収納後に行う事後調定でよいとされます
（参考文献 5 ）。

　外来診療において費用算定で即納できなければ、調定し、期限を設けて後日請求しますが、即日納付から診療契約は当日に成立し、請求も当日ということが多いと思われます。入院費用等で請求金額が当日に定まらず、後日に納付を求める場合は期限を定めて請求します。

　即納であっても誤った場合、返還しますが、時効は即納の日の翌日から進行します（返還の場合、改正民法でいえば即納した日から10年か、誤納を知った時から5年かどちらか早い日になります。）。要するに、即納でなく、期限を設けた場合は、時効は請求できることになった日から、つまり納付期限後の翌日から時効が進行します。

　なお、下水道使用料は通知により発生するのではなく、下水道使用によって発生することから、通知は金額、納付期限を示す履行の催告にすぎないとされます（ 参考判例 1、2）。

参考判例

　1　下水道使用料は使用事実により支払義務を負う（東京地判昭60・6・28判時1166号55頁、平成26年（行ウ）第55号、判例集未登載、判例ID 27803310）

　「公共下水道事業は、地方公共団体の独占事業とされ（下水道法3条）、公共下水道の供用が開始されると、原則として排水区域内の土地の所有者等に排水設備の設置義務が課される（同法10条1項）ことになり、したがって、排水区域内の住民は原則として事実上当然に公共下水道の使用を強制されるものであって、使用に当たって管理者である地方公共団体の承諾や許可を何ら必要とするものではないから、公共下水道の使用関係は契約に基づいて成立するものではありえない。公共下水道を使用する者は、同法20条に基づき条例で定めるところにより、その使用の事実によって当然に使用料の支払義務を負う」

　2　下水道使用料の通知は金額、納付期限を示す催告にすぎない（横浜地判平28・8・3、平成26年（行ウ）第55号、判例集未登載、判例ID 28252972）

　「下水道使用料について、汚水の種別及び排出した汚水量に応じた具体的な算定方法を定めていることに照らせば、被告下水道に係る下水道使用料の納入義務

は、下水道の使用という客観的事実によって、下水道法20条１項及び本件条例12条に基づき当然に発生するものというべきである。そうすると、本件納入通知（地方自治法231条及び同法施行令154条２項、３項に基づくものと解される。）は、既に発生した本件下水道使用料の納入義務について、その金額、納付期限等を具体的に示してする履行の催告にすぎないと解するのが相当である。（中略）同法231条に基づく本件納入通知に、下水道使用料の納入義務を実体的に発生させる効力を付与していると解すべき法令上の根拠は見当たらず、被告の主張を採用することはできない。」

参考文献

1　債権の発生原因

「（1）　契約　（中略）地方公共団体が一方当事者として契約を締結する場合において、財務規則等で契約書の作成が義務付けられているときは、長又はその委任を受けた者が契約の相手方とともに契約書に記名押印し、又は契約内容を記録した電磁的記録に長若しくはその委任を受けた者及び契約の相手方の作成であることを確認できる措置を講じなければ、その契約は確定しないものとするとされているので（自治法234条５項）、通常の場合においては、契約書等の作成によって契約が成立するものと解すべきである。なお、民法は、第３編第２章に、贈与、売買、交換、消費貸借、使用貸借、賃貸借、雇用、請負、委任、寄託、組合、終身定期金、和解の13種類の契約を定めており、これらは、典型契約と称される（中略）。しかし、民法の趣旨は、契約をこれらの13の類型に限定するというものではなく、契約の内容は自由（契約自由の原則。民法521条２項）であって、民法に規定のない類型の契約（非典型契約又は無名契約という）をすることも自由である。

（2）　事務管理　事務管理は、（中略）義務がないにもかかわらず、他人のために事務の管理を始めた者は、その他人（本人）に対し、その事務の性質に従い、最も本人の利益に適合する方法によってその事務を管理しなければならないというものである。そして、管理者は、本人のために有益な費用を支出したり、債務を負担したときは、本人に対し、その償還を請求することができることとされている（民法702条１項・２項）。近時、地方公共団体が、事務管理として、不法投棄された廃棄物や遺棄された自動車等の処理を行い、その費用を原因者

に請求するという事例がみられるようになっている。

（3）　不当利得　不当利得（民法703条）は、（中略）法律上の原因がないのに他人の財産や労務によって利益を受けた者がおり、そのために他人に損失が生じたときは、受益者は、その他人に対し、受けた利益を返還しなければならない、逆にいえば、その他人は、受益者に対し、不当利得返還請求権を取得するというものである。（中略）

（4）　不法行為　不法行為（民法709条）は、（中略）故意又は過失によって他人の権利利益を侵害した者（加害者）は、その他人（被害者）に対し、被った損害を賠償しなければならない、逆にいえば、被害者は、加害者に対し、損害賠償を請求することができるというものである（前掲、債権管理・回収研究会編『自治体職員のための事例解説　債権管理・回収の手引き』）。」

2　医療行為は準委任契約である

「医療契約のさいには、医師は患者の命令に従うものではなく（雇用ではない）、病気治癒が実現（完成）するかどうかは不明であるか、不能の場合もあり（請負でもない）、治療行為は法律行為（注：契約締結など代理行為をする場合）ではない（委任ともいえない）から、右の3種類（雇用、請負、委任）の契約のどれにも入らない。しかし、準委任について定める民法656条は『この節の〔委任に属する〕規定は、法律行為でない事務の委託について準用する』と規定しており、医療行為は右の『法律行為でない事務』に該当するから、医療契約は準委任契約とみられ、委任の規定の適用をうける、と解される。もっとも、医療契約は有償であるが―黙っていても、医師・患者ともに支払いを伴うものと観念している―、これは準委任契約であることを妨げない。美容整形などは医療ではなく、所期の目的を達成することが重要な点にかんがみ、これを請負と解すべきである（石田喜久夫（田中康博補訂）『消費者民法のすすめ〔補訂3版〕』法律文化社、2008年、150頁）。」

3　消滅時効期間はいつからスタートするのか（起算日の問題）

「債権の消滅時効は、『権利を行使することができる時（権利行使可能時）』とされている（民法166条1項）。問題は、この権利行使可能時とは具体的にはいつのことをいうのかである（起算日の問題）。債権の弁済期の定めがある債権の場

合は、弁済期が到来した時点が権利行使可能時となり（同法135条１項）、期間計
算のときは、原則として、期間の初日はこれを算入しない（同法140条本文）が、
その期間が午前零時から始まるときは初日も算入される（同条ただし書）ことか
ら、その弁済日からスタートする。また、弁済期の定めがない債権の場合は、い
つでもこれを請求できる（同法412条３項参照）ことから、債権発生日が権利行
使可能時となり、債権発生日の翌日からスタートする（前掲、債権管理・回収研
究会編『自治体職員のための事例解説　債権管理・回収の手引き』）。」

4　納入通知書の方法によらない歳入、納入の通知方法について

　「自治法施行令154条３項により『性質上納入通知書によりがたい歳入について
は、口頭、掲示その他の方法によってこれをすることができる』とされている。
同項の具体例については、次のように解されている。

① 　長が会計管理者等をして即納させる場合

　書面によらず口頭で納入の通知をすることができる。この場合、納入義務者に
通知するとともに、当該会計管理者等に対して、納入すべき金額その他納入に関
して必要な事項を通知しなければならない。

② 　公立学校の授業料や寄宿料

　学校内の掲示により行うことができる。この場合、納入義務者の氏名、納入す
べき金額、納入期限、納入場所その他納入に関し必要な事項を掲示しなければな
らない。

③ 　納入義務者の住所又は居所が不明な場合

　公告をもって納入の通知をすることができる。この場合、掲示による場合と同
様に、納入義務者の氏名、歳入科目、納入すべき金額及び期限、納入すべき会計
管理者の氏名等又は名称及びその在勤地又は所在地その他納入に関して必要な事
項を明らかにしなければならない（前掲、債権管理・回収研究会編『自治体職員
のための事例解説　債権管理・回収の手引き』）。」

5　歳入の収入の方法

　「歳入の通知および歳入金の収納の前に調定を行うのが原則である（事前調定）
が、地方税の申告納付など義務者の自発的な納付、証書の売りさばき代金（231
の２②）、その場で即納させる場合などは事前調定はないから、収納後に調定を

　行う（事後調定）（前掲、村上順＝白藤博之＝人見剛編『別冊法学セミナー　新
　基本法コンメンタール地方自治法』276頁）。」

Q41　国の債権管理のみなし消滅と自治体の債権放棄

　国の債権管理では徴収困難な債権は「みなし消滅」とされます。自治体債
権には「みなし消滅」は適用されず、債権放棄が必要ということでしょうか。
また、金額だけで債権放棄できることを条例で定めることができるでしょう
か。

A　国の債権管理の場合、請求が困難であり、実質的に経済的価値が消
　　滅している債権は、債権管理簿から除却する「みなし消滅」処理を
します（**債権管理事務取扱規則30、参考文献1**）。

　「みなし消滅」は内部処理であり、対外的な効果はなく、会計上の措置で
ある不納欠損に類似します。不納欠損は債権が消滅した場合に、会計上の
措置として次年度に繰り越さないことになります。

　自治法、同法施行令には「みなし消滅」の規定はなく、請求権を行使せず、
免除には自治体の財産として債権放棄しなければならず、議決事項であるた
め（**法96①(10)**）、条例、規則に「みなし消滅」は規定できません。しかし、
経済的価値がなく、徴収見込みがない債権は、国の「みなし消滅」を行う事
由と同様と考えられ、債権放棄の事由を条例に定めることにより長限りで債
権放棄をすることができます。

　金額だけで債権放棄の事由を定めることは、経済的価値がなく、徴収見込
みがない債権という判断ができませんので不適切な扱いになりますが
（**参考文献2**）、事由を定めた上、債権放棄する対象額を制限することは差し
支えないと考えます。

　なお、徴収停止（**令171の5（3）**）には少額債権がありますが、少額であ
るかどうかは費用対効果で判断することになり、一概に少額債権として金額

を定めることは適切ではありません。

参考文献

1　国における債権の「みなし消滅」

「歳入徴収官等の管理する債権が法律的にはまだ消滅したものとはいえないが、その債権について特別な事情が生じているため請求権の行使が著しく困難となっている等、実質的にはその債権としての経済的価値が完全に消滅していると認められる場合においては、事の経過を明らかにした書類を作成し、当該債権の全部又は一部が消滅したものとみなして、債権の消滅と同様の処理をすることが認められている（前掲、前田努編『債権管理法講義』195頁）」

2　債権放棄条例における放棄の要件

「自治法96条1項10号は、単に『条例に特別の定めがある場合を除くほか、権利を放棄すること。』とだけ規定しており、特段、放棄にあたっての要件がどのようなものであるべきかについて規定していない。そこで、例えば、『長は、100万円以下の債権を放棄することができる』などの、上限金額のみを定め、債務者の状況等を問わず、長限りで放棄することができるとの条例を制定できるかが問題となる。この点、そのような立法例は現時点では見当たらず、また、裁判例も見当たらないところであるが、

①　自治法96条1項10号が、権利放棄については法令や条例に定めがある場合以外は原則として議決事項としていること

②　自治法施行令171条の7が、債務を免除できる場合を極めて厳格に定めていること

③　自治法180条1項が、『議会の権限に属する軽易な事項』に関する専決処分について定め、同条2項は専決処分をした場合の議会への報告を義務付けていること

などからすれば、当該債権について『実質的にはその債権としての経済価値が完全に消滅していると認められる』という要件なしで、一定額の債権につき長が自由に処分することは、自治法が予定しているものではないと考えるべきであろう（前掲、債権管理・回収研究会編『自治体職員のための事例解説　債権管理・

三　　回収の手引き』）。」

Q42　自治体債権の時効

自治法による時効は民法の時効とどのように違うのでしょうか。

A 　時効制度は、一定の事実状態が長期間続く場合、真実を問わず、そのまま権利関係として認める制度であり、取得時効と消滅時効があります。

取得時効の説明は省きますが、消滅時効は権利の不行使という事実の継続により権利自体が消滅することです。消滅時効の根拠は、①社会の法律関係の安定、②権利の上に眠る者は保護しない、③証拠の困難さを救済することとされ、このうち証拠の困難さを救済する点が重要です。

民法では、債権は時効完成だけで消滅せず、消滅させるには時効の援用が必要とされ、また、時効の利益の放棄として支払うこともできます。また、行方不明で時効完成した債権、徴収停止した債権などはいずれ債権放棄するしかなく、議会の議決によるか、長限りで債権放棄が認められる債権管理条例を定めるしかありません。

なお、年賦償還の場合、最終償還年度において徴収停止（**令171の5**）して未償還債権全額を債権放棄として議決を得ることが適当とされ、条例における債権放棄も同様です（**行政実例**）。

税等公課は時効完成により、①債権・債務は消滅し、②時効の援用は不要、③時効の利益は放棄して支払うことができず（**地方税法18、法236等**）、そのまま不納欠損できます。

税等公課の時効は歳入確保の面、大量、画一的な面から規定されていますが、民法では援用か、時効の利益を放棄するのかどうか当事者の意思を問うことになります。地方税法、自治法が適用される債権であっても、時効の進行、時効障害である更新、完成猶予は民法が適用されます。

不納欠損は会計上において次年度に繰り越さないという措置であって、債権を消滅させる法的効果はありません。

> 【行政実例】
> 徴収停止と債権放棄の議決（昭40・5・25行政実例）
> 　「私法上の債権について年賦償還することにしたが、各年度の償還金について納入がなく、令第171条の規定に基づく督促手続きを行ったにもかかわらず期限までに納入がなく令第171条の5第2号に該当するとき、法第96条1項9号（現行法では第10号）の規定による権利の放棄の議決を得る場合の時期については、最終償還年度の償還金が令第171条の5第2号の規定に該当するにいたったとき、同号の規定に該当する各年度の償還金未償還額全額について議会の決議を得ることが適当である（前掲、地方財務制度研究会編『地方財務ハンドブック〔改訂版〕』365頁）。」

3　支出

Q43　支出負担行為と支出命令

支出負担行為と支出命令を分ける必要があるでしょうか。支出命令のみで支出できないでしょうか。

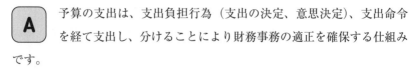

予算の支出は、支出負担行為（支出の決定、意思決定）、支出命令を経て支出し、分けることにより財務事務の適正を確保する仕組みです。
　支出負担行為は契約、決定等により債権、債務を確定する原因となる行為、支出の前提であり、支出負担行為が認められて支出命令をすることができます。支出負担行為は法令又は予算の定めるところに従って行われ（**法232の**

３）、「予算の定めるところに従い」とは支出の原因となる行為を裏付ける支出科目が設定されていることになります（前掲、村上順＝白藤博之＝人見剛編『別冊法学セミナー　新基本法コンメンタール地方自治法』285頁）。

債務として原因のない、支出負担行為のないものは支出できません（参考文献１）。

原因となる支出負担行為と支出手続である支出命令は、それぞれ独立した別の行為であり、監査請求期間も別とされます（参考判例１）。

会計管理者は支出命令がなければ支出できませんが（法232の4①）、長の支出命令があっても、支出負担行為が法令又は予算に反していないか確認しない限りは支出できません（法232の4②）。

また、会計管理者は支出負担行為に関する確認の権限も与えられています（法170②（6））。しかし、支出負担行為の違法性と支出命令の関係は、支出負担行為たる契約が違法でも、違法な契約に基づいて支出命令を行ってはならないという財務会計法規上の義務は負いません（参考判例２）。

国の事業につき県の負担金支出が違法となるのは、「重大かつ明白な瑕疵があり、又は、それが著しく合理性を欠き、そのためこれに予算執行の適正確保の見地から看過し得ない瑕疵が存し、その瑕疵を是正等し得る蓋然性が大きいなどの特殊な事情がある場合」に限られ、職員に対する損害賠償等の請求は、財務会計法規上の義務違反に限られるとした例もあります（参考判例３）。

交際費の支出は、社会通念上の儀礼の範囲であるかどうか問われます（参考判例４、参考文献２）。

支出に当たっては、金額の誤りはもちろん、予算の目的に反しないか、公金支出の禁止・制限に抵触しないか、権限を有する者の支出であるかなどの審査が必要になり、形式的な審査だけでなく、実質的な審査も求められます。

参考判例

1　支出負担行為と支出命令は長に属するが別行為である（最判平14・7・16民

集56巻6号1339頁、判例ID 28071919)

「公金の支出は、具体的には、支出負担行為（支出の原因となるべき契約その他の行為）及び支出命令がされた上で、支出（狭義の支出）がされることによって行われるものである（地方自治法232条の3、232条の4第1項）。これらのうち支出負担行為及び支出命令は当該地方公共団体の長の権限に属するのに対し、支出は出納長又は収入役の権限に属するのであり、そのいずれについてもこれらの者から他の職員に委任等により各別に権限が委譲されることがある。また、これらの行為に適用される実体上、手続上の財務会計法規の内容も同一ではない。このように、これらは、公金を支出するために行われる一連の行為ではあるが、互いに独立した財務会計上の行為というべきものである。（中略）支出負担行為、支出命令及び支出については、地方自治法242条2項本文所定の監査請求期間は、それぞれの行為のあった日から各別に計算すべきものである。」

2 支出負担行為の違法性と支出命令の適法性（最判平25・3・21民集67巻3号375頁、判例ID 28210887）

「普通地方公共団体が締結した支出負担行為たる契約が違法に締結されたものであるとしても、それが私法上無効ではない場合には、当該普通地方公共団体が当該契約の取消権又は解除権を有しているときや、当該契約が著しく合理性を欠きそのためその締結に予算執行の適正確保の見地から看過し得ない瑕疵が存し、かつ、当該普通地方公共団体が当該契約の相手方に事実上の働きかけを真しに行えば相手方において当該契約の解消に応ずる蓋然性が大きかったというような、客観的にみて当該普通地方公共団体が当該契約を解消することができる特殊な事情があるときでない限り、当該契約に基づく債務の履行として支出命令を行う権限を有する職員は、当該契約の是正を行う職務上の権限を有していても、違法な契約に基づいて支出命令を行ってはならないという財務会計法規上の義務を負うものとはいえず、当該職員が上記債務の履行として行う支出命令がこのような財務会計法規上の義務に違反する違法なものとなることはない」

3 職員への損害賠償請求は財務会計法規上の義務違反に限られる（仙台高秋田支判平29・4・26、平成27年（行コ）第4号、判例集未登載、判例ID 28251413）

　「普通地方公共団体の住民が（筆者注：地方自治法242条の２第１項）同項１号
に基づき執行機関等の財務会計上の行為の差止めを求めることができるのは、当
該財務会計上の行為それ自体が財務会計法規上違法と評価される場合に限られ、
また、（筆者注：地方自治法242条の２第１項）同項４号に基づき当該職員個人に
対する損害賠償等の請求をすることを求めることができるのは、当該財務会計上
の行為それ自体が当該職員の財務会計法規上の義務に違反する違法なものと評価
される場合に限られる」

4　交際費の支出の範囲（最判平18・12・１判時1960号10頁、判例 ID 28130059）

　「その交際が特定の事務を遂行し対外的折衝等を行う過程において具体的な目
的をもってされるものではなく、一般的な友好、信頼関係の維持増進自体を目的
としてされるものであったからといって、直ちに許されないこととなるものでは
なく、それが、普通地方公共団体の上記の役割を果たすため相手方との友好、信
頼関係の維持増進を図ることを目的とすると客観的にみることができ、かつ、社
会通念上儀礼の範囲にとどまる限り、当該普通地方公共団体の事務に含まれるも
のとして許容される」

参考文献

1　支出負担行為とは

　「支出負担行為とは、地方公共団体の支出の原因となる契約その他の行為をい
い、この支出負担行為は、法令又は予算の定めるところに従い、これをしなけれ
ばなりません（法232条の３）。この『その他の行為』とは、補助金の交付の決定
のような公法上の義務を負担する行政行為、地方公共団体の不法行為に基づく損
害賠償金の支出の決定行為、給与その他の給付の支出決定、地方公共団体内の会
計間の繰入れの決定行為等をいいます。支出負担行為は、法令に違反したり、あ
るいは予算の定めがない場合には行うことができず、また、支出負担行為をしな
いで支出手続を行うことはできません。支出負担行為は、地方公共団体の長が行
います。これは、長の担任事務として『予算を調製し、及びこれを執行するこ
と。』と定められており、予算の執行には、当然、支出負担行為を含むと解され
ているからです（法149条２号）（前掲、越智恒温監修『会計事務質疑応答集』88
頁）。」

2　交際費の支出

「長による交際費の支出の是非が、住民訴訟で問われることがあります（最判平成18年12月1日民集60巻10号3847頁・百選76）。（ⅰ）特定の事務を遂行し対外的折衝等を行う過程で具体的な目的をもってされる交際は、社会通念上儀礼の範囲にとどまる限り、認められます（調整的交際費）。これに対して、（ⅱ）具体的な目的がない高裁は、①一般的な相手方との友好、信頼関係の維持増進を図ることを目的とすると客観的にみることができ、②社会通念上儀礼の範囲にとどまる限りにおいて認められるとされており、より厳格な制限に服します（儀礼的交際費）（前掲、板垣勝彦『自治体職員のためのようこそ地方自治法〔第3版〕』149頁）。」

Q44　支出負担が違法な場合の支出命令

支出負担行為である契約に誤りがある場合、また、支出負担行為が違法な場合、支出命令を出すことができるでしょうか。

A 支出負担行為である契約は自治体側から解除できる特殊な事情がなく、また、契約が違法であっても無効とされない限り、義務履行として支出命令も行わざるを得ません。

職員を派遣してその費用を負担する内容の協定は全国的に行われていた当時の事情の下では私法上無効といえず、支出は無効ではないとしていました（ 参考判例 1）。

支出負担行為と支出命令の関係については、客観的にみて自治体が契約を解消できる事情がない限り、支出命令が財務会計上の義務に違反するものではないとされ（ 参考判例 2）、職員の財務会計上の行為について損害賠償責任を問うことができるのは、その原因行為に違法がある場合でも、職員の行為自体が財務会計上の義務違反があるときに限られるとされています。

支出命令が違法となる場合は、契約が無効である場合のほか、契約の取消

権又は解除権を有し、契約を解消できるなどの特別な事情の場合に限られるとしています（ 参考判例 3）。

　契約が軽微な誤りであれば支出命令を出さないということにはならず、契約の有効無効と義務違反、損害賠償は別の問題といえます。

参考判例

1　第3セクター等への職員派遣と給与支出（最判平16・1・15民集58巻1号156頁、判例ID 28090330）

　「地方公務員法24条1項、30条、35条は、職員の服務義務や給与の基準を定めた規定であるにすぎず、これらの規定が地方公共団体と私人との間に締結された契約の効力に直ちに影響を及ぼす強行規定であると解することはできない。また、前記第1の事実関係によれば、〈1〉本件協定が締結された当時、全国各地の地方公共団体において第3セクター等への職員派遣が行われていた、〈2〉しかし、地方公務員の派遣に関する法制度は整備されておらず、職務命令や職務専念義務の免除等の方法が採られていた、〈3〉職務専念義務の免除による職員派遣の場合には、地方公共団体が派遣職員の給与を支出する例が多かった、〈4〉上記方法の適否については、定説もなく、前掲第二小法廷判決において判断基準が示されるまで、下級審裁判所の判断も分かれていたというのである。このような事情にかんがみれば、本件協定締結当時、本件協定が公序良俗に違反するものであったということはできず、本件協定が地方公務員法24条1項、30条、35条の趣旨に反することが第1審被告会社も知り得るほど明白であって、これを無効としなければ上記各規定の趣旨を没却する結果となる特段の事情があるものということもできない。」

2　支出負担行為と支出命令の関係（最判平25・3・21民集67巻3号375頁、判例ID 28210887）

　「普通地方公共団体が締結した支出負担行為たる契約が違法に締結されたものであるとしても、それが私法上無効ではない場合には、当該普通地方公共団体が当該契約の取消権又は解除権を有しているときや、当該契約が著しく合理性を欠きそのためその締結に予算執行の適正確保の見地から看過し得ない瑕疵が存し、

かつ、当該普通地方公共団体が当該契約の相手方に事実上の働きかけを真しに行えば相手方において当該契約の解消に応ずる蓋然性が大きかったというような、客観的にみて当該普通地方公共団体が当該契約を解消することができる特殊な事情があるときでない限り、当該契約に基づく債務の履行として支出命令を行う権限を有する職員は、当該契約の是正を行う職務上の権限を有していても、違法な契約に基づいて支出命令を行ってはならないという財務会計法規上の義務を負うものとはいえず、当該職員が上記債務の履行として行う支出命令がこのような財務会計法規上の義務に違反する違法なものとなることはない」

※ 筆者注：町有建物の移転補償につき、町長の支出命令を争った事案です。

3 支出命令が違法となる場合（盛岡地判平31・1・17裁判所ウェブサイト、判例ID 28270269）

「債務の履行として行う支出命令が違法となるのは、〈1〉普通地方公共団体が締結した支出負担行為たる契約が私法上無効であるとき、〈2〉支出負担行為たる契約が違法に締結され、さらに、〔1〕普通地方公共団体が当該契約の取消権又は解除権を有しているとき、又は、〔2〕当該契約が著しく合理性を欠きそのためその締結に予算執行の適正確保の見地から看過し得ない瑕疵が存し、かつ、当該普通地方公共団体が当該契約の相手方に事実上の働きかけを真しに行えば相手方において当該契約の解消に応ずる蓋然性が大きかったというような、客観的にみて当該普通地方公共団体が当該契約を解消することができる特殊な事情があるときに限られる」

Q45 支出負担と支出命令の関係

支出負担行為と支出命令を合わせることができるのはどのような場合でしょうか。

A 支出負担行為は、契約、補助金を交付する決定など支出原因となる行為をいいます（法232の3）。

支出負担行為は予算の定めに従い、支出の前提とされ、収入における調定

に相当するとされます（参考文献）。

　支出命令（**法232の4**）は予算の執行権者である長が現金の出納保管をする会計管理者に命じます。財務事務の適正を確保することから、支出命令は支出負担行為が認められた上で支出手続をとり、長の支出命令に対し、会計として支出を分けています。

　支出負担行為の時期、金額は財務規則で定めることが多く、物品購入で即時に支払うなど原因が明確で簡易なものは契約等と同時に支出することができ、支出負担行為兼支出命令とする金額の範囲を財務規則で定めることができます（**●●町財務規則44②(11)**）。

　例えば、文具などの消耗品の購入は単価契約した業者にその都度支払い、電気代など当初契約後は毎月請求され、その都度の契約は不要です。

　支出負担行為兼支出命令は支出負担行為者と支出命令者が同一の権限者でないとできません。具体的な費用負担のない覚書は支出負担行為でなく、支払義務を負わないとされます（参考判例）。

参考判例

具体的な費用負担がない覚書は支払義務を負うといえない（大阪地判令元・10・15、平成29年（ワ）第7651号、判例集未登載、判例ID 28274813）

　「本件覚書には、原告とＡとの間で締結された本件委託契約に関し、被告及びＢが何らかの業務を行うことや、その対価として報酬を取得する旨の記載はない。そうすると、本件覚書は、原告とＣとの間の廃棄物資源化処理契約に関して交わされた3通の覚書と同趣旨のもの、すなわち、原告が本件ダイオキシン汚染物の処理を委託したＡに対する処理費用の支払方法を定めたにとどまり、それ以上に、原告が被告に対して報酬の支払義務を負うことを定めたものではない」

参考文献

支出負担行為は歳出予算の基本となる行為である

　「支出負担行為というのは、支出すべき金額を具体的に決定する行為であり、売買や請負のような私法上の契約のほか、給与の支出決定、補助金の交付決定

（中略）、補償金や損害賠償金の支払い決定、地方債の償還額の決定等の第三者に対する支出だけでなく、同一地方公共団体内の会計間の繰入れの決定も含まれ、予算の執行の第一段階の行為であり、全ての支出の前提となるものである。これらが法令に従ってなされなければならないのは当然のことであり（自治法２条16項）、予算の拘束力は法定されている（自治法210条～214条）のであるから、法令を遵守することは同時に予算の定めに従うことをも意味するのであるが、支出負担行為は歳出予算の執行の基本となる行為である（収入における調定に相当するものである。）という観点から、特記されたものであろう（前掲、橋本勇『自治体財務の実務と理論　改訂版－違法・不当といわれないために』431頁）。」

参照条文

●●町財務規則

（支出負担行為の決議）

第44条　予算執行者が支出負担行為をなすには、次条の規定により支出負担行為の内容を示す書類を添えて支出負担行為決議書を起票し、同条に定める時期にしなければならない。

2　次に掲げる経費については、支出負担行為決議書兼支出命令書により、支出命令とあわせて支出負担行為の決定を行うことができる。

（１）～（10）略

（11）　前各号に定めるもののほか、２万円未満の経費（ただし、工事請負費を除く。）

3　歳出予算に係る一の支出負担行為で、支出しようとする債権者が２人以上あるときは、債権者別の支出内訳を明らかにして、支出負担行為の決議をすることができる。

4　歳出予算に係るもののほか、継続費又は債務負担行為に基づいてなす支出負担行為の決議には、当該支出負担行為決議書の余白に継続費又は債務負担行為の事項名を記載しなければならない。

COLUMN

損害賠償額の中間利息控除と法定利率の改正

　民法改正により法定利率が５％から３％に改められましたが（民法404）、影響を受けるのは遅延損害金だけではありません。

　従来から損害賠償算定額から中間利息を控除した金額を損害賠償額として認定されていました。

　損害賠償額は一括して請求することが多く、その場合、運用利益が出ることを前提として将来の増額分を逸失利益から控除すること、中間利息控除が認められています。

　従来から中間利息控除は法定利率によるとされており、改正前の５％か、それとも改正後の３％を差し引くかで損害賠償額が大きく違い、３％の方が被害者にとって金額が大きくなります。

　また、この改正に伴い、損害賠償額が大きくなることにより保険料額の上昇にも関係します。

　損害額の算定につき、従来から法定利率で中間利息を差し引くことは被害者の救済にならないとの批判がありました。

　法定利率による中間利息控除は、被害者の交通事故損害賠償額が実質的に増額されることになったとはいえ、そもそも中間利息控除を法定利率でなければならないとする理由についても一率にするのではなく、再考されることがあってよいと思います。

　「（筆者注：損害賠償額の中間利息控除は）民法404条との関係をいう裁判官は多いが、遅延損害金の法定利率を年５％（筆者注：現行３％）とすることが、論理必然的に将来の損害の中間利息控除を同じ割合で行うことに結び付くものではないと思う。もう少し実質的に適切な、被害者にやさしい解決を考えることができたのではないか？交通事故被害者という少数者の犠牲において保険会社やその顧客の利益を図ることにな

るという結果についての配慮、考慮が全くうかがわれない（瀬木比呂志『絶望の裁判所』講談社新書、2014年、125頁）。」

Q46 資金前渡

支出の特例として資金前渡が認められるのはどのような場合でしょうか。

 支出は、債権者と支出金額が確定し、支払時期が到来して会計管理者から債権者に支払います。

事務を円滑にするため、通常の支払手続では支障を来すものなど、公金の適正な支出を確保する手続として、次のような支出の特例が認められています（**法232の5②**）。

ア　資金前渡（**令161**）…債権者と債務金額がともに未確定か、いずれか未確定の場合

イ　概算払（**令162**）…債務金額未確定で支払期前払いの場合

ウ　前金払（**令163**）…債務金額が確定し、支払期前払いの場合

エ　繰替払（**令164**）…歳入予算からの支払う場合

オ　隔地払（送金払、**令165**）…間接払の場合

カ　口座振替（**令165の2**）…間接払の場合（一般的な支払方法ですが、法令上は特例です。 参考文献 1）

債務の確定後に支出するのが原則であり、例えば、出張の際の通行料金など急な支払いをしなければならない場合があり、利用に際して債権者と債務金額が確定することから資金前渡の方法がとられています。

資金前渡は、現金支払いの必要がある場合にあらかじめ必要な資金を渡し、例外的に会計担当を経由せず、指定した職員（通常は決定権限のある課長職を充てます。）により支出できるようにします。他の自治体職員も資金前渡者になることができます（例、外国出張の際、他の自治体職員に出張費用を

渡すこと等、 参考文献 2）。

　資金前渡は現金保管が多く、事故（盗難、亡失）に注意しなければならず、直ちに支払うことがない場合、金額等により金融機関に預けます。なお、資金前渡は精算が財務会計法規に反して無効となってはじめて不当利得が発生します（ 参考判例 1）。

　また、目節間は流用禁止になりませんが、財務規則で食糧費と交際費を明確に分けている場合、目的外支出はできず、食糧費とした資金前渡金から交際費を支出することは違法とされます（ 参考判例 2）。

参考判例

1　資金前渡による不当利得返還請求権は精算後に発生する（大阪地判平30・12・21判例自治450号14頁、判例 ID 28273905）

　「原告らが請求2に係る訴えにおいて主張する不当利得返還請求権は、本件各精算が財務会計法規に違反して無効であるからこそ発生する実体法上の請求権であるということができるから、本件監査請求1のうち請求2怠る事実を対象とする部分については、監査委員が怠る事実の監査を遂げるために、財務会計上の行為である本件各精算が財務会計法規に違反して違法（無効）であるか否かの判断をしなければならない関係にあるものというべきであり、本件各精算がされた日を基準として地方自治法242条2項本文の規定を適用すべきである。」

2　資金前渡金はその目的以外に支出してはならない（仙台高秋田判平28・9・15判例自治419号29頁、判例 ID 28251097）

　「●●市においては、地方自治法上は禁止されていない予算の「目」、「節」の執行科目間の流用について、手続的に規制するだけではなく、特に交際費については、その増額のための流用を禁止するという厳格な規制を設けている（●●市財務規則17条1項、3項（1））。それにもかかわらず、本件支払はこれらの規制に従っていなかった。さらに、本件支払は、食糧費に限って支出権限が委任されていた本件前渡資金について、その委任された権限の範囲を超えて支出されたものでもある。このようにみると、本件支払は、地方公共団体の歳出予算に関する法令の解釈、●●市市長交際費の支出に関する基準（旧基準）、●●市財務規則

等に照らし、違法な公金支出といわざるを得ず、単に内部的な手続違反があったにすぎないとは到底いえない。」

参考文献

1　口座振替

「納入義務者が指定金融機関、指定代理金融機関若しくは収納代理金融機関に預金口座を設けていることが必要であり、個々の納入義務者が当該金融機関に請求するものであるから、地方公共団体としては、納入義務者にその手続をとるように要請するしかない。また、口座振替による収入方法は、金融機関を指定している地方公共団体でなければとることができない。金融機関を指定していない場合は、原則に戻って、現金の納付により収納することになる。なお、ペイジー口座振替受付サービスを利用した払い込みが一般化しているが、これは、口座振替という言葉を使用しているものの、法律的には現金による納付であり、ここでいう口座振替による方法ではない（前掲、橋本勇『自治体財務の実務と理論 改訂版―違法・不当といわれないために』391頁）。」

2　資金前渡者

「（資金前渡を受ける者は）当該地方公共団体の職員であることが原則ですが、特に必要があるときは、他の地方公共団体の職員に対しても資金の前渡を受けさせることができます（令161条3項）。

資金前渡者は、当該地方公共団体の職員であれば別段の制限はありませんが、自己の名において支出負担行為をし、支払をする権限を有することから、事案を決定する権限を有する課長級以上の職にある者を指定するのが一般的です（前掲、越智恒温監修『会計事務質疑応答集』27頁）。」

参照条文

●●町財務規則

（歳出予算の流用）

第18条　各課等の長は、予算に定める歳出予算の項の金額を他の項へ流用しようとするとき又は目及び節の金額を流用しようとするときは、予算流用要求書により町長の決裁を受けなければならない。

2　各課等の長は、予算の流用をしたときは、予算流用通知書により会計管理者に通知しなければならない。

3　次の各号に掲げる歳出予算の流用は、これをしてはならない。

（1）　交際費を増額するための流用

（2）　その他町長が別に指定する経費の流用

（資金前渡できる経費）

第52条　令第161条第1項第17号に規定する規則で定める経費は、次の各号に掲げるものとする。

（1）　法令の規定により設置された保護、補導、更生援護等のための施設に収容する者の護送に要する経費

（2）　証人、参考人、立会人、講師その他これらに類する者に現金で支給することを必要とする費用弁償

（3）　賃金

（4）　有料道路の通行料、駐車料その他これらに関する経費

（5）　郵便切手、収入証紙その他これらに類するものの購入に要する経費

（6）　自動車重量税印紙の購入に要する経費

（7）　交際費

（8）　自動車損害賠償責任保険料

（9）　児童手当

（資金前渡手続）

第53条　予算執行者は、令第161条第1項の規定により資金前渡の方法により支出しようとするときは、当該現金の支払の事務に従事する職員（以下「資金前渡職員」という。）を指定し、当該職員を債権者として、前節の例により処理しなければならない。

2　前項に規定する指定は、支出の内容及び支払時期を明らかにして、その都度行うものとする。ただし、特に必要があると認められるときは、あらかじめ指定しておくことができる。

Q47 概算払

委託費用について概算払しましたが、使途不明のものや契約の目的外に支出されたものがあると指摘を受けました。このような場合は概算払を返還請求できるでしょうか。

A 概算払は債務確定前におおよその額を支払い、確定したら精算することになり、旅費、補助金、負担金、交付金のほか、診療報酬、訴訟に要する経費など官公庁に支払う費用が該当し、概算払であることを明示していなければ認められません（令162、参考判例 1）。

概算払は支出の特例の一つであり、精算は「概算に対する概念であり、いったん支払ったものを、後に正確な条件の確定をまって計算をし直し、確定的に支払いをすること（法曹会編『似たもの法律用語のちがい〔3訂補訂第2版〕』2000年、62頁）」とされ、相互の債権・債務の不均衡を是正します。概算払は、原則、年度をまたがる旅費以外は年度内に精算しなければならず、また、過不足がない場合も、確認のため精算が必要です。概算払は確定していないことから不当利得が生じることはなく、精算後に返還ないし追加支給を行います（参考文献）。

委託費の概算払と不当利得の関係は、法人に概算払した委託料は委託費用として支払われたものであり、契約先の法人に属する財産となり、委託業務以外に使用したことにより不当利得になるものでないとした例があります（参考判例 2）。

概算払は監査請求を妨げられず、支出後1年経過すると監査請求できないとされます（参考判例 3）。

なお、概算払額と精算額が同額でも精算することでは変わりません（いわゆるゼロ精算）。

概算払と精算の考え方については、「概算払の清算（以下表記そのまま）について、これは客観的には確定している清算額を発見する作業であり、当

事者が清算終了との処理をしても、客観的には清算未了部分があれば、なお
精算残金が残っているから、これを調定して納入の通知をすることにより、
その請求権を行使することができる（東京地判平6・5・24判タ860号148頁、
判例 ID 27826115判例タイムズ判例評釈）。」とされます。

参考判例

1　概算払の明示（長野地判平31・3・22判例自治463号21頁、判例 ID
28273666）

「概算払とは、支払うべき債務金額の確定前に概算をもって支出をすることを
いい、概算払により支出した場合、債務金額確定後に精算を要する。（中略）市
においては、概算払をする場合には、その支出負担行為兼支出命令票中、支出区
分欄に概算払である旨記載されることがうかがわれるところ、平成28年度支出に
係る支出負担行為兼支出命令票（中略）には、かかる記載はない。したがって、
平成28年度支出は、概算払として支出されたものとは認められない。」

2　委託費の概算払と不当利得との関係（大阪地判平30・12・21判例自治450号
14頁、判例 ID 28273905）

「本件法人が概算払により受領した委託費用（中略）自体は、本件各契約に基
づく受領である以上、民法703条所定の『法律上の原因』に基づくものというこ
とができる。そして、前記の委託費用として支払われた金銭は、本件各契約に基
づき、本件法人に属する財産となるから、本件法人が当該金銭を本件各契約の委
託業務以外の使途に用いたとしても、法律上の原因なく●●市の財産によって利
益を受け、そのために●●市に損失を及ぼしたということはできず、本件法人が
委託業務以外の使途に当該金銭を使用したことをもって、不当利得が成立する余
地はない」

3　概算払は支出後1年を経過すれば監査請求できない（最判平7・2・21集民
174号285頁、判例 ID 27827063）

「概算払は、（中略）支出金額を確定する精算手続の完了を待つまでもなく、住
民監査請求の対象となる財務会計上の行為としての公金の支出に当たるものとい

うべきである。そして、概算払による公金の支出に違法又は不当の点がある場合は、債務が確定していないからといって、これについて監査請求をすることが妨げられる理由はない。債務が確定した段階で精算手続として行われる財務会計上の行為に違法又は不当の点があるならば、これについては、別途監査請求をすることができるものというべきである。そうすると、概算払による公金の支出についての監査請求は、当該公金の支出がされた日から1年を経過したときは、これをすることができない」

参考文献

概算払とは

　「概算払とは、その支払うべき債務金額の確定前に概算額をもって支出することです（法232条の5第2項、令162条）。概算払は、債権者は確定しているが、債務金額が未確定で、履行期も到来していない場合に、あらかじめ概算額の全部又はその一部をその債権者に交付し、後日、債務金額が確定したときに精算するものです。概算払はある程度相手方に資金融資の便宜を与えることから、その支払に当たっては履行の正確を期すとともに、概算で支払う額は厳に必要の限度にとどめ、不測の損害を招くことのないようにしなければなりません。このように概算払は、債務金額の未確定のものについて事前に支出するものなので、その性質上必ず精算を伴い、過渡しについては返納を、不足については追加支出を行います。また、この精算は当該年度（出納整理期間を含む。）において行うものとされています。ただし、年度をまたがる概算による旅費の精算はこの限りではりません（令143条2項）（前掲、越智恒温監修『会計事務質疑応答集』208頁）。」

参照条文

●●町財務規則

（概算払）

第56条　令第162条第6号に規定する規則で定める経費は、次の各号に掲げるものとする。

　（1）　運賃又は保管料

　（2）　試験研究又は調査の受託者に支払う経費

　（3）　予納金又はこれに類する経費

　（4）　損害賠償として支払う経費

　（5）　ごみ固形化燃料処理受託者に支払う経費

　2　予算執行者は、概算払をした経費については、その目的達成後、当該概算払を受けた者をして速やかに精算の手続をさせなければならない。この場合において、精算残額があるときは、直ちに戻入の手続をしなければならない。

Q48　前金払

　契約相手が前金払を要求してきましたが、前金払はどのような場合に認められるでしょうか。

A　前金払は支出の特例であり（**法232の5②**）、「経費の性質上前金をもって支払をしなければ事務の取扱いに支障を及ぼすような経費」とされ（**令163（8）**）、履行期前に債務の全額又は一部を支払う制度であり（**参考文献**）、法令、契約により前もって決められています。

　「前金で支払をしなければ契約しがたい」場合とは、相手方の要望によるのでなく、前金で支払いをしなければ契約しがたい、性質上、契約が困難な場合をいい、前金払がなければ請負工事経費を捻出できない場合に認められ（**行政実例**）、その範囲は財務規則で定めます（**法附則7**、**●●町財務規則57②**）。

　前金払は、後日に債務不履行等による金額の異動が生じない限り、精算は必要がなく（**参考判例**1）、前金払は概算払と違い、精算が予定されていません（**参考判例**2）。

　公共工事の経費の前金払は3割を超えない範囲とされます（**令附則7**）。

　なお、総計予算主義との兼ね合いで、契約の履行が翌年度に及ぶ場合、前年度予算から前金払とした支出は違法でないとした例があります（**参考判例**3）。

1 前金払の性質（名古屋高金沢支判平16・6・21判タ1189号232頁、判例 ID 28102295）

「地方公共団体の経費の支出は、債務金額が確定し、支払期限到来後に債権者に支払うのを通常とするのであるが、前金払は、この通常の支払方法に対する例外的な支払方法の一つとして法が認める支払方法であり、施行令163条各号に列挙された経費について、債務金額及び債権者が確定しているが、支払期限が未到来の段階で、その支払をすることをいうものである。そして、前金払は、上記のとおり、その支出の時点では、その債務額が確定されているものについて行われる支払方法であるため、後日不履行その他の事由によって客観的に金額の異動を生ずる場合のほかは、その本質上精算を伴わない」

2 前金払は精算が予定されていない（大阪地判平30・12・21判例自治450号14頁、判例 ID 28273905）

「〈1〉前金払は金額の確定した債務について支出をするものであって、概算払と異なり、そもそも財務会計上の行為である精算が予定されていないこと、〈2〉前金払の後に行われた『補助金等の額の確定』という行為は、内部行為であり、補助金返還額を確定する財務会計上の行為ではないこと等を理由として、怠る事実に係る実体法上の請求権が、特定の財務会計上の行為が違法であるために発生するという関係にはなく、監査請求期間の制限が及ばない」

3 前年度予算からの前金払は総計予算主義に反しない（青森地判平7・9・5判例自治149号23頁、判例 ID 28010832）

「地方自治法210条の定める総計予算主義とは、一会計年度におけるすべての収入を歳入として、すべての支出を歳出として予算に計上すべき（収入と支出を分離して総額を予算に計上すべき）とする原則を指すものであって、契約の相手方の債務の履行が翌年度に及ぶ場合に、前年度の予算で前金払いによって右契約上の債務を支払ったからといって、右原則に反するものではない」

行政実例

前金で支払をしなければ契約しがたい場合（昭29・9・10行政実例）

　「『前金で支払をしなければ契約しがたい』とは、その性質上前金払をしなければ契約をすることが困難であるものの意であり、ただ単に相手方が前金払を強く要望し、これを契約の条件としているだけでは本号に該当しない（前掲、地方財務制度研究会編『地方財務ハンドブック〔改訂版〕』133頁）。」

参考文献

前金払の意義

　「前金払とは、確定した債権について、反対給付の履行を待っていたのでは経費の支出の目的が達せられないような、あるいは、その目的を失ってしまうような経費について、相手方の義務履行前又は給付すべき時期の到来前に、債務の全額又はその一部を支払うものです（法232条の5第2項、令163条）。

　前金払の金額は、法令・契約によって確定されているため、後日、不履行その他の事由によって、前金払の金額に変動を生じない場合の他は、原則として、精算を伴わないものです。

　前金払をするためには、その性質上前金払をしなければ経費の支出の目的を達成することが困難等であることを要し、ただ単に相手方が前金払を要望しているだけでは、前金払をすることはできません。

　なお、前金払をするときは、契約書等で前金払をするむねの特約を付して行うのが適当です。

　前金払のできる経費の範囲は、令163条に定められています（前掲、越智恒温監修『会計事務質疑応答集』212頁）。」

参照条文

●●町財務規則

（前金払）

第57条　令第163条第8号に規定する規則で定める経費は、次の各号に掲げるものとする。

（1）　使用料、保管料又は保険料

（2）　土地又は家屋の買収代金

2　予算執行者は、官公署に対して支払をする場合若しくは前金で支払う金額について特約がある場合を除き、契約金額の3割に相当する金額を超えて前金払

をしてはならない。

3　　令附則第７条の規定により前金払を請求しようとする者は、同条に規定する
　　保証事業会社が交付する前払金保証書を町に寄託しなければならない。

Q49　繰替払

繰替払はどのような場合に認められるでしょうか。

　　繰替払は支出の特例であり、急な支出が必要な時に納入した代金等
から支出する場合をいいます。

　　収入と支出が近接した時期であり、亡失などの事故が起きる可能性が低く、
事務の効率性から収入と支出の関連性が強いものでなければ繰替払は認めら
れません（**法232の5②**、**令164**、参考文献）。

　　例えば、証紙取扱手数料を支払う場合、当該証紙の売りさばき代金から支
払うことができます。繰替払が認められるのは、施行令、財務規則に規定さ
れている場合に限ります（**●●町財務規則**）。

参考文献
繰替払の意義

　「納入と支出が強い関連性を有するとともに、両者が接近した時期になされる
場合は、納入を受けた現金をもって支払いの原資に充てるとしても、事故が起き
る可能性も低く、効率的でもある（前掲、橋本勇『自治体財務の実務と理論　改
訂版―違法・不当といわれないために』445頁）。」

参照条文
●●町財務規則

（繰替払のできる経費）
第58条　令第164条第5号に規定する規則で定める経費及び収入金は、当該各号
　　に定めるものとする。

（1）　市場手数料　当該市場に売り払った生産物等の売払代金

（2）　催物手数料　当該出品物の分担金

Q50　現金以外の支出方法

小切手による支払方法はどのような場合に認められるでしょうか。

A　現金以外の支出方法は、小切手（指定金融機関を支払人とする小切手の振出）、公金振替（指定金融機関に対する預金口座間の移動で小切手の振出に類するもの）が認められています。

　指定金融機関を指定していない市町村は小切手払いができません（**法232の6、令165の4⑤**）。

　給与の支給方法は条例で定め（**法204③**）、給与は小切手払いできず、退職手当、公務災害補償は小切手払いができます。

　1年経過後の小切手の未払いは、指定金融機関において照合、確認すればよいとされます（ 行政実例 ）。

　なお、約束手形は小切手のように現金支払いの扱いでなく、現金支払いの原因であるから支出負担行為に該当し、長の権限に属するとされています（ 参考文献 ）。

行政実例

小切手の確認（昭38・12・19行政実例）

　「小切手が1年を経過して未払であることの確認は、指定金融機関等において小切手振出済通知書と小切手支払済通知書の写と照合して確認すればよい（前掲、地方財務制度研究会編『地方財務ハンドブック〔改訂版〕』138頁）。」

参考文献

小切手の振出は会計機関の権限であるが、約束手形は長の権限に属する

　「小切手の振出は会計機関の権限であるが、約束手形は、一定金額を一定期日

後に支払うことを約束するものであるから、その振出は現金の支払自体ではないので、出納官吏の権限に属するものではなく、その現金支払の原因たるべき行為（債務負担行為）として、長の権限に属する（最判昭和41・6・21民集20巻5号1052頁）（阿部泰隆『行政の法システム（下）』有斐閣、1992年、512頁）。」

Q51 報酬費と報償費

　ある諮問委員会に大学の先生を招いて講義していただきましたが、報酬費か、報償費のどちらで支払うのが適切でしょうか。

A　支出科目は目的に沿って区分されます（**法216、令147、規則15②**）。報酬費は給与と同様に労働の対価であり、各種委員会の委員には報酬として支払い、報償費は役務（サービス）の提供、施設利用などの対価、報酬以外の謝礼金として支払う場合です。諮問委員会に参加した委員には委員業務の対価を報酬費で支払い、諮問委員会に大学の先生を招いて講義してもらえば謝礼を報償費で支払います（**参考判例**）。

　講師に支払う旅費、宿泊費等についても、報酬、報償とみなされる場合は源泉徴収が必要であり、旅費を源泉徴収していない例がみられます。ただし、通常必要な範囲の金額で報酬・料金等の支払者が直接ホテルや旅行会社等に支払った場合は、報酬・料金等に含めなくてよいとされます。

　また、懸賞応募作品などの入選者に対する賞金や新聞、雑誌への投稿の謝金などは、原則として原稿料に含まれ、一人に対して支払う賞金や謝金の金額が、1回5万円以下であれば、源泉徴収しなくてもよいことになっています（国税庁タックスアンサー No.7431「『報酬、料金、契約金及び賞金の支払調書』の提出範囲と提出枚数等」）。

　なお、給与や退職金は源泉徴収票を交付し、報酬・料金等の場合は支払調書を交付します。報酬金額は給与と同様に条例で定めなければなりません（**法204の2**）。

参考判例

市医の謝礼は報償費である（大阪高判平26・7・15判例自治399号69頁、判例ID 28223186）

　「市医謝礼は予算上報償費（役務の提供等によって受けた利益に対する純粋な謝礼又は報償的意味の強い経費）として計上されているのに対し、非常勤職員への報酬は予算上報酬（公務員に対して役務の対価として支払われる反対給付）として計上されている。地方公務員は、地方公共団体の任命任用行為に基づき、命じられた業務に従事し、その対価として報酬・給与を受け取るものであって、労働者性を備えるものであるところ、以上の事実に照らしても、市医は、業務従事・役務提供に当たって、日時場所の拘束はなく、その業務従事・役務提供の内容や方法について、●●市の指揮監督は受けず、また、●●市の業務従事・役務提供の要請に対して諾否の自由がある上、その報酬も、具体的な業務・役務提供日数に応じて算定されておらず、専属性も全くないのであるから、労働者であるとはいえない。これに加えて、任命行為の実質も備えていないことに照らすと、市医は地方公務員に該当しない」

Q52　支出区分

（1）　消耗品と備品はどのように区分するのでしょうか。
（2）　物品と消耗品はどのように区分するのでしょうか。

A　（1）　自治法上の物品とは、自治体の物品及び自治体が所有していなくても管理しているもの、また、現金（歳計現金、歳入歳出外現金、証券、一時借入金）、船舶等の公有財産、基金をいい、通常に使われる意味合いよりは広いものです（**法239**）。

　備品、消耗品の管理は各自治体の財務規則で定めるのが通常です（**●●町財務規則181、182**）。

　消耗品は備品と違って使い切りになり、備品は自治体の財産として備品登

録が必要です。その扱い基準は、比較的短期間に消耗、消費されるものは物品に扱い、長期間使用され、耐久性のあるものであれば備品として扱い、1万円未満であれば、消耗品として扱う例もあります（ 参考文献 1）。

　企業会計の区分では10万円以上で耐用年数1年未満は備品として計上し、耐用年数1年以上であっても10万円未満は消耗品費として計上します。

　購入は計画性、目的が明確でなければならず、特定の仕様の備品については競争原理が働かないこともあり、選定に当たっては管理・経費面も考慮することが必要です（ 参考文献 2）。

　物品の管理は歳入歳出外現金又は有価証券に準じて会計管理者が行います（令170の3、168の7②）。

（2）　市町村の物品購入は80万円まで随意契約が可能です（令167の2別表5（2）、県及び指定市は160万円）。

　代金支払は納品後とする契約は、同時履行（民法533）ではありませんので、契約書に支払時期を明記します。簡易な物品、消耗品は契約書の作成を省略できます。

　物品は備品と消耗品に分けられ、備品は長期にわたって使用するため登録します。備品登録を必要とする理由は、計画的な購入がなされているかどうかを検証することでもあります（特に年度末において当面必要としない物品の購入、変質のおそれのある物品の一時多量購入等）（全国町村監査委員協議会編著『監査必携〔第3版〕』第一法規、2013年、50頁）。

参考文献

1　消耗品費及び備品購入費の解釈

　「消耗品と備品との区分について、絶対的な基準があるわけではありません。一般的には、比較的短期間に消耗又は消費される物品を購入する場合、消耗品費として処理し、支出科目は一般需要費となります。消耗品費のなかには、高額なものであっても、物品の性質上消耗品に区分されるものがあります。例えば、ガラス製品は、製品の品質上、破損したら価値がなくなってしまうことから消耗品

費に区分します。さらに、磁気テープについても同様のことがいえます。これに対し長期間使用され、耐久性があり、かつ高価な物品を購入する場合、備品購入費として処理します。消耗品と備品の区分を適正に行うため、各地方公共団体において『物品分類表』を作成しているところです。また、各地方公共団体の財務規程において、本来は備品に当たるものであっても、購入予定価格（契約目途額）が一定の金額（1万円未満とする例が多い。中略）未満の場合に消耗品費に区分する旨を定めている例もあります（前掲、越智恒温監修『会計事務質疑応答集』99頁）

2　消耗品と備品

「物品についての決算という制度はなく、備品であっても、不動産に比較すればはるかに毀損しやすく、消耗品は、使用された場合はもちろん、長期間放置されることによっても効用を失うことがあるから、その購入に際しては、具体的な目的や用途が明確になっていなければならない。備品にあっては、それが新規に必要となり、あるいは更新が必要となる理由を検証する必要があるし、消耗品については、その必要性とともに、必要な量（購入の量）及び購入のタイミングが問題となるので、十分な計画性が必要である。さらに備品については、警察や消防の自動車、コンピュータ等のように、特定の使用の品物が必要な場合もあるが、その場合には、使用の妥当性も重要な検討項目となる。使用の如何によっては、それを納入できる業者が事実上特定される場合もあり、競争者を排除するための仕様ではないかという疑惑が生ずることもあり、経費の面と合わせての検証が必要とされる（前掲、橋本勇『自治体財務の実務と理論 改訂版－違法・不当といわれないために』157頁）。」

参照条文

●●町財務規則

（物品の会計年度）

第181条　物品は、現にその出納を行った日の属する年度により整理しなければならない。

（分類）

第182条　物品は、その適正な供用を図るため、その用途に従い、備品、消耗品、

動物に分類するものとする。

2　前項の規定により備品に分類された物品については、別に定める備品分類表の区分に基づき備品管理システムにより整理するものとする。

地方自治法施行令

別表第5（第167条の2関係）

（1）　工事又は製造の請負	都道府県及び指定都市　250万円
	市町村（指定都市を除く。以下この表において同じ。）　130万円
（2）　財産の買入れ	都道府県及び指定都市　160万円
	市町村　80万円
（3）　物件の借入れ	都道府県及び指定都市　80万円
	市町村　40万円
（4）　財産の売払い	都道府県及び指定都市　50万円
	市町村　30万円
（5）　物件の貸付け	30万円
（6）　前各号に掲げるもの以外のもの	都道府県及び指定都市　100万円
	市町村　50万円

Q53　寄附、補助の扱い

寄附、補助はどのような制約があるでしょうか。また、自治体の補助金、給付金は贈与契約として扱ってよいでしょうか。

A　宗教法人、公の支配に属しない慈善、教育、博愛の事業に公金を支出してはならないとされ（**憲法89**）、公益上必要がある場合に寄附、補助ができます（**法232の2**）。

団体に対する寄附、補助として公金支出が認められるためには、事業の目的、自治体との関わりが重要です（**参考判例** 1～3）。国の補助金は補助金等に係る予算の執行の適正化に関する法律（補助金適正化法）により行政処

134

分として扱いますが、自治体に適用されず、補助金の給付根拠は寄附又は補助の自治法232条の2により、贈与契約とする例が多いものです。

　一方、補助金であっても条例により個人に対して要件を定め、大量、一律に給付する仕組みである場合は不服申立てが認められ、要綱による場合は処分性を認めることができないとした例があります（参考判例 4 ）。

　条例による乳幼児医療費の助成では、具体的な要件を定めて個人に申請権を与えたものとされ、行政処分を認めた例があります（参考判例 5 ）。

　参考判例5は、贈与契約とするなら中途で資格を満たさなくなった場合、申請者から合意解除を求め得ないことから不服申立てを認めています。

　法形式による行政処分かどうかは、条例か、規則、要綱かどうか問題になり、要綱では行政処分を認めない例が多いようです（参考判例 6 ）。しかし、要綱が法律の補完である場合は行政処分を認めています（参考判例 7 ）。

　また、条例の形式が公権力の行使として構成されている場合は、不服申立てが可能であり、行政事件訴訟法の抗告訴訟の対象とした例もあります（参考判例 8 ）。

　給付金の支給要件を条例、規則で定め、交付決定が明記されていれば取消訴訟により争い、明記されていなければ民事訴訟（又は行政事件訴訟法の当事者訴訟）による給付確認で争うことになります。

　救済手段の手続が問われ（参考文献 1 ）、現行法がどのような構成か、許可等の行政処分かによります（参考文献 2 ）。ただし、許可等によることから民事法の適用がないということではなく、判例では問題となる場面ごとに法律の適用を判断しています。

　新型コロナ感染対策に伴う国の持続化給付金は、給付要件を満たさない場合は契約解除し（持続化給付金給付規程10①（2））、贈与契約としていることから不服申立ての対象でないとされ（同条④）、申請者等から不服の申出があった場合は、適宜、再調査を行うなどとしています。

　協力金、給付金と名称は違いますが、補助金には変わりなく、国の持続化給付金は贈与契約として位置付けており、補助金適正化法は適用されないも

のと考えられます。

　補助金適正化法を受ける場合は使途が限られ、補助金で得た財産処分は制限され、また、返還に対しても罰則も含めた措置があり、新型コロナ感染対策に伴う持続化給付金は使途を限らないことから贈与契約に位置付けられたものと考えます。

参考判例

1　神社境内に通じる道路改良費用支出は憲法89条に反しない（最判昭63・12・16集民155号365頁、判例 ID 27807446）

　「一部事務組合が地元住民の要請により公共施設である道路の改良工事を行いその工事代金の支払のため公金を支出した場合において、右道路が宗教法人たる神社の境内入口まで通じていて参詣のための通路としても利用されているところから、右神社が右工事による利益を受けることとなるとしても、これをもって、右公金の支出が、右神社に対し特別に財政的援助を与えるものとして憲法89条に違反するということはできない。」

2　委託事業者の赤字補填が公益上必要とされた例（最判平17・10・28民集59巻8号2296頁、判例 ID 28102244）

　「陣屋の村は、町の豊かな自然を生かし、住民に自然に親しむ機会を与えるとともに、都市との交流を促進するという目的で設置された農林漁業体験実習施設、食堂、宿泊施設等から成る公の施設であり、振興協会は、陣屋の村の管理及び運営の事業を行うことを目的として町により設立されたものであって、町から委託を受けて専ら陣屋の村の管理及び運営に当たっているというのであるから、その運営によって生じた赤字を補てんするために補助金を交付することには公益上の必要があるとした町の判断は、一般的には不合理なものではない」

3　日韓高速船補助金訴訟、公益上必要があるとされた例（最判平17・11・10集民218号349頁、判例 ID 28102346）

　「本件事業の目的、市と本件事業とのかかわりの程度、上記連帯保証がされた経緯、本件第2補助金の趣旨、市の財政状況等に加え、上告人は本件第2補助金

の支出について市議会に説明し、本件第2補助金に係る予算案は、市議会におい
て特にその支出の当否が審議された上で可決されたものであること、本件第2補
助金の支出は上告人その他の本件事業の関係者に対し本件事業の清算とはかかわ
りのない不正な利益をもたらすものとはうかがわれないことに照らすと、上告人
が本件第2補助金を支出したことにつき公益上の必要があると判断したことは、
その裁量権を逸脱し、又は濫用したものと断ずべき程度に不合理なものであると
いうことはできない」

＊　筆者注：才口千晴裁判官の反対意見として次のような指摘があり、傾聴す
べき意見です。

「たとえ本件事業が前市長から引き継いだものであり、その債務整理をす
ることが本件事業を主導した市に対する信頼にこたえるものであったとして
も、かつて自治省に勤務し、財政指導課長の経歴と経費支出等に知見を有す
る上告人としては、多額かつ不毛の第2補助金については、納税者たる市民
の負担増加に思いを致し、政治的判断を優先させることなく、これを無益な
補助金であるとして議会に提出せず、また予算執行を避けるなどの決断をし、
経費の支出を目的を達成するために必要かつ最少の限度にとどめるべき義務
があったといえる。」

4　要綱による補助金の処分性（大阪地判平28・8・26判例自治423号29頁、判例 ID 28253110）

「補助金の交付といった給付行政の領域においては、特別の規定がない限り、
その法形式につき契約方式を採用しているとの推定が働くものというべきである
から、行政庁による補助金交付決定は、申請者からの贈与契約の申込みに対する
承諾という非権力的な行為であると解され、無効確認の訴えの対象となる『処
分』に該当しないのが原則である。もっとも、大量に発生する法律関係を明確に
し、全体として統一のとれた適正公平な処理を図るという政策目的から、法が、
その規定により補助金を交付する場合を直接定めた場合や、行政庁の補助金交付
決定に処分性を付与するという立法政策を採ったと解される場合には、行政庁の
補助金交付決定は、公権力性を有する行為として、無効確認の訴えの対象となる
『処分』（行訴法3条4項）に該当すると解される。（中略）本件要綱は、補助金
の趣旨や補助事業の内容等について具体的に規定するものではあるが、前記1の

とおり法令に基づいて制定されたものではないから、処分性の根拠となるものではない。」

5　条例による乳幼児医療費助成は要件審査に基づく一方的な被助成資格の認定（不認定）として行政処分である（名古屋地判平16・9・9判タ1196号50頁、判例ID 28092873）

「行政庁の当該行為が処分性を有するか否かは、その根拠となる法令の目的、要件、手続、効果などを個別具体的に検討し、当該行為を行政庁の優越的な意思の発動として行わせ、私人に対してその結果を受忍すべき一般的拘束を課することとしているか否か、またこのような意思の発動を適法とするための要件を定めて行政庁がこの要件の充足の有無を判断して行動すべきことを要求しているか否かを総合的に判断して決すべきものであり、つまるところ、当該法令の解釈問題に帰するというべきである。（中略）本件助成が申請者と被告との間の契約に基づくものだとすると、申請者が中途で被助成資格を喪失した場合においても、被告が本件助成を停止するには、申請者との間で合意解除をしなければならないと考えられるが、このような結論は、本件条例で定められた乳幼児医療費助成制度の趣旨、構造に沿わないことが明らかであり、申請者の意思にかかわらず、被告の一方的判断によって、被助成資格を奪うことを肯定するためには、本件助成（ないし本件助成を拒否すること）が被告による行政処分の性質を有すると解するほかない。」

6　規則による補助金支給、不支給決定に処分性は付与されない（東京地判平12・3・23判例自治213号33頁、判例ID 28061420、東京地判昭63・9・16判タ698号204頁、判例ID 27804061も同様）

「非権力的な給付行政の分野においても、立法政策として、一定の者に補助金等を給付する要件を定めるとともに、支給申請及びこれに対する支給・不支給決定という手続により、行政庁に申請者の受給権の存否を判断させることとした場合など、法令が特に補助金等の支給・不支給決定に処分性を与えたものと認められる場合には、補助金等の支給・不支給決定は右の『行政処分』に該当するが、法律や条例の委任がなく、単に行政庁の内部の規則だけで補助金の交付・不交付の決定に処分性を付与することはできない」

7　要綱に基づく労災就学援護費の支給は労働者災害補償保険法23条の補完として処分性を有する（最判平15・9・4集民210号385頁、判例ID 28082411）

「（筆者注：要綱に基づく労災就学援護費の支給としても）労働基準監督署長の支給決定によって初めて具体的な労災就学援護費の支給請求権を取得するものといわなければならない。そうすると、<u>労働基準監督署長の行う労災就学援護費の支給又は不支給の決定は、法を根拠とする優越的地位に基づいて一方的に行う公権力の行使であり、被災労働者又はその遺族の上記権利に直接影響を及ぼす法的効果を有するものであるから、抗告訴訟の対象となる行政処分に当たる</u>」

8　条例が公権力の行使として構成している場合は処分に当たる（釧路地判昭43・3・19行裁例集19巻3号408頁、判例ID 27603148）

「●●市工場誘致条例は奨励金の交付を形式上公権力の行使としてなす一方的な行為として組立てているものと解される。即ち奨励金交付の決定あるいは奨励金交付申請却下の決定は、その実質においては贈与契約の申込みに対する承諾あるいは拒絶であつて、<u>本来非権力的な作用であるが、条例上形式的には行政処分として構成されているものというべきである。そして権力作用の実体を伴わない形式的行政処分について、これを抗告訴訟の対象から排除する理由はないのであつて、行政事件訴訟法3条の『処分』として扱うべきであるから</u>、奨励金交付申請却下の決定に対しては、右申請に対する拒否処分として、抗告訴訟をもつて、その当否を争うことができる」

参考文献

1　補助金が行政処分か契約であるかは争訟形式の問題である

「補助金の交付については、国の補助金については補助金適正化法により、その交付決定の性質は行政行為と解されている（塩野Ⅰ176頁、宇賀Ⅰ106頁）。しかし、適正化法のような一般的な手続を規定する法律の根拠を持たない地方公共団体の場合において、条例ではなく規則や要綱に基づく補助金の交付については争いがある。<u>私法上の契約という構成もあり得るが、要するに、争訟形式の問題であり、救済の観点からは処分性を肯定できると考えられる</u>（吉野夏己『紛争類型別行政救済法』成文堂、2009年、446頁）。」

2　行政行為と契約の立法的選択

　「受益（授益）処分では、立法的選択の余地があることが多い。補助金は、契約とも更生構成できるが、国の補助金については補助金適正化法による行政処分扱いとされている。行政財産の使用許可の撤回、公務員の免職は一方的な意思表示で効力を生じ、執行を要しない点で、権利義務の一方的な形成手法であるが、そのもとである行政財産の使用許可、公務員採用を契約として構成すれば、その撤回、免職も、私法上の行為として構成できる。その意味は、それをめぐる争いは、民事法、民事訴訟によるのではなく、行政不服審査、行政訴訟によらせるというものである。（中略）公営住宅の使用関係も、契約として構成できるが、現行法は、その使用を許す行為を賃貸借の契約ではなく、許可と構成している（阿部泰隆『行政法解釈学Ⅰ－実質的法治国家を創造する変革の法理論』有斐閣、2008年、413頁）。」

参照条文

持続化給付金給付規程（中小法人等向け）　令和3年1月15日発出

（給付金に係る不正受給等への対応）

第10条　申請者の申請が給付要件を満たさないこと又は不給付要件に該当することが疑われる場合は、長官は、事務局を通じ、次の各号の対応を行う。

（1）　提出された基本情報等について審査を行い不審な点がみられる場合等に調査を開始する。申請者等の関係者に対する、関係書類の提出指導、事情聴取、立入検査等の調査については、事務局及び長官が委任又は準委任した者において行うことを原則とし、これらの調査を行った後、当該関係者に対する対処を決定する。なお、既に給付した給付金について調査を行う場合も同様とする。

（2）　事務局等の調査の結果、申請者の申請が給付要件を満たさないこと又は不給付要件に該当することが判明した場合には、長官は、当該申請者との間の贈与契約を解除し、事務局は、長官の指示に従い、当該申請者に対し、給付金に係る長官との間の贈与契約を解除し、給付金の返還に係る通知を行う。

2　給付金の不正受給に該当することが疑われる場合は、長官は、事務局を通じ、前項の対応に加え、次の各号の対応を行う。

（1）　不正受給を行った申請者は、前項第2号の給付金の全額に、不正受給の日の翌日から返還の日まで、年3％の割合で算定した延滞金を加え、これらの合計額にその2割に相当する額を加えた額を支払う義務を負い、事務局は当該申請者に対し、これらの金員を請求する旨の通知を行う。

（2）　不正受給が発覚した場合には、事務局は原則として申請者の法人名等の公表を行う。

（3）　事務局は、不正の内容により、不正に給付金を受給した申請者を告発する。

3　事務局は、申請者から返還を受けた給付金を、申請者に代わって長官に返還する場合には、申請者から返還を受けた件数及び金額等の情報を様式4により長官に報告する。

4　長官は、前項により報告を受けた場合には、事務局に対して返還を命ずるものとする。

5　前項に基づく給付金の返還期限は、申請者との贈与契約の解除がなされた日から20日以内とし、期限内に納付がない場合には、その期限の翌日からこれを返還する日までの期間に応じ、当該未返納金額に対し、財務大臣が決定する率を乗じて計算した金額を支払わなければならない。

6　給付金は、事務局の審査を経て長官が給付額を決定する贈与契約であり、原則として民法（明治29年法律第89号）が適用され、贈与契約の解除、給付決定の取消しについては、行政不服審査法（昭和37年法律第160号）上の不服申立ての対象とならないが、不正受給による不給付決定又は贈与契約の解除に対し、申請者等から不服の申出があった場合は、適宜再調査を行うなど、必要な対応を図る。

Q54　補助金の支出と給与の関係

　職員互助会に対して職員厚生費として補助金を支給できるでしょうか。また、補助金を支給できるのはどのような範囲でしょうか。

A 　職員の福利厚生は、厚生、共済及び公務災害があります。

　職員互助会は、職員を対象に福利増進を図り、公務の能率を増進する目的があり、目的に沿った補助金の支出は認められます。

　一方で、自治体は、いかなる給与その他の給付も法律又は条例に基づかなければならないとされます（給与法定（条例）主義、法204③）。

　職員互助会に対する補助金の支出は公費（税）負担が適切かどうか、その範囲は社会通念上相当なものに限られ、高額な退職給付金は給与条例主義に反するとされた例があります（参考判例 1）。

　民間マンションを賃借し、職員に宿舎として貸与した場合、賃借料（月額4万5千円）と職員の使用料（月額7,797円～8,965円）の差額は、金銭等の支給ではなく、差額分の利益を供与したことになり、財務会計上の行為ではないから住民訴訟の対象でないとされ、却下した例があります（参考判例 2）。

　参考判例2の原審（高松高判平7・3・20判タ897号96頁、判例 ID 28010020）では、「維持費としての個人負担金を徴収しているのであるから、そもそも適正な対価が問題となる余地はない」とし、「普通財産の利用関係にあたるとしても、やはり適正な対価での貸付と言うべきである」としましたが、適正な対価かどうかは判断が難しい面があります。

　参考判例

1　高額の退会給付金が給与条例主義に反するとした例（大阪高判平16・2・24判例自治263号9頁、判例 ID 28100834）

　「地方公務員法42条が地方公共団体に実施を求めているのは職員の保健、元気回復その他厚生に関する事項であって、退職する職員に退職手当以外に高額の退会給付金を支給することは職員のための厚生制度としては必ずしも本来的なものではない。また、地方公務員法43条は退職年金については共済制度として実施することを求めており、●●市でも職員の退職年金については別に共済制度を実施しているが、退会給付金によって退職年金を補完することまでは予定されていない。また、職員の保健、元気回復その他厚生に関する事項については、地方公共団体がその費用を負担することは同法の予定するところであるが、ことの性質上

142

負担額には限界があるというべきであって、高額の退会給付金の財源を地方公共
団体の補給金をもって充てるのは同法の趣旨に反する。」

2　賃料と職員の差額分の給付は住民訴訟の対象ではない（最判平10・6・30判
　　例自治178号9頁、判例ID 28033267）
　「住民訴訟の対象とされる事項は、地方自治法242条1項に定める事項、すなわ
ち公金の支出、財産の取得・管理・処分、契約の締結・履行、債務その他の義務
の負担、公金の賦課・徴収を怠る事実、財産の管理を怠る事実に限られ、これら
の行為又は事実に当たらないものを対象とする住民訴訟は、不適法である。とこ
ろが、本件訴訟において被上告人が違法な財務会計上の行為と主張しているもの
は、前記の差額分の給付であることが明らかであり、当該給付なるものは、●●
市が●●に現実に金銭等を支給したというのではなく、実質的にみて同人に右差
額分に相当する利益を与えたということを指すのであるから、右のいずれの事項
にも当たらない」

COLUMN

公の施設利用と憲法21条（集会の自由）

　公の施設での集会利用につき、利用拒否できるかどうか、判断が難し
い事例があるのは確かです。
　では、利用を拒否できるのはどのような場合でしょうか。
　泉佐野市民会館の例では、利用拒否は集会の自由の保障よりも明らか
に治安の破壊、危険が具体的に示され、予見できる場合に限るとしまし
た（最判平7・3・7民集49巻3号687頁、判例ID 27826693）。
　また、上尾市福祉会館の例では、葬儀の使用に関し、妨害活動が予測
されるということでは利用拒否の理由にならず、「管理上支障がある」
とするには警察の警備等によっても混乱を防止できない特別の場合とし
ています（最判平8・3・15民集50巻3号549頁、判例ID 28010411）。

もっとも、施設利用の限定は、「当該自治体の住民のみが利用できる施設にするとか、特定の種類の会合等（非営利集会、芸術活動をする集会、結婚式等の祝儀用、反対に葬儀等不祝儀用）にのみ利用させるとか、あるいは、特定の目的の集会を他の目的の集会に優先させて利用させるといった類（上記上尾市福祉会館使用に関する判決評釈、判例タイムズ906号192頁」は許されると考えられます。

　「集会を拒否するのであれば、あくまで見解中立的な理由によるべき（松井茂記『日本国憲法を考える〔第2版〕』大阪大学出版会、2009年、101頁)」とする見解があり、あらかじめ、公の施設利用に関し、利用拒否できる場合を具体的に明示しておくことが必要です。

　なお、学校施設は、一般公衆の共同使用を目的とする道路や公民館等と異なり、本来学校教育の目的に使用すべきものとして設置され、それ以外の目的に使用することを制限されていることから、学校施設の目的外使用許可は管理者の裁量に委ねられ、学校施設の目的及び用途と目的外使用の目的、態様等との関係に配慮した合理的な裁量判断により使用許可しないこともできるとされます。

　「学校教育上の支障とは、物理的支障に限らず、教育的配慮の観点から、児童、生徒に対し精神的悪影響を与え、学校の教育方針にもとることとなる場合も含まれ、現在の具体的な支障だけでなく、将来における教育上の支障が生ずるおそれが明白に認められる場合も含まれる（最判平18・2・7民集60巻2号401頁、判例ID 28110353)」としています。

4 契約

Q55 最高制限価格を設けた一般競争入札の是非

　周辺地価との均衡から、地価高騰を抑え、最高制限価格を設けた一般競争入札により土地を売却したいと考えていますが、このような一般競争入札は認められるでしょうか。

A　一般競争入札は応募者を限定せず、指名競争入札は応募者を限定して価格により競争させる方式であり、任意に相手方を決める方式が随意契約です（ 参考文献 1）。

　一般競争入札では最高又は最低価格をもって決定します（法234③、令167の4〜167の10の2）。一般競争入札及び指名競争入札は契約金額以外の条件を決め、随意契約は交渉により金額を決めます。一般競争入札と違って、指名競争入札は契約の相手方の能力等をあらかじめ指定します。

　ご質問の参考として、地価高騰を抑える目的で最高制限価格を設け、公益目的に沿っていても、最高価格を超えたものを失格としたことは、一般競争入札になじまず、随意契約によるべきとされています（ 参考判例 1、参考文献 2）。

　参考判例1では、不動産の売却に関しては、「収入の原因となる契約に関しては、極端に高額の入札を認めることにより弊害等が生ずる事態は、通常は予想し難いので、支出の原因となる契約と異なり、極端に高額の入札を排除するような例外的処理を認めていない」とされています。

　一般競争入札では最低制限価格を設けてそれ以上の最高価格で申込みをした者を契約の相手方とするものであり、最高制限価格を設けて入札を実施することはできません。なお、軽微なもの、履行の着手後でなければ内容確定しないもの以外は、契約後に入札条件の変更は許されません（ 参考判例 2）。

反対に、土地の売却は老朽化した施設を解体して更地にして売却するのが通常です。しかし、老朽化施設の維持費がかさみ、売却しようにも買い手が付かない場合も考えられ、平成30年12月に実施した埼玉県深谷市のように、解体費用を織り込んでマイナス入札を実施した例があります。ただし、このような入札は無償譲渡になりますから議決事項になります。

参考判例

1　一般競争入札及び随意契約によることができる場合（最判平6・12・22判タ872号168頁、判例ID 27826272）

「一般競争入札を行う場合、最低制限価格のほか最高制限価格をも設定し、最低制限価格以上最高制限価格以下の範囲の価格をもって申込みをした者のうち最高の価格の申込者を落札者とする方法を採ることは許されず、このような方法による売却の実施は違法というべきである。もっとも、普通地方公共団体が不動産等を売却する場合において、合理的な行政目的達成の必要などやむを得ない事情があって、売却価格が一定の価格を超えないようにする必要があり、これを一般競争入札に付するならば、最高入札価格が右一定の価格を超えるおそれがあるときには、その売却は、『その性質又は目的が競争入札に適しないもの』（地方自治法施行令167条の2第1項2号）に当たるとして、随意契約によって行うことができる」

2　入札段階で追加工事を認識していなかった場合は入札条件に追加工事を含めなかったとしても違法でない（大阪地判平30・5・24判例自治449号21頁、判例ID 28271115）

「契約の締結後にその内容を変更する必要があることを認識している場合には、本来その変更すべき契約内容が確定した後に、新たな条件の下で入札に付すべきものであって、変更内容が当初から予想し得る軽微な範囲にとどまる場合、変更内容が確定する前に早期に契約を締結して履行に着手する必要がある場合や履行に着手した後でなければ変更内容が確定しない場合に変更の可能性を示した上で入札に付すなど特段の事情がない限り、当該契約について不確定条件で入札を実施することは許されない」

参考文献

1　一般競争入札、指名競争入札、随意契約

　「競争入札とは、契約の相手方を募り、契約内容を提示させ、最も安価な契約内容を提示した者を契約の相手方として選定する方法である。そのなかで、応募者を限定しない方式が一般競争入札と呼ばれ、応募できる者を行政が一定の基準に基づいて指名する方式が指名競争入札と呼ばれる。これに対し、随意契約とは、複数の候補者を競争させた上で選定する方式ではなく、行政が任意に相手方を決定できる方式であって、契約金額が少額であったり、特殊な技術を要したりするため入札手続によることが適当でない場合に用いられることがある。公金の有効利用および応募者間の公平という観点から、一般競争入札が原則的な形態とされている（野呂充ほか『行政法　第2版』有斐閣、2020年、95頁）。」

2　不動産の売却は最高制限価格を設けることはできない

　「不動産の売却については、工事又は製造の請負契約の場合のような例外的措置を定められてはいないので、現行法上は、最高制限価格を設けて、その範囲内で最高価格入札者をもって落札者とするようなことは、できないものと解される。したがって、当該市有地の性格上どうしても一定の価格で売却しなければならない事情の存するときは、随意契約の方法によることとすべきである（前掲、地方自治制度研究会編著『地方自治法質疑応答集』2470頁）。」

Q56　指名競争入札の要件

　指名競争入札において地元業者に限るという要件を定めることができるでしょうか。

A　一般競争入札は応募者を限定しませんので、工事の品質が確保できず、過当競争を引き起こし、事務的に煩雑であることが指摘されてきました。

指名競争入札は応募者を決めるに当たり、一定の資格、能力を有するかどうか、あらかじめ複数の事業者を指定し、その中から価格競争により選定する方法です（法234②、令167）。

指名競争入札の長所は不適格な業者を排除でき、一般競争入札と比べて事務が軽減されます。しかし、短所として指名される者が固定化され、談合に結び付きやすいとの指摘があります。

指名競争入札が適すると判断した場合、業務内容に照らして合理性が問われ（参考判例 1）、指名基準に地元業者を要件とする場合は、公正な競争、価格の有利性の確保など合理性を加味しなければなりません。

指名競争入札の手続は一般競争入札の規定が準用され、資格は事業者の経験、技術だけでなく、事業所の所在地も加味してよいとされます（令167の5の2）。

地元業者は工事現場に近いことから現場の知識も有し、地元経済の活性化にも寄与し、地元業者を資格とする基準は一定の合理性はあります。しかし、長年指名を受けて継続的に参加していた建設業者を村外業者であることを理由に特定年度以降に指名せず、入札参加させず、また、指名基準を定めず、主たる営業所あるいは村内業者の具体的な基準を明らかにしなかったことは、恣意的な運用を可能にすることから法令に反するとした例があります（参考判例 2）。

参考判例2を受けて、入札参加資格に地元業者であることは一つの考慮する要素ではあっても、地元業者であることのみを重視することは不合理であり、社会通念上著しく妥当性を欠くとした例もあります（参考判例 3）。

地元業者であるかどうか具体的な事情の有無を検討しない場合は裁量権の濫用とされています。このような指名回避措置が違法であっても、指名は契約準備行為であり、事業者から取消訴訟は認められず、損害賠償請求しかないという問題は残ります（前掲、野呂充ほか『行政法　第2版』96頁）。

指名競争入札に参加する者を指名する場合は基準を公表する義務があります（公共工事の入札及び契約の適正化の促進に関する法律施行令7①（3））。

　なお、指名競争入札は一般競争入札の例外であり、競争性、透明性に劣ることから近年は指名競争入札を実施しない自治体も出てきました。

参考判例

1　指名競争入札が認められる例（大阪地判平28・3・2判例自治420号24頁、判例ID 28251674）

　「本件契約は、中学校の給食施設の設計等の業務を委託するものであるところ、（中略）業務委託内容に照らして、信用のない業者や不誠実な業者が設計業務を受託して不適切な設計を行うと、生徒の安全が脅かされたり、生徒の学校生活に支障を来すおそれがあるとの判断に基づき、指名競争入札の方法により本件契約を締結したことが認められるところ、このような事情を考慮して『一般競争入札に付することが不利と認められるとき』（地方自治法施行令167条3号）に該当すると判断したことに合理性を欠く点があるということはできず、（中略）指名競争入札の方法によって本件契約を締結したことに違法はない」

2　指名競争入札の意義（最判平18・10・26集民221号627頁、判例ID 28112265）

　「本件資格審査要綱において村内業者と村外業者とが定義上区別されているものの、その外に上記のような村内業者で対応できる工事の指名競争入札では村内業者のみを指名するという実際の運用基準は定められておらず、しかも、村内業者とは、●●村の区域内に主たる営業所を有する業者をいうとされているにとどまり、主たる営業所あるいは村内業者の要件をどのように判定するのかに関する客観的で具体的な基準も明らかにされていなかった。このような状況の下における●●村の上記のような運用は、村内業者で対応できる工事はすべて指名競争入札とした上で、村内業者か否かの判断を適当に行うなどの方法を採ることにより、し意的運用が可能となるものであって、公共工事の入札及び契約の適正化の促進に関する法律の定める公表義務に反し、同法及び地方自治法の趣旨にも反する」

3　地元業者という理由は指名回避の理由にならない（大分地判平27・10・1判例自治415号78頁、判例ID 28234168）

「入札資格を有する工種に係る指名競争入札について、地場業者が5者以上い
たことのみを理由とし、原告が提供し得る工事内容その他の条件いかんにかかわ
らず、地場業者のみを指名して、原告を一切指名せず指名競争入札に参加させな
かったものであり、このような<u>本件指名回避は、公正な競争の促進や価格の有利
性の確保（競争性の低下防止）等の考慮すべき事情を十分考慮することなく、一
つの考慮要素にとどまる地場業者であるか否かを重視している点において、極め
て不合理であり、社会通念上著しく妥当性を欠くものといわざるを得ない。</u>」

Q57　指名停止措置と審査請求

　指名停止措置をした事業者から異議がありましたが、審査請求できるでしょうか。

　指名は契約を前提とした申込みの誘引であり、指名停止は契約の相手にふさわしくない者とする契約の準備行為になります。

　指名停止措置は公権力の行使として行政処分に当たり、不服申立てを認め、
入札参加資格を法律上の権利として認められるとした例もあります
（ 参考判例 1）。しかし、入札参加資格の決定及び指名停止は、一般私人間の
契約と同様の行為であるから取消訴訟の対象でなく、処分性を否定した例が
多く、審査請求はできないとされています（ 参考判例 2〜4）。

　指名基準は公表が義務付けられています（**公共工事の入札及び契約の適正
化の促進に関する法律8（1）、同法施行令7①（2）**）。

　事業者に指名を請求する権利はありません。しかし、ある事業者に対して
理由を示さず、特定期間を超えて指名しなかった場合は裁量権の濫用として
国家賠償責任を負うとした例があります（ 参考判例 5）。

　指名停止措置は、相手方の理由により、契約の相手方としない契約の準備
行為と捉えれば、不服申立てまで認める必要はありません。不服申立てでき
なければ、民事訴訟により指名確認で争うか、平等原則違反から損害賠償を

請求することになります。

　三権分立の点から裁判所では当・不当の審査はできませんが、不服申立ての長所は簡易迅速な救済手段であり、行政自ら審査することから、適法かどうかだけでなく、当・不当の審査もできます。

　具体的な事情に応じ、どのような争訟、救済手段が適切かという問題でもあります（ 参考文献 ）。

参考判例

1　指名停止は行政処分である（岡山地判平12・9・5裁判所ウェブサイト、判例 ID 28152060）

　「地方自治法施行令第167条の12に定めるところにより被告が入札参加者を指名するに当たり、●●市指名停止基準を設け、指名停止事由に該当する場合に当該指定業者に対し原則として24月以内の範囲で定める期間指名を停止することは、当該指定業者から将来に向かって契約締結に参加する機会を包括的かつ一律的に奪う点で、その行為は、行政事件訴訟法第3条第2項に定める行政庁の処分その他公権力の行使に当たる行為に該当する」

　＊　筆者注：指名停止期間の経過後は指名停止処分の取消しを求める法律上の利益はないとして却下しました。

2　入札参加資格の等級の決定は行政処分ではない（東京地判平12・3・22判例自治214号25頁、判例 ID 28061595）

　「東京都が水道メータの製造業者等との間で締結する物品買入れ契約等は、一般の私人間の売買契約と同様に対等当事者間の法律関係である私法上の行為であり、相手方の意思にかかわらず、一方的に決定し、相手方にその受忍を強制するとの性質を有するものではなく、また、そもそも原告について東京都と契約を締結する権利ないしはその機会を与えられる権利を当然に有しているものでもないことからすれば、右契約等の準備的行為にすぎない被告の行う競争入札参加資格の等級の決定は、法の認める優越的な意思の発動として行われるものとは解されない」

3 入札参加資格の決定は行政処分ではない（東京高判平12・9・27裁判所ウェブサイト、判例ID 28152105）

「競争入札参加資格審査を実施する目的は、前記のように私法上の法律関係である物品買入れ契約等の締結により東京都に損失が生ずる事態を未然に防ぐことにあるのであって、特定の業者を保護したりその既得権といったものを尊重することを目的とするものではない。私法上の契約を締結したことのある一方当事者（それが普通地方公共団体である場合を含む。）が、自己の損失防止のために他方当事者との間のその後の契約につき自ら一定の制限を設け、あるいは契約の締結自体をしないとすることは本来的に自由であり、これを一方当事者の優越的意思の発動であるということはできない」

4 指名停止は私法上の行為である（札幌地判平17・2・28判例自治268号26頁、判例ID 28101765）

「本件指名停止も、地方公共団体である被告が、その公共事業に係る契約の相手方として原告がふさわしくないとして、被告の行う指名競争入札一般について、事前に、原告との契約を締結しない旨の意思を表示したものであって、契約の締結に向けられた準備行為にすぎない。したがって、本件指名停止及びその通知が、取消訴訟の対象となる行政処分であるということはできない。」

5 指名競争入札の裁量の範囲（水戸地判令元・6・19、平成26年（ワ）第271号、判例集未登載、判例ID 28272790）

「指名競争入札に当たりいかなる業者を指名するかは普通地方公共団体の長の裁量にゆだねられており（地方自治法施行令167条の12参照）、業者において指名することを求める具体的請求権はない。しかし、公共工事の費用は税金等によって賄われるものであることから、工事の発注に当たっては、適正な競争を前提にした業者選択による公平性、手続の透明性及び経済的合理性にかなうことが要請されるのであって、指名競争入札及び被告における入札手続については、前記のとおり、法令等による規制が設けられている。したがって、被告の市長が特定の業者を指名しないことが、上記規制の趣旨に反して裁量権の範囲を超え、又はこれを濫用すると認められるときは、当該業者との関係で国家賠償法1条1項の適用上違法となる。」

参考文献

行政事件訴訟では救済手段を適切に行うことが望ましい

　「請求がどの訴訟類型に当たるかを早期の段階で明らかにすることは、審理の充実促進のために確かに重要なことではあるが、実務上は、むしろ、具体的な事情に応じて適切な救済方法は何であり、そのために適切な訴訟類型は何であるかという観点から考察し、あるいは必要であれば適切な請求への変更を促すなど、臨機応変の対応も考えられる（小林久起「行政事件訴訟法の改正について」判例タイムズ1149号、2004年、6頁）。」

Q58　予定価格

　予定価格の決定は財務規則に規定されていますが、設計金額は規定されていません。予定価格と設計金額の関係はどのように考えればよいでしょうか。

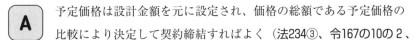

予定価格は設計金額を元に設定され、価格の総額である予定価格の比較により決定して契約締結すればよく（法234③、令167の10の2、●●町財務規則93）、財務規則は設計金額の決定まで規定する必要はありません。

　設計金額は実際の工事積算費用に基づき算出され、契約価格は「予定価格の制限の範囲内の価格（法234③）」とされ、予定価格は入札の許容限度の価格、見込価格といえ（参考判例）、適正でなければ損失を被るか、又は落札者が現れないということになります（参考文献）。

　公共工事の場合、恣意的にならないよう、設計金額をそのまま予定価格としています。以前は工事費の削減を目的に、設計価格から減額して予定価格を決める方法（歩切（ぶぎり）と呼んでいました。）をとる自治体がありました。しかし、現在は公共工事の品質確保の促進に関する法律7条1項1号に反することから歩切は行われていません。

国の場合、予定価格は事前公表できませんが、自治体の場合、契約の透明性の確保のために予定価格の事前又は事後公表されます。以前は予定価格を事前公表する自治体が多くありましたが、近年は高止まりすることから事前公表を廃止している自治体もあります。

継続する事務事業の場合、総額が確定できないときは単価契約でもよいとされます。例えば、予防接種ワクチンの供給、給食材料費の調達が考えられ、単価契約は総額契約の例外であり、同一の品種、規格の物品又は役務の提供であること、同一仕様、同一期間に継続して調達することが必要です。

参考判例

予定価格の意義（大阪地判平16・7・16裁判所ウェブサイト、判例 ID 28092323）

「予定価格（入札書比較予定価格）は、指名競争入札において、当該金額で入札した者を落札者となし得る上限を画する価格（中略）といえる。そして、指名競争入札においては、指名された各業者に競争させて、予定価格（入札書比較予定価格）の範囲内で、より安価な価格で入札した者（中略）を落札者とし、同落札者との間で契約を締結することにより、最小費用で最大効果を上げようとするものである」

参考文献

予定価格のあり方

「請負工事の契約に関して定められる予定価格（自治法234条3項）は、この実施設計で定められた詳細を基礎として、そこで必要とされる材料費、人件費、機械等の損料等について、個別に積算し、それを積み上げてなされる。この場合においては、特に、必要とされる数量が適正であるか、見積もられている単価が市場の実勢を反映したものであるかについて正確に判断することが重要である。これを誤ると、過大な予定価格となり損失を被るおそれが生じたり、予定価格が過小となり、落札者が現れず、又は業者にダンピングを強制することになる可能性もある（前掲、橋本勇『自治体財務の実務と理論　改訂版－違法・不当といわれないために』111頁）」

●●町財務規則

（予定価格の決定）

第93条　契約権者は、一般競争入札に付するときは、あらかじめ、当該一般競争入札に付する事項の価格の総額について予定価格を定めなければならない。ただし、価格の総額について予定価格を定めることができないものにあっては、単価について予定価格を定めることができる。

2　契約権者は、前項の規定による予定価格を定めようとするときは、入札に付する事項の取引の実例価格、需給の状況、履行の難易、数量の多少、履行期間等を考慮して公正に決定しなければならない。

Q59　随意契約ができる場合

随意契約ができる範囲、条件を教えてください。例えば、コンペ、プロポーザルの総合評価として審議会による選定方法は随意契約でしょうか。

A　公金により契約する以上、相手方を決めるのは、公平性、公正性を担保するため契約自由の原則を修正しており、契約方法、契約の解除などを制限する場合があり（参考文献 1）、また、契約方法は一般競争入札が原則ですが、全ての契約を競争入札によることは無理があります。

随意契約は特定の相手方を選択することになり、その目的を達成する上で合理的と判断される場合をいい、緊急性、必要性がなければできません（令167の2、参考判例 1、2）。

随意契約を選択できる場合は、契約の内容、性質、目的等を考慮し、自治体の利益につながる場合とされます（参考判例 3）。

自治体の利益につながるかは、登記測量業務等に係る委託契約の締結に当たり、随意契約により一括して団体に委託契約したことは合理性を欠き、裁量権の逸脱又は濫用に当たるとされた例があります（参考判例 4）。

安価な契約になると、下請業者へのしわ寄せ、労働条件悪化、手抜き工事等につながり、最低制限価格を設ける理由は品質を確保することにあります。

　一方で、し尿処理施設建設の請負契約を随意契約する場合、最低制限価格を設けて最低額の見積りをした業者を失格とし、二番目に安価な見積りをした業者と契約を締結したことが、何ら積極的、合理的理由はないとされ、特定業者と契約する意図で特定の業者を契約の相手方にするために他の業者を排除したことになり、裁量権の濫用に当たるとした例があります（ 参考判例 5 ）。

　コンペは企画案の競争であり、プロポーザルは事業者の選定をいい、総合評価により審議会の選定に付し、指名競争入札と似ています。しかし、これらの方法は、総合評価一般競争入札及び総合評価指名競争入札（令167の10の2、167の13）に該当せず、法的には一種の随意契約とされています（ 参考判例 6 ）。

　ゴミ収集業務がプロポーザルにより随意契約としたことは、事業者が内定している状況でプロポーザルとしたもので適正な審査といえず、随意契約が許される場合ではなく違法とされた例があり（ 参考判例 7 ）、契約に当たっては適正な手続を確保する必要があります。

　簡易な契約は、有利な条件と公正な手続を確保する上で、複数の見積合せの手法が使われます。

　随意契約は相手方を特定した合理的な理由が問われ、契約目的、内容から相手方の能力等を知る必要がありますが、特定の事業者を選定することは容易でありません（ 参考文献 2 ）。

■ 発注方式の類型と特徴

決定方法	根拠	内容
自動落札	法234③	予定価格の範囲で一番低い入札を落札者とする。
総合評価	令167の10の2	総合評価で落札者を決定する。（価格評価点＋技術評価点）

		施工能力、技術者能力、地域貢献等による評価を加える。
参加制限	令167の5の2	参加資格にさらに特別の参加資格を設けることができる。
参加希望制	公共工事の入札及び契約の適正化を図るための措置に関する指針　第2−2−（1）−②	「参加意欲を確認する公募型指名競争入札を積極的に活用するものとする。」と表記されている。

（樋口満雄『図解よくわかる自治体の契約事務のしくみ』学陽書房、2019年、97頁）

参考判例

1　価格を犠牲にしても信頼できる者を選択することは裁量範囲である（福岡地判平3・2・21判時1401号44頁、判例ID 27808938）

「（筆者注：随意契約）の要件該当の事例としては、競争入札によること自体が不可能又は、著しく困難な場合に限らず、必ずしも不可能、困難とはいえないが、競争入札によって得られる価格の有利性を多少犠牲にする結果となるにしても、右契約担当者が、当該契約の目的、内容に照らして、それに相応する資産、信用、技術、経験等を有する相手方を選択して、その者と間で契約をするという方法をとった方が、当該契約の性質、目的の究極的達成ひいては当該公共団体の利益増進につながると合理的に判断される場合も含まれるものと解され、このような不適要件を充足する場合であるか否かは、個々の具体的契約ごとに、当該契約の種類、内容、性質、目的等諸般の事情を考慮して、当該契約担当者の合理的な裁量判断により決定されるべきものである」

2　緊急性のない随意契約の工事契約は違法である（広島地判昭59・5・22判例自治11号31頁、判例ID 29012204）

「随意契約による根拠として地方自治法施行令167条の2第1項2号（性質又は目的が競争入札に適しないもの）等挙げられているのみで3号（筆者注：緊急の必要により競争入札に付することができないとき。令167条の2①（2）（現行（5）））の摘示はなく、緊急の必要性は意識されていなかつたとも推測される。これらの事情に鑑みるとき、本件修理工事が競争入札に付することができないほ

どの緊急の必要があつたとは到底認めるに足りない。」

3 随意契約の裁量の範囲（最判昭62・3・20民集41巻 2 号189頁、判例 ID 27100062）

「不特定多数の者の参加を求め競争原理に基づいて契約の相手方を決定することが必ずしも適当ではなく、当該契約自体では多少とも価格の有利性を犠牲にする結果になるとしても、普通地方公共団体において当該契約の目的、内容に照らしそれに相応する資力、信用、技術、経験等を有する相手方を選定しその者との間で契約の締結をするという方法をとるのが当該契約の性質に照らし又はその目的を究極的に達成する上でより妥当であり、ひいては当該普通地方公共団体の利益の増進につながると合理的に判断される場合も同項 1 号（筆者注：現行令167の2①（2））に掲げる場合に該当する」

4 一括して団体に委託契約したことは裁量権の逸脱又は濫用である（大阪高判平16・5・14裁判所ウェブサイト、判例 ID 28151649）

「登記測量業務等に係る委託契約を締結するに当たって、個別委託方式を採用すれば、競争入札の方法により委託契約を締結することが可能であるが、一括委託方式を採用すれば、契約締結の方法は、事実上、随意契約に限定されるという関係にある。そうすると、契約担当者が一括委託方式を採用したことが適法であるというためには、当該契約の目的・内容に照らし、それに相応する資力、信用、技術、経験等を有する相手方を選定し、その者との間で一括委託方式の委託契約を随意契約の方法で締結することが、当該契約の性質に照らし、又はその目的を究極的に達成する上でより妥当であり、ひいては当該普通地方公共団体の利益の増進につながると合理的に判断されることを要し、上記判断に合理性が認められなければ、一括委託方式を採用したことは裁量権の逸脱又は濫用に当たる」

5 随意契約に最低制限価格を設けたことは違法である（福岡地判平3・2・21判時1401号44頁、判例 ID 27808938）

「随意契約の方法によってする場合は、価格の有利性のみを唯一の基準とせず、契約の性質、目的ひいては当該公共団体の利益の増進等の諸要素を考慮して、見積りや設計図書を比較検討したうえ、その契約担当者の裁量により、文字どおり

契約の相手方を随意に選択しうる権限を有するのであるから、右契約対価につい
て最低制限価格を設定する必要性は極めて薄く、仮に設定したとしても、せいぜ
い契約金額の目安ないしは予定価格的なものとして取扱えば足りる」

6 総合評価方法による随意契約は許される（大阪高判平21・12・24裁判所ウェ
ブサイト、判例 ID 28206395）

　「募集要項に基づき、募集要項の条件を備えた一定の応募者の売却希望価格や
その提案に係る土地利用方法等を総合勘案して相手方を選ぶものであり、『総合
評価方式』と呼称されることがあったとしても、総合評価一般競争入札及び総合
評価指名競争入札（地方自治法施行令167条の10の２、167条の13）とは異なり、
随意契約の一形態であると認められる。（中略）本件で問題となる契約の相手方
を価格とその他の条件の総合評価により選定する方法は、競争入札的な要素を含
むが価格のみを選定要素としない点で当然に競争入札になるとはいい難い。しか
し、随意契約の場合は、随意契約によるための一定の要件が満たされれば、相手
方選定のための具体的方法の選択及び価格の決定等は、原則として、契約締結権
者の裁量に委ねられていると解されるところ、価格とそれ以外の条件を総合評価
して契約の相手方を選定する上記方法については、少なくともこれを随意契約と
して行うことが許されないと解する理由はない。」

7 プロポーザルによる随意契約が認められなかった例（奈良地判平30・12・18
判時2421号10頁、判例 ID 28270392）

　「地方公共団体が、家庭ごみ等の収集運搬業務を民間委託する契約についても、
機会均等や価格の有利性確保といった目的を達成し得る一般競争入札の原則を採
用した地方自治法234条２項、同法施行令167条の２第１項の趣旨が及ぶと解され
るから、本件契約の締結においても、同法が適用されるものと解するのが相当で
ある。（中略）本件契約の締結に先だって本件プロポーザルが実施されているも
のの、事前に補助参加人が本件契約の相手方に内定している状況では、本件プロ
ポーザルにおいて、契約の相手方の選定について適正な審査が行われたというこ
とはできない。」

参考文献

1　行政の契約は公益性から契約自由の原則に対する例外がある

　「純粋な私人であるならば、たとえば自分にとっては不利益な結果になるようなことがあっても、（当の本人がそれでよいとしているかぎり）自由に約束（契約）してしまってもかまわないわけですが、行政主体のばあいには、国民全体の利益を代表しているわけですから、かってにそんなことをされては困るからです。たとえば契約の締結に関しても、財政に対する民主主義的なコントロールという意味から議会の議決が必要であるとされているばあいがしばしばありますし（参照、憲法85条、地方自治法96条１項５号）、そのほかにも、私人の利益を保護するために、申し込みがあれば行政主体は契約をむすばなければならないとされるもの（いわゆる『契約自由の原則』の例外、たとえば水道法15条１項など）、契約をするにあたって不公正なことがなされ公金が不当に消費されるのを防ごうとするもの（会計法29条以下、地方自治法234条）などがあります。また、契約の終了について、公益の実現と私益との調整をはかるために、行政主体に一方的な解除権を与えておいて、他方で、解除によって生じた損失を補償しなければならないこととしている例（国有財産法24条、地方自治法238条の５第４項・５項）があります（藤田宙靖『行政法入門〔第６版〕』有斐閣、2013年、154頁）。」

2　随意契約の問題点

　「一般競争入札は公正さと価格の有利さを最優先する方法であり、随意契約は契約費用の少なさと相手方の信頼性に重点を置いた方法であると解されるが、随意契約の方法であっても、それが地方公共団体が当事者となるものである以上、公正を妨げる事情がある場合には、その契約が違法となることがある（福岡地裁平成３年２月21日判決・判時1401号44頁）。随意契約の方法による場合には、契約の目的、内容に照らしそれに相応する資力、信用、技術、経験等を有する相手方を選定できるとされるが、現実には、そのような相手方を選ぶことは必ずしも容易ではない（前掲、橋本勇『自治体財務の実務と理論 改訂版―違法・不当といわれないために』86頁）。」

Q60　随意契約が無効とされる場合

随意契約が無効とされるのはどのような場合でしょうか。

A　随意契約が無効とされるのは、自治法施行令167条の2に該当しないことが明らかであり、随意契約が許されないことを知っており、無効としなければ法令の趣旨が没却されるなど特段の事情のある場合に限られ、契約が無効でなければ住民訴訟による差止めは認められません（**参考判例** 1）。

随意契約の制限に違反する契約も当然に無効となるものではなく、損害賠償を請求できるにとどまります（前掲、阿部泰隆『行政法解釈学Ⅰ－実質的法治国家を創造する変革の法理論』427頁）。

自治法2条14項（筆者注：最小の経費で最大の効果）、地方財政法4条1項（筆者注：目的達成のための最小の支出）の趣旨を没却する結果となる特段の事情が認められる場合、契約は私法上無効になるとされています（**参考判例** 2）。

判例の立場は、随意契約の制限の違反と、取引の安全上から私法上の契約を無効とするには理由が求められるとする区別した態度がうかがえます（契約の相手方が随意契約できないと知っていた場合、悪意が認められ無効とした例、**参考判例** 3）。

参考判例

1　自治法令と随意契約の効力（最判昭62・5・19民集41巻4号687頁、判例ID 27800039）

「随意契約の制限に関する法令に違反して締結された契約の私法上の効力については別途考察する必要があり、かかる違法な契約であつても私法上当然に無効になるものではなく、随意契約によることができる場合として前記令（筆者注：法167の2①）の規定の掲げる事由のいずれにも当たらないことが何人の目にも

明らかである場合や契約の相手方において随意契約の方法による当該契約の締結が許されないことを知り又は知り得べかりし場合のように当該契約の効力を無効としなければ随意契約の締結に制限を加える前記法（筆者注：法234②）及び令の規定の趣旨を没却する結果となる特段の事情が認められる場合に限り、私法上無効になるものと解する（中略）当該契約が仮に随意契約の制限に関する法令に違反して締結された点において違法であるとしても、それが私法上当然無効とはいえない場合には、普通地方公共団体は契約の相手方に対して当該契約に基づく債務を履行すべき義務を負うのであるから、右債務の履行として行われる行為自体はこれを違法ということはできず、このような場合に住民が法242条の2第1項1号所定の住民訴訟の手段によつて普通地方公共団体の執行機関又は職員に対し右債務の履行として行われる行為の差止めを請求することは、許されない」

2　私法上の契約が無効になる場合（最判平20・1・18民集62巻1号1頁、判例ID 28140365）

　「先行取得を行うことを本件公社に委託した市の判断に裁量権の範囲の著しい逸脱又は濫用があり、本件委託契約を無効としなければ地方自治法2条14項、地方財政法4条1項の趣旨を没却する結果となる特段の事情が認められるという場合には、本件委託契約は私法上無効になる」

3　家庭ごみ収集業務委託につき随意契約にしたことを無効とした例（奈良地判平30・12・18判時2421号10頁、控訴棄却、最高裁確定、判例ID 28270392）

　「本件プロポーザルによっては、本件契約の相手方選定の公正を担保し得ず、随意契約の方法によることが許されないことは、契約の相手方である補助参加人（委託契約の相手方）においてもこれを知っていたものと推認することができ、これを覆すに足りる的確な証拠はない。（中略）本件契約は私法上無効であると認められる。そして、補助参加人は、本件契約に基づく支払が法律上の原因を欠くことについて悪意であると認められる。」

Q61　随意契約における「やむを得ない場合」

　当町財務規則は、「物件の借入に関し80万円以下の場合、2者（社）の見積り合わせの上で随意契約ができ、また、やむを得ない場合、1者（社）に見積りを徴取した上で随意契約できる。」としています。「やむを得ない場合」とはどのような場合を指すのでしょうか。

A　物件の借入に関し、都道府県及び指定都市は80万円以下、市町村では40万円以下は随意契約ができます（令167の2別表5）。随意契約ができる場合、財務規則に定め、その裁量につき「やむを得ない場合」とすることができます。

　一般競争入札、指名競争入札と違って随意契約は相手方を最初から1者（社）に特定することから、随意契約の必要性、合理性が問われます。随意契約は、行政の中立性、公平性を疑われないようにしなければなりません（ 参考文献 ）。

　「やむを得ない場合」とは、実施条件により特定の者と契約せざるを得ない場合を指します。式典の日程、会場場所等により特定の場所に限られる場合、特定の者と随意契約することは「やむを得ない場合」とされた事例があり（ 参考判例 ）、随意契約では、決裁等に合理的な理由を明記しておくことが必要です。

　参考判例

　特定の者に随意契約ができる場合（東京高判平30・8・8、平成30年（行コ）第110号、判例集未登載、判例ID 28264114）

　「本件式典の会場の選定については、本件ホテルのみが、同日（筆者注：平成27年10月17日）に本件病院付近で第1部から第3部までを通して開催可能であることが確認されたのであるから、本件契約を随意契約により締結するに当たり、2人以上の者から見積書を徴しなかったことについて、財務規程148条1項の

『やむを得ない場合』に該当する」

参考文献

行政の中立性・公平性

　「現在、全国的に、地方自治体と企業の関係性・距離感について、麻痺している首長が多いと感じています。覚書や協定を簡単にホイホイ締結している例が散見されますが、これらは法的には『契約』にあたり、『契約』を締結する場合は原則『競争入札』方式で、例外として認められている『随意契約』の場合でも、締結にあたっては一定の説明責任（例えば緊急だからなどの理由）が求められています。単に町長室に陳情があったからとか、町長と社長の仲が良いからとか、何かのパーティーで意気投合したとか、直接に禁止する明文の法規範が見当たらないからという理由は『コンプライアンス』の本質から考えると一切合理的な理由とは言えません（森健『地方自治体のリスク管理・危機管理－内部統制、コンプライアンスからの防災・BCPまで』商事法務、2021年、59頁）。」

Q62　財務規則と契約の関係

　財務規則に反する契約は有効でしょうか。また、契約上の責任を問われるのはどのような場合があるのでしょうか。

A　財務規則の遵守は職務上の義務ですが、契約の有効性は別問題です。しかし、職務上の義務を怠ったときは賠償責任が生じます（参考判例 1）。

　参考判例1は、規則に従った条項を合意すべき義務があり、請負契約の遅延損害金は空欄であり、財務規則に定める遅延損害金の率を契約書に定めず、これを怠ったことは重大な過失があるとされた事案です。

　類似する事案として、延納利息を付さないで売買代金債権の履行期限を延長したことを違法とした例があります（京都地判昭61・4・10行裁例集37巻4・5号591頁、判例ID 27803730）。

　土地開発公社による先行取得契約後に市長が先行取得契約の内容を考慮せず、漫然と契約を結んだことにより財務会計上の責任を問われた例があります（ 参考判例 2 ）。

　自治法2条14項、地方財政法4条1項の趣旨に反する結果となる特段の事情が認められる場合、無効とされるおそれがあります。

参考判例

1　財務規則を遵守しない契約は違法となることがある（水戸地判平3・11・12判時1449号86頁、判例ID 27811891）

　「財務規則は地方自治法15条1項に従って地方公共団体の長が定める内部規律ではあるが、地方公共団体の長といえども当然これを遵守する義務があるうえ、財務規則119条のような遅延損害金徴収規定は『政府契約の支払遅延防止等に関する法律』4条3号（同法14条で地方公共団体に準用）などの規定を受けて設けられているものであるから、地方公共団体の長としては、その契約締結にあたり、事情のいかんにかかわらず、右規則に従った条項を合意する義務がある」

2　財務会計上の義務（最判平20・1・18民集62巻1号1頁、判例ID 28140365）

　「先行取得の委託契約が私法上無効ではないものの、これが違法に締結されたものであって、当該普通地方公共団体がその取消権又は解除権を有しているときや、当該委託契約が著しく合理性を欠きそのためその締結に予算執行の適正確保の見地から看過し得ない瑕疵が存し、かつ、客観的にみて当該普通地方公共団体が当該委託契約を解消することができる特殊な事情があるときにも、当該普通地方公共団体の契約締結権者は、これらの事情を考慮することなく、漫然と違法な委託契約に基づく義務の履行として買取りのための売買契約を締結してはならないという財務会計法規上の義務を負っている」

Q63　契約上の注意点

民法改正に伴い、契約内容に当たっての注意点を教えてください。

契約上の注意点は、①危険負担の問題、②瑕疵担保から契約不適合の問題が挙げられます。

　危険負担は、売買契約成立後、当事者の責めによらない災害、事故等で特定物が滅失した場合、買主は契約解除できず、代金債務を負うとされ、特約により排除してきました。このような不合理があることから危険負担として買主の代金支払債務に関する民法534条は削除されましたが、改正後においても代金支払時期、検査時期を決めておくことが重要です。

　また、「瑕疵担保責任」から「契約不適合」に改められ（**改正民法562、563ほか**）、改正後は品質面で契約履行責任が求められます。例えば、改正前は「瑕疵（キズ）」の有無が問題にされましたが、改正後は契約の表示、品質と明らかに違う場合は通常使用に問題がなくても、「契約不適合」責任を問われ、「契約不適合」があった場合の措置を契約書で明確に規定することが必要です（修補責任、代金減額の問題）。

　改正前は担保責任と債務不履行の問題がありましたが、改正は売買契約では契約内容に適合しない給付は債務不履行の責任を問うことができるとされます（**参考文献**1）。

　改正前は、土地に内在する汚染について、売買契約当時は規制がなかったことは瑕疵に該当しないとした例がありますが（**参考判例**）、改正後の「契約不適合」責任を問われるかは明確でありません。いずれにせよ、売買契約での表示は、漏れなく表示することが紛争の予防にもつながります。

　改正前は、目的物に隠れた瑕疵がある場合、引渡し、仕事の完成後、1年以内に契約解除、損害賠償は認められていました。

　改正後は引渡し、仕事の完成に限らず、不適合を知った時から1年以内に通知することで、契約解除、損害賠償に加えて修補責任、代金減額を認めています（**参考文献**2）。瑕疵に該当しなくても契約内容の不適合は解除等が認められる余地があります。

　請負契約においては、引渡し、仕事の完成後、1年以内に契約解除、損害賠償は改正前も認められていましたが、改正後は売買契約においてもこの四

つの手段が認められます（ 参考文献 3 ）。

　その他、法定利率５％（商事法定利率６％）が３％に改められ、当事者で違約金の率を任意に定められ、財務規則に従い、従来どおりの率を確認します。

　また、譲渡禁止特約があっても債権譲渡は有効とされ、従前の債権者（譲渡人）か、新たな債権者（譲受人）に支払うのか不明な場合が出てきます。請負人、受託者の代金債権への担保設定、債権譲渡があり得ることを考慮し、債権譲渡が有効とされても、譲受人が譲渡制限特約について悪意又は重過失があれば、債務者は譲渡人に弁済して譲受人に対抗できるため（民法466③）、従来どおり譲渡禁止特約を設けます。

　悪意、重過失は債務者では判断できないこともあり、供託できることが規定されました（民法466の２、466の３）。

参考判例

売買契約締結後に法令による規制対象となったことは民法570条の瑕疵ではない（最判平22・6・1民集64巻４号953頁、判例 ID 28161473）

　「本件売買契約締結当時の取引観念上、それが土壌に含まれることに起因して人の健康に係る被害を生ずるおそれがあるとは認識されていなかったふっ素について、本件売買契約の当事者間において、それが人の健康を損なう限度を超えて本件土地の土壌に含まれていないことが予定されていたものとみることはできず、本件土地の土壌に溶出量基準値及び含有量基準値のいずれをも超えるふっ素が含まれていたとしても、そのことは、民法570条にいう瑕疵には当たらない」

参考文献

1　契約内容不適合による責任は債務不履行責任である

　「（筆者注：改正前は）瑕疵担保責任を法律が定める特別の責任であると位置づけ、債務不履行責任との二元的な説明をすることができないものではない。改正の方向は、そうではなく、債務不履行責任による解決という一元的な体系が採られ（潮見佳男『民法（債権関係）改正のエッセンス／売買・請負の担保責任／契

約不適合構成を介した債務不履行責任への統合・一元化』NBL1045号（2015）12頁）、従来の経緯を想起させる担保責任の語は、あまり用いられなくなる（商法の新規定526条2項・3項なども参照）（山野目章夫『新しい債権法を読みとく』商事法務、2017年、185頁）。」

2　請負の担保責任の拡大・一本化

旧民法		担保責任として取りうる手段	新民法		担保責任として取りうる手段
仕事の完成前			契約不適合債務不履行責任	手段	追完請求権 代金減額請求権（新設）損害賠償請求権 解除（新設）
債務不履行責任	手段	損害賠償解除			
仕事の完成後				期間	種類・品質の不適合の場合 不適合を知ったときから1年以内に「通知」が必要
	手段	損害賠償請求			
		解除			
		修補請求			
	期間	原則 目的物の引渡しまたは仕事の完了時から1年以内			

（相木辰夫『知らないじゃすまされない！中小企業のための改正民法の使い方』秀和システム、2020年、123頁）

3　売買契約における修補義務

　「（筆者注：売買契約において）改正前民法では『瑕疵を無償で修理する責任』（修補責任と言います）を売主に追わせる規定がなかったので、売主は瑕疵を修補する義務を負いませんでした（請負には『修補』義務に関する規定がありました）。また、この立場では、瑕疵により『目的物が消滅して買主が損害を受けた場合』でも、特定物の引渡がされている以上は、義務履行が終了しているので、せいぜい『買主が瑕疵のない物だと信じたことによって被った損害』つまり修理費用相当額の賠償しか認められないと考えざるを得ませんでした（児玉隆晴『やさしく、役に立つ改正民法（債権法）』信山社、2017年、101頁）。」

Q64　長期継続契約

長期継続契約ができるのはどのような場合でしょうか。法令で定められた
もの以外でも長期継続契約として締結できるでしょうか。

A　単年度ごと同じ契約を繰り返すことなく、事務の取扱いに支障がな
いよう、契約の性質により長期契約が合理的な場合は複数年度の契
約である長期継続契約を結ぶことが可能です（**法234の3、令167の17、●●
町長期継続契約を締結することができる契約を定める条例、** 参考文献 1）。

　例えば、電気、ガスなどの光熱水費、電話、インターネット契約、不動産
の借入契約は、債務負担行為の定めがなくても、長期継続契約とすることが
できます。

　複数年度の契約が合理的であり、円滑に進めることができるものを長期継
続契約として条例で定め、同様の例として、リース契約、機器の保守管理、
施設の警備に関する契約などがあります。

　年度をまたがる契約は債務負担行為といって将来の負担を明示する必要が
あり、長期継続契約は債務負担行為の例外であることから条例に定めなけれ
ば締結できません（**令167の17**）。

　長期継続契約は義務的な経費ではなく、予算を拘束しません（ 参考判例 ）。

　法令は例示であって、同様の契約は長期継続契約として締結できます
（ 参考文献 2）。

　なお、複数年度契約の手法として、年末、年度末に工事が集中しないよう、
新年度の工事に対し現年度に債務負担行為（予算額ゼロ）を設定し、入札契
約等の手続を現年度中に行い、年度内又は新年度早期の着工を可能とするこ
とも行われています（川口市ホームページ「ゼロ債務負担行為の活用による
工事の発注について」参照）。

長期継続契約は予算を拘束しない（和歌山地判平17・9・22判例自治282号20頁、判例ID 28112138）

「いわゆる長期継続契約について、締結に際して予算事項として議会の承認を得なくともよいとされるのは、翌年度以降において、年度毎に議決される予算の範囲内でのみ給付を受けることとすることにより、当該契約により翌年度以降に生じる債務が、義務費として翌年度以降の予算を拘束することになることが避けられるからである。こうした制度趣旨に照らせば、長期継続契約においては、普通地方公共団体の翌年度以降の予算編成の内容を法的に拘束しないことが前提とされているものといえる。したがって、普通地方公共団体は、当該経費を支出するための予算を当初の約定どおりに確保する法的義務がないことはもちろん、政策的判断により当該予算を削減又は廃止することも、それが政策的裁量の濫用又は著しい逸脱に当たるものでない限り、法的には妨げられない」

1　長期継続契約として締結できる契約

「電気、ガス若しくは水の供給若しくは電気通信（電話やインターネット等）の役務の提供を受けたり、不動産を賃借して使用する場合にまで単年度ごとに新たな契約を締結するというのはあまりに不自然である。もちろん、債務負担行為（自治法214条）を設定して、複数年の継続契約とすることはできるが、そこまでするのはあまりに形式的である。そこで、これらの契約については、債務負担行為について定める自治法214条の規定にかかわらず、翌年度以降にわたって、その提供を受け、賃借する契約を締結することができるとされている（自治法234条の3）（前掲、橋本勇『自治体財務の実務と理論　改訂版―違法・不当といわれないために』519頁）。」

2　長期継続契約として締結できる契約

「契約の性質上翌年度以降にわたる契約を締結する方が円滑な事業の遂行にとって適切と思われるものには、例えば、OA機器のリース契約などがあげられよう（前掲、村上順＝白藤博之＝人見剛編『別冊法学セミナー　新基本法コンメンタール地方自治法』302頁）。」

●●町長期継続契約を締結することができる契約を定める条例

（趣旨）

第１条　この条例は、地方自治法（昭和22年法律第67号）第234条の３及び地方
　　自治法施行令（昭和22年政令第16号）第167条の17の規定に基づき、長期継続
　　契約を締結することができる契約の範囲に関し必要な事項を定めるものとする。

（長期継続契約を締結することができる契約）

第２条　長期継続契約を締結することができる契約は、次の各号のいずれかに該
　　当する契約とする。

　（１）　翌年度以降にわたり物品等を借り入れる契約

　（２）　年度の初日から役務の提供を受ける必要がある契約

（長期継続契約の契約期間）

第３条　前条に規定する長期継続契約の契約期間は、５年を上限とする。ただし、
　　町長が特に必要があると認める場合は、この限りでない。

Q65　期限の利益の喪失条項

　期限を分けた債権は各期限で時効が進行しますが、契約書に「期限の利益
の喪失条項」がある場合、支払が滞った翌日から、残債務一括で時効が進行
することになるでしょうか。

　①貸付の目的以外に使用したとき、②偽りその他不正な手段により貸付を
受けたとき、③償還を怠ったときは、債務の全部又は一部を弁済する特約条
項を設けており、「期限の利益の喪失条項」といえるでしょうか。

A　期限の利益は債務者にあり、法律の要件があれば期限の利益を喪失
　　させることができ（民法137）、それ以外に契約書に特約を規定する
ことで期限の利益を喪失させることができます。

　期限の利益は、債権者からその利益を奪うものですから、期限の利益を喪

失させたら直ちに請求ができますが、喪失した旨を債務者に通知します。回収の場面では、期限の利益を喪失させることは重要な意味があります。特に、保証債務の履行請求、相殺、不動産競売申立てという場面で、期限未到来の分割分も含めて回収を図るためには、期限の利益を喪失させることになります。

期限の利益を喪失させるには二通りの場合があります。

一定の事由が生じた場合、期限の利益が当然に喪失するというもの（当然失期といいます。）と、債権者から請求することによって期限の利益を喪失するもの（請求失期といいます。）があり、一般的に債務者の信用悪化が明らかな場合は当然失期、当然失期まで至らない事由の場合は請求失期になります。

銀行取引約定書では、両方を特約条項として定められていることが多いようです。

当然失期は次のような事項を定めます。

（1）　支払停止又は破産・民事再生・会社更生・会社整理開始若しくは特別清算開始の申立てがあったとき。

（2）　債務者又は保証人の債権について仮差押え、保全差押又は差押えの命令、通知が発送されたとき。

（3）　住所変更を怠るなど債務者の責めに帰すべき事由によって、債務者の所在が不明になったとき。

請求失期は次のような事項を定めます。

（1）　債務者が債務の一部でも履行を遅滞したとき。

（2）　担保の目的物について差押え、又は競売手続の開始があったとき。

（3）　その他債権保全を必要とする相当の事由が生じたとき。

ご質問の特約は「償還を怠ったとき」とあり、期限の利益の喪失に当たり、特約条項からは当然失期ではなく、請求失期になります。そうすると、債権者としての請求の意思表示が必要であり（ 参考判例 ）、意思表示は到達した日から効力が発生します（民法97①、 参考文献 1）。

　「権利を行使することができるとき」、つまり残債務を一括して請求できる時から時効は進行することになります（**民法166①**）。

　したがって、特約条項があったとしても、実際に請求しなければ、弁済期は当然に到来せず、本来の時効の進行になります（大判昭9・11・1大審院民集13巻1963頁、判例 ID 27510103、**参考文献** 2）。

参考判例

期限の利益喪失のある分割債務における残債務の時効の進行は債権者の意思表示を要する（最判昭42・6・23民集21巻1492頁、判例 ID 27001066）

　「割賦金弁済契約において、割賦払の約定に違反したときは債務者は債権者の請求により償還期限にかかわらず直ちに残債務全額を弁済すべき旨の約定が存する場合には、1回の不履行があつても、各割賦金額につき約定弁済期の到来毎に順次消滅時効が進行し、債権者が特に残債務全額の弁済を求める旨み意思表示をした場合にかぎり、その時から右全額について消滅時効が進行するものと解すべきである（昭和14年（オ）第625号同15年3月13日大審院民事連合部判決・民集19巻544頁参照）。」

参考文献

1　期限の利益の喪失

　「期限の利益を有する債務者に、その信用を失わせるような一定の事実——破産手続開始決定（破産法30条）・担保の毀滅または減少（保証など人的担保を含む）・担保供与義務の不履行——があれば、期限の利益を主張することができなくなる。その結果、期限が到来し、直ちに弁済をしなければならない（137条）。当事者間の契約で、一定の事実が存するときに期限の利益を失う旨を定めることもできる。このような条項を『期限の利益喪失約款』とか『期限の利益喪失条項』と呼ぶ。期限の利益喪失約款には、定められた事実が発生すると当然に期限が到来するという趣旨のものと、そのような事実が発生したときは債権者は期限の利益を失わせることができる（実際に期限の利益を喪失させるには、債権者からの意思表示が必要）という趣旨のものがある（四宮和夫＝能見善久『民法総則〔第9版〕』弘文堂、2018年、409頁）。」

2 期限の利益喪失のある分割債務における残債務の時効の進行は債権者の意思表示を要する

「(筆者注:時効の進行について)問題となるのは、債権に確定期限が定められているが、同時に、一定の事由があるときは債務者が期限の利益を失う旨の特約がなされている場合である。判例は『債務者が他の債権者から差押えその他の強制執行を受けるに至ったときは期限の利益を失う』という特約のある債務について、このような約款の意味は、他から強制執行を受けた場合には、債権者において債務者の期限の利益を奪うかどうかの自由を保留する趣旨であると解する。したがって、この種の特約があっても、債権者が権利を行使しない以上、強制執行があったということだけでは弁済期は当然に到来するものではなく、消滅時効は本来の期限が到来した時から進行すると判示している(大判昭9・11・1民集13巻1963頁)。割賦金弁済の契約の中に1回でも弁済を怠るときは全額を請求されても異議はないという特約があったときでも、各割賦金債務について順次消滅時効が進行し、債権者が全額弁済請求の意思表示をした時から全額についての消滅時効が進行するとされた(大連昭和15・3・3民集19巻544頁、最判昭和42・6・23民集21巻1492頁)(我妻榮ほか『補訂版　我妻・有泉コンメンタール民法〔第8版〕―総則・物権・債権』日本評論社、2022年、335頁)。」

COLUMN

主催者の運営、管理上の責任

　インターネットのフォーラムでは議論が白熱するあまり、相手の人格を誹謗、中傷する発言がみられ、他人の名誉を棄損する書き込みをした人は損害賠償に問われることは当然のことです。

　このような誹謗、中傷の発言を削除しなかったプロバイダーの責任は問われるのでしょうか。

　この問題の先駆けとなったものにニフティーサーブ事件があります

（東京高判平13・9・5判時1786号80頁、判例 ID 28071458）。

　ネット上では標的とされた者は防御手段を有しないため、プロバイダーは運営、管理上の責任として会員等からの指摘に基づき対策を講じてもなお奏功しない等一定の場合には、問題発言を削除する義務があるとし、事案では当該発言者に注意を喚起し、訴訟代理人の求めに応じて削除しており、プロバイダーの損害賠償責任までは認めませんでした。

　投稿者の表現の自由、プライバシーとの兼ね合いで、どのような場合に削除を認めるのか難しい問題です。

　ネットのように閉じられた場合と違いますが、この判決理由は、行政が行う各種フォーラムにおいても、主催者が誹謗、中傷などの発言があった場合は制止することにも通ずるところがあります。

　どのような場合に主催者の運営、管理上の責任があるのか、行政の役割は中立的見地から、発言に関してあらかじめ誹謗、中傷など個人の尊厳を傷付ける発言をしないように周知したいものです。

Q66　請負契約と委託（委任）契約の違い

　請負契約か、委託契約か明瞭でない契約がありますが、どのように違うのでしょうか。

A　請負契約は仕事の完成を目的として、その仕事に報酬を支払う契約であり、委託契約という類型は民法に規定はなく、委託契約は一定の仕事を委任してその仕事を実施する契約です（準委任契約、 参考文献 ）。単純にいえば、請負契約は結果が問われ、委任契約は行為自体が問われます。

　報酬についても、請負契約は成果物に対して支払い、委任契約は履行に応じて支払います。

　委任契約は期待される結果が実現しなくても、契約上の義務を果たしてい

れば債務不履行は問われず、既に履行した期間の報酬は支払わなくてはなりません。

　また、法律行為を伴うもの、契約締結を委任する、訴訟行為を弁護士に委任する場合などは委任契約とされ、契約などの法律行為を要せず、事務そのものを委任する場合は準委任契約です。自治体の委託契約は準委任に相当するものが多いと思われます。

　発注は、請負か、委任かを契約で明確にしなければ責任を問えず、後日、争いになります。

　また、再委託について請負契約は発注者の承諾が不要ですが、業務の委任という性質から発注者の承諾を必要とします。

　請負契約は、担保責任として、①修補請求、②損害賠償請求、③契約解除、④代金減額の四つの手段が認められ、委託契約では善良なる管理者の注意義務が課せられます（民法644）。

　なお、委託契約では受託先社員に対して自治体から指揮命令はできません（偽装請負の問題）。

参考文献
■ 請負と準委任の違い

区分	請負	準委任
仕事・業務	仕事を完成させる	受任した事務処理を行う※
報酬請求権	仕事が完成しないと報酬請求ができない	受任した事務処理が終われば報酬請求ができる
未完成、中途の解除、終了の場合の報酬請求	中途の結果のうち可分な部分によって発注者が利益を受ける時は報酬請求できる	既にした履行の割合による報酬請求ができる
再委託の可否	発注者の承諾なく再委託が可能	発注者（委託者）の承諾が必要

担保責任	契約不適合責任がある ①修補等の履行の追完請求、 ②損害賠償請求、③契約の解除、④代金減額請求	善管注意義務違反の責任あり
発注者からの解除	可能だが、請負人は損害賠償請求ができる	可能（相手方に不利益な時期に解除したときは損害賠償義務がある）

※新民法では完成を約する委任契約も可能（648条の２第２項が引用する634条）

（前掲、相木辰夫『知らないじゃすまされない！中小企業のための改正民法の使い方』87頁）

Q67　システム契約と代金支払い

コンピュータのシステムが完成しましたが、作動すると不具合が生じました。この場合、代金の支払いを拒否できるのでしょうか。

A　システム不具合の瑕疵はどのような場合かといえば、処理に長時間を要するソフトウェアの不具合は瑕疵とした例があり、改正民法においても契約内容不適合といえます（参考判例 1）。

システム契約は請負契約であり、仕事の完成により代金支払義務が発生します。代金支払いとの関係では、システムに不具合がある場合でも完成したといえ、代金の支払いを拒否できないとした例があります（参考判例 2）。

システムに不具合があり、変更できない場合、債務不履行による損害賠償は認められると考えます。システム契約は内容が頻繁に変わるため、変更に対応できるよう責任者を決めておきます（参考文献）。

また、契約書はどのような場合を不具合があるとするのか、また、テスト後に代金支払いとするなど契約内容に決めておくことが必要です。

参考判例

1　システムの不具合が瑕疵に当たるとされた例（東京地判平16・12・22判時

1905号94頁、判例ID 28102255)

「本件規模のシステムの場合に通常要求される一括在庫引当処理の一般的仕様
は、数十秒からせいぜい１、２分程度というのであり、被告の主張によっても、
簡単な修正により、30秒程度に修正できたというのであって、これらに照らせば、
本件程度のシステムにおける一括在庫引当処理に要する時間は、せいぜい数分程
度が一般的に要求される内容であったということができ、テストデータ300件で
すら処理時間に44分も要するようなシステムは、およそ本件契約の内容に適合し
ないものというほかない。」

  ＊ 「コンピュータのシステム開発においては、その開発中においては注文者
    からの情報の提供を要することがあり、また、開発が一定の程度進行しても、
    外見からは直ちに不具合が明らかにならず、注文者によるシステムのテスト
    をもって初めてその不具合を特定しうる場合があり得るものであって、通常
    の請負契約と比べ、注文者の果たすべき役割をより広くとらえることが考え
    られる（判例タイムズ1194号171頁）。」

2　システム開発の完成が問われた例（東京地判平14・4・22判タ1127号161頁、
　　判例ID 28082548）

「民法632条及び633条は、請負人の注文者に対する報酬の支払時期について、
請負人が仕事を完成させ、仕事の目的物を注文者に対して引き渡したときである
と規定し、他方、同法634条は、仕事の目的物に瑕疵があるときは請負人は注文
者に対し担保責任を負い（１項）、請負人が仕事の目的物の瑕疵についてその担
保責任を果たすまでは注文者は報酬の支払につき同時履行の抗弁権を有すると規
定している（２項）。これら民法の規定によれば、法は、仕事の結果が不完全な
場合のうち仕事の目的物に瑕疵がある場合と仕事が完成していない場合とを区別
し、仕事の目的物に瑕疵が存在しても、それが隠れたものであると顕れたもので
あるとを問わず、そのために仕事が完成していないものとはしない趣旨であると
解される。（中略）よって、請負人が仕事を完成させたか否かについては、仕事
が当初の請負契約で予定していた最後の工程まで終えているか否かを基準として
判断すべきであり、注文者は、請負人が仕事の最後の工程まで終え目的物を引き
渡したときには、単に、仕事の目的物に瑕疵があるというだけの理由で請負代金
の支払を拒むことはできない」

＊　「コンピュータの発達に伴い、コンピュータソフトの制作を巡り、その瑕
疵を巡る事件が増加し、実務上その処理に苦慮している現状にある（コンピ
ュータの瑕疵を巡る紛争は、通常民事訴訟事件の中で、解決困難な複雑訴訟
の典型例といっても過言ではない）。これまで、コンピュータプログラム、
ソフトの制作を巡りその瑕疵が問題となった事案としては、①東京地判平
2・3・30判時1372号101頁（コンピュータプログラムの改造・ソフト作成に
つき債務不履行責任を肯定）、②東京地判平3・2・22本誌770号218頁（コン
ピュータプログラムが完成していないとして代金請求を否定）、③東京地判
平6・1・28判時1515号101頁（コンピュータシステムに欠陥はないとして損
害賠償請求を否定）、④東京地判平9・2・18本誌964号172頁（コンピュータ
プログラムに欠陥はないとして損害賠償請求を否定）、⑤広島地判平11・
10・27判時1699号101頁（基幹業務システムコンピュータのソフト制作の欠
陥を原因とする損害賠償を肯定）などがあるが、未だ事例としてはそれ程多
くなく、本判決は、今後のこの種事件の処理にとって有益な指針を示すもの
と思われる（判例タイムズ1127号161頁）」

参考文献
契約変更と覚書
　「システム開発委託契約書などIT関連の契約では、仕様、委託料（対価）、納
期の3つの条件が重要ですが、契約締結後に使用などの変更が頻繁に行われます。
その際に、いちいち両当事者の代表者が書面で変更契約を取り交わすのは、実務
的に効率が悪いでしょう。そこで通常は契約書に両当事者のプロジェクト責任者
を決めておき、その責任者へこうした実務上の仕様などの変更について権限を与
えておき、契約変更に対応することが実際上よく行われています（牧野和夫『初
めての人のための契約書の実務―読み方・作り方・交渉の考え方（第3版）』中
央経済社、2018年、32頁）。」

Q68　請負契約と瑕疵（契約内容不適合）

建築請負契約において建築基準法上は問題ないものの、特約による仕様は

満たされていませんでした。 この場合、請負契約の瑕疵があるとして、契約内容不適合から工事のやり直しを求めることができるでしょうか。

A 建築請負契約において、特約がなければ建築基準法を満たすことが求められ、より安全性を求めるため、当事者間で建築基準法以上の約定をしていた場合、法律上問題がなく、安全性を備えていても、約定に反した工事は瑕疵があるとされた例があります（ 参考判例 1）。

　参考判例1では、建築工事において耐震性を高めるということが当事者の合意事項であり、契約の重要な要素であるから瑕疵は免れないとされました。もちろん、軽微な場合は瑕疵、契約の内容不適合に該当しません。設計図どおりの工事をしても道路が完成しなかった場合、注文主に通知せず、調査、指示を受けることなく修正した工事に瑕疵を問われた例があります（ 参考判例 2、民法636ただし書）。

　民法636条ただし書の「請負人がその材料又は指図が不適当であることを知りながら告げなかったときは、この限りでない。」は、請負人は注文者に通知することにより、瑕疵、契約内容不適合を防ぐ義務があり、怠った場合は請負人の責任を認めるのが適当であるという趣旨です。請負工事は完成後で紛争を生じないよう、工事途中で必ず契約内容を確認することが肝要です。

　参考判例

1　約定に反した工事は安全性を備えていても瑕疵がある（大阪高判平16・6・29、平成15年（ネ）第3206号、判例集未登載、判例ID 28293291）

「本件請負契約の締結に際し、被控訴人は、控訴人に対し、重量負荷を考慮して、特に南棟の主柱については、耐震性を高めるために、当初の設計内容を変更し、その断面の寸法300mm×300mm の太い鉄骨を使用することを求め、控訴人はこれを承諾したこと、ところが、控訴人は、上記の約定に反し、被控訴人の了解を得ないで、構造計算上安全であることを理由として、同250mm×250mm の鉄骨を南棟の主柱に使用して施工したことが、それぞれ認められる。上記各事実

によれば、本件請負契約においては、控訴人及び被控訴人間で、本件建物の耐震性を高め、耐震性の面でより安全性の高い建物にするため、南棟の主柱につき断面の寸法300mm×300mm の太い鉄骨を使用することが特に約定され、これが同契約の重要な内容になっていたものというべきである。そうすると、上記の約定に違反し、同250mm×250mm の鉄骨を使用して施工された南棟の主柱の工事には、重要な瑕疵がある」

＊　「請負人に瑕疵担保責任が生ずるのは、『仕事ノ目的物ニ瑕疵アルトキ』（民法634条１項）であるが、この目的物に瑕疵があるとは、完成された仕事が契約で定めた内容どおりでなく、使用価値又は交換価値を減少させる欠点があるか、又は当事者があらかじめ定めた性質を欠くなど不完全な点を有することであるとされており（我妻栄・債権各論中巻（２）631頁）、これが通説といえる。なお、請負契約の仕事の目的物の瑕疵をこのように考えると、請負人の債務不履行責任との差異は、瑕疵担保責任が無過失責任であることにあるといえよう。以上のような立場からすると、（当事者間であらかじめ了解されていた範囲内の変更といえるような、現場の状況に応じて若干の変更がされたなどといえる場合は別として、）建物の請負において設計図に反する工事が行われた場合など、注文者と請負人間であらかじめ定められた内容に反する工事が行われた場合には、瑕疵ある工事であるということになると解される。ところで、建物建築の請負契約の内容については、一般に、設計図だけで工事内容のすべてが明らかにならない場合が多く、そのような場合には、建築基準法に定める最低基準に達しないような建築請負契約を締結したと認められるような特別の事情がない限り、同基準に適合しない建物は瑕疵ある建物に当たると解されている。このように、建築基準法に定める基準の適合の有無が瑕疵の有無の判定基準とされることがあるが、これは、請負契約当事者の合理的意思として、建築物の安全性等に関する点については、少なくとも同基準に適合する建物を建築することが契約の内容になっていたと解されるということであって、当事者が、より安全性の高い建物にするなどのために、特に工事内容について合意をしていた場合には、その合意に反した工事による建物は、たとえ建築基準法の基準を満たし、一般的な安全性を備えていたとしても、瑕疵があることになると考えられる（判例タイムズ1138号74頁）。」

2　設計図どおりの施工でも、契約に適合しない道路に気付きながら何ら措置を
　採らなかったことは瑕疵がある（東京高判昭52・9・20判タ366号239頁、判
　例ID 27404772）

「請負契約において、注文者は、双務契約の通則に従い、請負人が修補義務を
履行するまで請負金の支払を拒む同時履行抗弁権を有するものであり、本件にお
いて、被控訴人が本件請負工事の瑕疵を修補するまでは控訴人に請負代金の支払
義務がない旨主張する控訴人は、右主張を提出することにより、右の同時履行抗
弁権を行使する意思を表示したものと解されるのであるが、このような場合、注
文者において請負人が負担するに至つた修補義務の内容を工事の規模、構造等に
関する仕様の詳細に亘つて具体的に特定して主張立証すべきことは事柄の性質上
当然であり、本件に則していえば、単に抽象的に自動車の乗入れが可能なように
修補すべきであるという程度では足りないというべきである（修補義務の内容を
上記のように具体的に特定することなしに、裁判所が判決主文において修補義務
の履行と引き換えに請負代金を支払うべきことを命じた場合、請負代金債権の強
制執行開始の段階においてはたして修補義務か履行されたか否かについての紛議
を生ずるおそれがあり、請負契約上の紛争の迅速確実な解決の要請に添わない結
果となる。この意味においても、修補義務の内容の具体的特定の必要がある）。」

Q69　検収、瑕疵（契約内容不適合）

検収後、瑕疵（契約内容不適合）がある場合、引渡完了が認められるので
しょうか。特に、不動産売買契約において瑕疵（契約内容不適合）があると
はどのような場合でしょうか。

A　引渡しに際し、検収・検査方法を定めますが、検収が終了しても瑕
疵がある場合、引渡の完了は認められません（ 参考判例 1）。契約

内容不適合があれば民法改正前と同様に引渡完了は認められないものと考え
ます。

　契約書には「検査合格を書面通知する」「検査合格により責任を免れるも
のではない」といった条項の検討が考えられます。

　不動産の場合、取引物件の瑕疵（契約内容不適合）は物理的な瑕疵に限り
ません。

　物件に自殺や事故、近隣トラブルなどがある場合は心理的瑕疵と呼ばれ、
物理的な瑕疵と比べ修補できないため、損害賠償の対象とされます（近隣ト
ラブルを心理的瑕疵とした例、 参考判例 2 ）。

　そこで、売主である場合、売買契約書には「瑕疵（契約内容不適合）の範
囲は当該物件自体に限り、心理的瑕疵は含まない」といった条項も検討しま
す。

　なお、改正前民法570条（売主の瑕疵担保責任）は、改正民法562条（買主
の追完請求権）、563条（買主の代金減額請求権）、564条（買主の損害賠償請
求及び解除権の行使）、566条（目的物の種類又は品質に関する担保責任の期
間の制限）に引き継がれて適用されます。

　もっとも、民法566条において不適合を知った時から 1 年以内に通知しな
ければ不適合を理由とする履行の追完の請求、代金の減額の請求、損害賠償
の請求及び契約の解除ができないとされます。ただし、これは買主が知った
時からの期間であり、契約内容不適合を知らなかった場合は通常の時効10年
が適用されます（ 民法166① 、 参考判例 3 、 参考文献 ）。

　買主が契約内容不適合を知ったにもかかわらず売主に通知しなければ、民
法566条の目的物の種類又は品質に関する担保責任の期間の制限である 1 年
が、売主に通知をしたときは民法166条 1 項 1 号の 5 年が適用されます。

　 参考判例

　1　検収終了により瑕疵はないとする主張は認められない（東京高判昭61・5・
　　　28判時1194号82頁、判例 ID 27800943）

「本件機械は、控訴人方工場に搬入され、組立のうえ据付を了したが、その試運転において、平行度、支柱の傾き具合等の精度不良のため、遂に良好な製品を製造する機能を発揮するに至らず、右のような状態にあることについて控訴人の了解も得られなかったのであるから、未だ完成しておらず、本件契約に定める検収引渡しを完了していないものと認めるのが相当である。」

2 心理的瑕疵が損害賠償として認められた例（東京高判平20・5・29判時2033号15頁、判例ID 28150459）

「目的物の通常の用途に照らし、一般人であれば誰もがその使用の際に心理的に十全な使用を著しく妨げられるという欠陥、すなわち一般人に共通の重大な心理的欠陥がある場合も含むと解する」

3 瑕疵担保による損害賠償請求権の時効（最判平13・11・27民集55巻6号1311頁、判例ID 28062419）

「買主の売主に対する瑕疵担保による損害賠償請求権は、売買契約に基づき法律上生ずる金銭支払請求権であって、これが民法167条1項にいう『債権』に当たることは明らかである。この損害賠償請求権については、買主が事実を知った日から1年という除斥期間の定めがあるが（同法570条、566条3項）、これは法律関係の早期安定のために買主が権利を行使すべき期間を特に限定したものであるから、この除斥期間の定めがあることをもって、瑕疵担保による損害賠償請求権につき同法167条1項の適用が排除されると解することはできない。さらに、買主が売買の目的物の引渡しを受けた後であれば、遅くとも通常の消滅時効期間の満了までの間に瑕疵を発見して損害賠償請求権を行使することを買主に期待しても不合理でないと解されるのに対し、瑕疵担保による損害賠償請求権に消滅時効の規定の適用がないとすると、買主が瑕疵に気付かない限り、買主の権利が永久に存続することになるが、これは売主に過大な負担を課するものであって、適当といえない。したがって、瑕疵担保による損害賠償請求権には消滅時効の規定の適用があり、この消滅時効は、買主が売買の目的物の引渡しを受けた時から進行する」

参考文献

契約不適合に関する担保責任の制限期間（民法566）と時効（民法166）

「（改正民法により）具体的には、買主が契約不適合を知ったにもかかわらず売主に通知をしなかったときは566条、売主に通知をしたときは166条１項１号が適用されることになる。また、買主が引渡しを受けた後も契約不適合を知らなかった場合や、引渡しを受けてからしばらく時間が経過した後に不適合を知って売主に通知をしたものの、知ってから５年経過する前に引渡しから10年を経過した場合には、本判決（筆者注：　**参考判例** 3、最判平13・11・27民集55巻６号1311頁）の判示内容を踏まえて166条１項２号が適用されることになる（前掲、伊藤進監修『改正民法（債権法）における判例法理の射程～訴訟実務で押さえるべき重要論点のすべて～』529頁）。」

Q70　請負契約と委任契約の違いと印紙税

　請負契約と委任契約では印紙税の扱いが違うと聞きましたが、どのように違うでしょうか。研修の実施に当たり、相手方に見積書を依頼しましたが、印紙税の対象でしょうか。

A　請負契約（民法632）は印紙税の課税対象になり、委任契約（民法643、準委任契約の民法656を含みます。）は課税対象外とされます。

　請負契約は発注者の依頼により成果物に報酬を支払い、委任（準委任）は業務そのものに対して報酬を支払う契約です。文書の表題、名称にかかわらず、請負契約かどうかは契約内容によります。

　特殊な場合として、ロゴマークのデザイナーへの依頼は成果物を求めることから請負になります。目に見える成果物がある場合は請負契約として判断しやすいものですが、「請負には建設工事のように有形的なもののほか、警備、機械保守、清掃などの役務の提供のように無形的な結果を目的とするものも含まれます（国税庁タックスアンサー、No.7102「請負に関する契約書」）」ので注意が必要です。

日常的な施設清掃の依頼は、成果を求めなければ準委任に当たります。しかし、清掃において、「汚れが落ちた状態」を「仕事の完了状態」とすれば請負契約になり、「汚れを落とす作業」だけでは委任契約になり、請負契約の場合、契約書において成果物の定義を明確にしなければなりません。

　委任契約では実際に汚れが落ちたかどうか、清掃会社は責任を負わないことになり、請負契約では、場合により明確な仕上がりがなければやり直しを命じることもできます。

　警備の場合、不審者を追い出し、安全と安心を守ることが目的であり、「無形な結果」を求めることから一般的に請負契約と解されています。ただし、安全が確保されている状態で反復した警備を行うのであれば委任契約とみなされる場合もあります。警備保障契約が請負契約でも、委任契約でもないとされた例もあり（ 参考判例 1）、いずれにせよ、契約目的、内容により判断せざるを得ません。

　請負契約と委任契約では仕事の完了状態が違い、最終的には契約内容により判断されます。

　また、請負契約では成果物が契約内容不適合である場合、債務不履行と評価されます（契約解除、損害賠償の問題）。

　診療契約は準委任契約とされ（ 民法656 ）、受診した段階で申込みと承諾があり契約が成立し、診療行為を行えば診療に対する費用請求権が発生しますが（Q40の 参考文献 2 参照）、美容整形は一般に成果を期待されますので請負契約とされます。

　弁護士に訴訟を依頼するのは法律行為から委任契約であり、ご質問の場合も、研修の実施から法律行為を伴わない準委任契約であり、印紙税の課税対象でないと考えます。

　一般に、請書、覚書であっても契約であり、注文という申込みに対して請書は承諾の意味を持ち、発注書（注文書）と請書を合わせて契約書と同じ効力になります。

　また、自治体の場合、印紙税は非課税であり、請負契約であれば民間側が

印紙を負担し、消印した上で１通を自治体側に提出します。見積書を依頼して、自治体の方で受諾すれば契約に該当し、相手方は印紙税の対象になります。収入印紙は消印（署名でも可）をして再使用しないようにします。印紙税の対象は文書による契約を交付するものとされ、ファクシミリ、電子メールでのやり取りは含まず（PDFも含みません。三木義一『税のタブー』集英社インターナショナル、2019年、126頁）、印紙税の対象でないとされます（印紙税法２）。ただし、後日、紙による文書を交付する場合は対象です（ 参考 ）。

　長野県高森町では土木工事の契約を中心に電子契約を進め、収入印紙が不要となったことでコスト減につながったことが紹介されています（2023.1.23朝日新聞朝刊）。

　念のため、どのような文書をやり取りするのか、契約内容も含めて所管の税務署にご確認ください。

　なお、契約成立時期は、落札、予約の段階では成立せず、契約作成、締結時期とされます（ 参考判例 ２、法234⑤）。

　 参考判例

1　警備保障契約の性質（名古屋地判昭50・4・22判時794号93頁、判例ID 27404341）

　「本件警備契約は契約書、警備計画書および協定事項に定められた方法を基準として被告に警備事務をしてもらう点で準委任と同一性質を有するが、本件警備契約が有償で事故の発生の防止を目的としている点で委任とも断定できない。更に本件警備契約は、事故の発生を防止する警備事務である点において労務を供すること自体を目的とする雇傭とも異り、本件警備料は１ヶ月金17万5000円であるが、これは単に１人の警備員についての費用ではなく、被告の統制室、予備員、交替要員等の人的物的設備一切についてのものであるから、通常の守衛の賃金と比較すべきものではないからそれをもって本件警備契約を雇傭契約と解すべきではない。従って本件警備契約は民法典に規定する労務供給契約の典型である請負、委任、雇傭のいずれにも属しない無名契約である労務供給の有償契約であって、

有償契約の法理の下に解決すべきである。」

2 契約成立の時期（最判昭35・5・24民集14巻7号1154頁、判例ID 27002453）

「国が当事者となり、売買等の契約を競争入札の方法によつて締結する場合に落札者があつたときは、国および落札者は、互に相手方に対し契約を結ぶ義務を負うにいたるのであり、この段階では予約が成立したにとどまり本契約はいまだ成立せず、本契約は、契約書の作成によりはじめて成立すると解すべきである。」

参考

請負契約に係る注文請書を電磁的記録に変換して電子メールで送信した場合の印紙税の課税関係について（国税庁ホームページ、福岡国税局回答平20・10・4）

Q 本注文請書の記載内容が請負契約の成立を証するものである場合において、これの現物を相手方に交付した時は、印紙税の課税文書の作成となるが、現物の交付に替えて、PDFファイル等の電磁的記録に変換した媒体を電子メールを利用して送信した時は、課税文書を作成したことにはならないものと解して差し支えないか。

A 印紙税法上の「契約書」とは、印紙税法別表第一の「課税物件表の適用に関する通則」の5において、「契約の成立若しくは更改又は契約の内容の変更若しくは補充の事実を証すべき文書をいい、念書、請書その他契約の当事者の一方のみが作成する文書又は契約の当事者の全部若しくは一部の署名を欠く文書で、当事者間の了解又は商慣習に基づき契約の成立等を証することとされているものを含むものとする。」と規定されている。

また、印紙税法に規定する課税文書の「作成」とは、印紙税法基本通達第44条により「単なる課税文書の調製行為をいうのでなく、課税文書となるべき用紙等に課税事項を記載し、これを当該文書の目的に従って行使することをいう」ものとされ、課税文書の「作成の時」とは、相手方に交付する目的で作成される課税文書については、当該交付の時であるとされている。

上記規定に鑑みれば、本注文請書は、申込みに対する応諾文書であり、契約の成立を証するために作成されるものである。しかしながら、注文請書の調製行為を行ったとしても、注文請書の現物の交付がなされない以上、たとえ注文請書を電磁的記録に変換した媒体を電子メールで送信したとしても、ファクシ

ミリ通信により送信したものと同様に、課税文書を作成したことにはならないから、印紙税の課税原因は発生しないものと考える。

　ただし、電子メールで送信した後に本注文請書の現物を別途持参するなどの方法により相手方に交付した場合には、課税文書の作成に該当し、現物の注文請書に印紙税が課されるものと考える。

Q71　印紙と契約の効力

　自治体の場合、印紙税は非課税ですが、相手方に印紙が必要とされるのはどのような場合でしょうか。印紙を貼付していない契約書は効力が否定されるでしょうか。

A　印紙は印紙税を国に支払ったことを証明することになり、課税対象は印紙税法別表において各種契約に適用され、自治体の場合は非課税です。自治体と民間（会社）との契約書（課税文書、国も同様）のうち、自治体が作成したものを民間（会社）側が保管する契約書は非課税になります。

　契約書は、覚書という名称であっても、内容が契約であれば印紙税の対象になります。ただし、請負契約は成果物を求めることから課税対象になり、委任（準委任）契約は対象ではありません（**印紙税法別表第1課税物件表6**）。

　民間（会社）が作成した契約は課税となり、印紙税は会社側が負担します（**印紙税法4⑤、5**）。消印（署名でも可）がないと印紙税を支払ったものとされず、また、会社側の作成として誤った場合は印紙税過誤納確認申請書により還付を受けることになります（ 参考文献 1）。

　印紙税は相手方に領収書を求める場合でも課税対象となる場合があり、名称を問わず合意を示す文書であれば課税されます（ 参考文献 2）。

　印紙税法上の納付義務はあっても、契約成立は別であり、契約の効力は印

紙の有無で左右されません。

参考文献

1　印紙税の扱い

「印紙税の課税対象となる文書に所定の印紙を貼らなかった場合には、ペナルティとしてその貼るべき印紙税額の３倍相当額の懈怠税という税金が課されます。収入印紙には、貼付した箇所と紙の境目に消印をします。これを怠った場合にも、印紙税相当の懈怠税が課されます。一方、印紙税の必要のない文書に誤って印紙を貼ってしまったというような場合や印紙税の額を超える印紙を貼ってしまった場合は還付が受けられます。還付を受ける場合には、必要事項を『印紙税過誤納確認申請書』に記入して、納税地の税務署に提出しなければなりません（森公任・森元みのり監修『図解　最新　契約の基本と実務がわかる事典』三修社、2020年、153頁）。」

2　印紙税の対象は合意文書である

「自分のメモとして、あるいは控えとして書いたつもりでも、場合によっては相手の合意も含まれているので、双方の合意がある契約書になってしまい課税されるということのようです（前掲、三木義一『税のタブー』126頁）。」

Q72　請書による契約

　当町では請書を徴するだけの契約があり、請書と契約書の違いを教えてください。変更請書についても、変更部分以外は当初契約書と同じ内容と認識してよいでしょうか。

A　注文書は申込みであるのに対して請書は承諾意思を示し、契約金額が少額なもの、注文書（申込み）と合わせて一つの簡易な契約として相手方と合意の成立を確認することになり、契約成立時期に注意が必要です。

　請書は既に発生している基本契約に基づき、定型的に簡易に行う契約として使われることもあります。

　請書は契約書作成を省略することを例外的に認められており、国の場合、契約事務取扱規則15条で簡易な契約でも請書を徴するよう定められ、自治体では財務規則で定めます（●●町財務規則115）。

　請書は合意を確認する上で１枚でなければならないものではなく、契約内容の規定数によります。変更部分が特定できれば、変更部分以外は原契約のままですから変更請書のみ交わしても問題ありません。

参照条文

●●町財務規則

（契約書の作成を省略することができる場合）

第115条　契約権者は、次の各号の一に該当する場合においては、前条の規定にかかわらず、契約書の作成を省略することができる。ただし、登記等の手続を必要とするものを除く。

（１）　契約金額が50万円未満の契約を締結するとき。

（２）　物品を売り払う場合において、買主が代金を即納し、直ちに引き取るとき。

（３）　物品を購入する場合において、直ちに現品の検査ができるとき。

2　前項の規定により契約書の作成を省略するときは、契約の目的となる給付の内容、履行期限、契約金額その他必要な事項を記載した請書を徴するものとする。ただし、同項第３号に規定する場合又は契約権者が特に必要がないと認める場合は、この限りではない。

Q73　契約の成立

　契約は口頭でも成立するとされますが、見積書、仮注文書でも契約は成立するでしょうか。

A 契約は当事者の申込みと承諾という反対方向の意思表示が結び付くことにより成立し（意思の合致）、法律行為とされます（遺贈は一方でできるため単独行為です。贈与契約は相手方の受諾が必要ですので単独行為ではありません。）。

契約は口頭によることもでき、必ずしも書面は要求されません（**民法522②**）。ただし、保証契約は保証人に利益がなく、また、保証人の意に反することが多く、書面が要求されます（**民法446②**）。

見積書や仮注文書も双方の意思が明確であれば契約が成立する場合もあり、成立していない場合でも契約締結上の過失として損害賠償が認められる場合もあります。

会議メモにつき、当事者を拘束する旨の記載がなければ契約は成立しないとした例があります（**参考判例**）。

参考判例

会議時のメモが契約とみなされるか争われた例（東京高判平12・4・19判時1745号96頁、判例ID 28061333）

「本件メモは、両社間において以後本件ソフトのソースコードに関するライセンス契約の締結を目指して協議を進めるために、その基礎となるべき基本的な事項について了解に達した事項をメモ書きにしたものに過ぎず、以後この基本的了解事項をベースとして協議をした上で必要な条項を盛り込んだ契約書の成案を得るとの予定の下に作成署名されたものと認めるのが相当であって、（筆者注：原告）及び（筆者注：被告）らにおいて、法的拘束力を有するものとしての契約を締結するとの意思をもって作成し、署名したものと認めることはできないというべきである。（中略）本件メモの記載内容は、ライセンス契約における基本的な事項を示すものであるということができるとしても、それのみをもって契約により生ずる当事者間の権利義務関係を確定するに足りるものということができないことは明らかであり、そしてそれを確定するに必要な事項については更に協議をした上で契約書を作成することを予定していたものである以上、そこにその時点において了解に達した事項が記載されているからといって、その事項のみについ

て直ちに契約としての効力を発生させる意思を（筆者注：原告）及び（筆者注：被告）らにおいて有していたものと推認することはできない」

Q74　支店長印、会社印の効力

請求書は会社の支店長名の記載ですが、適切な請求書でしょうか。また、会社印だけ押印している請求書はそのまま扱ってよいでしょうか。

A 会社、法人代表としての権限を支店長に与えられた場合、契約の相手方にすることができ、会社、法人としての契約を締結する意思表示の効力がありますので請求も有効です。この場合、会社、法人の印鑑は必要でなく、会社、法人を代表する機関の代表取締役だけでなく、契約締結の代理権限を与えられた支店長の印鑑でも有効です（ 参考文献 1〜3）。

法人として明確な意思表示がなければ、契約書、請求書、領収書は無効とされるおそれがあり、支店は営業所としての実質を備えていることが必要であり（ 参考判例 1）、一定の範囲で独自に決定できる組織であることが求められます（ 参考判例 2）。支店長等が支配人として登記されているかどうか、営業所の明確な実体があるか確認します。

なお、保証契約は書面によることが必要ですが（**民法446②**）、保証契約の意思表示が問われ、認印ではなく、実印、印鑑証明の方が保証契約の意思表示を強く表すものとされます。実印は印鑑登録された印鑑をいい、個人の場合、認印でも印鑑登録されれば実印の扱いです。

参考判例

1　商法42条にいう本店又は支店（最判昭37・5・1民集16巻5号1031頁、判例ID 27002154）

「商法42条（筆者注：現行会社法10条）にいう『本店又ハ支店』とは商法上の営業所としての実質を備えているもののみを指称すると解するのを相当とするか

ら、右のような実質を欠き、ただ単に名称・設備などの点から営業所らしい外観を呈するにすぎない場所の使用人に対し支配人類似の名称を付したからといつて、同条の適用があるものと解することはできない。」

2　従たる事業所（最判昭37・12・25民集16巻12号2430頁、判例 ID 27002071）

　「(筆者注：中小企業等協同組合法) にいう『従たる事務所』とは、(筆者注：旧商法42条を準用する) 同法44条等の法意に照せば、<u>一定の範囲内において主たる事務所から離れて独自に当該協同組合の事業に属する取引を決定、施行しうる組織の実体を有すること</u>を要するものと解するのが相当であつて、単に主たる事務所の指揮命令に従い、機械的取引をするに過ぎないものは従たる事務所であるということができない。」

参考文献

1　請求書、領収書の印鑑使用

　「法律上会社の完全な請求書あるいは領収書は、①会社の商号、②代表資格、③代表者の氏名、④会社の代表者印として登記所に届け出てある印鑑が備わっているときとされております（地方自治制度研究会編『地方財務実務提要』ぎょうせい、3084頁)。」

2　会社印のない請求書による支払いの可否

　「自治法第232条の５第１項の規定により、地方公共団体は債権者のためでなければ支出することができないとされています。ところで、会社が債権者である場合、会社の債権行使として実際に請求行為をするのは、会社の代表機関である代表取締役です。そこで、通常、会社の作成する請求書には、当該請求書によって行われる請求行為が当該会社を代表して代表取締役が行うものであることを明示し、その権限と責任の所在を明らかにするために、会社印と代表取締役の印とが押印されています。しかし、<u>法律的には、代表取締役の印が押印してあり、かつ、その印鑑が登記所に届け出てある印鑑であることを証する印鑑証明書（商業登記法第12条第１項）が領収書に添付され、又はあらかじめ県に届け出てあれば、当該代表取締役が債権者である会社を代表して請求行為をしていることが確認できますので、会社印の押印がなくとも支払は可能です</u>（前掲、地方自治制度研究会

編『地方財務実務提要』3085頁）。」

3　契約時の証明書類

種類	存在・住所など	印鑑の真正さ	地位の証明
自然人	住民票・戸籍謄本	印鑑登録証明	委任状など
法人	登記全部（一部）事項証明書	（代表者の）印鑑登録証明	代表者事項証明

（大垣尚司『金融から学ぶ民事法入門〔第2版〕』勁草書房、2013年、20頁）

Q75　書面による契約成立時期

　競争入札に付した契約において、契約成立は落札者が決定した時とみなしてよいでしょうか。契約は申込み、承諾で成立するとされますが、自治体の契約成立時期はどのように考えたらよいでしょうか。

　　競争入札による自治体の契約成立時期は、落札、予約段階ではなく、契約締結の時期とされます（ 参考判例 ）。

　民法での契約は必ずしも書面によらず（民法522②）、自治体の場合も全てに契約書作成を義務付けるものではありません。しかし、契約書を作成する場合は、契約書に長又は委任を受けた者が相手方とともに記名押印して契約書の確定時期を明示します（法234⑤）。

　改正前は入札公告を申込みとし、落札を承諾とする考え方がありました。しかし、国の場合である参考判例を受け、落札しても契約の予約段階でしかなく、記名押印しなければ契約確定しないとされ、自治法234条5項は昭和38年に改正されました。このように解しないと、入札保証金（令167の7）と契約履行を担保する契約保証金（法234の2②、令167の16）を分けた意味がありません。

　また、入札を申込みとし、契約書の段階で承諾とする考え方もあります。

しかし、公共契約に承諾期間を与えると不正につながり、このような考え方は採用できません（ 参考文献 ）。

　民法523条における申込みの拘束力と承諾適格は、定められた期間だけ存続するとされます。

　入札保証金、契約保証金は法的には損害賠償額の予定とされ（民法420①）、入札、契約保証金は過大になるものではありませんが、改正前民法420条1項後段では「裁判所は、その額を増減することができない」とされていました。しかし、改正前も実際の損害額や予想される損害額が予定賠償額より過大になる部分は公序良俗違反（民法90）を理由に無効とされ（東京地判平9・11・2判タ981号124頁）、誤解を避けるため改正前民法420条1項後段を削除しました。

参考判例

契約成立の時期（最判昭35・5・24民集14巻7号1154頁、判例ID 27002453）

　「国が当事者となり、売買等の契約を競争入札の方法によつて締結する場合に落札者があつたときは、国および落札者は、互に相手方に対し契約を結ぶ義務を負うにいたるのであり、この段階では予約が成立したにとどまり本契約はいまだ成立せず、本契約は、契約書の作成によりはじめて成立する」

参考文献

入札を申込み、契約書作成を承諾と解する見解

　「公告を申込みの誘引、入札を申込、契約書作成を承諾と解する見解も考えられる。しかし、そのように考えると公告後の撤回変更が可能となり（民法521条参照、筆者注：現行523条）、法の安定を害するし、入札に対しては国が承諾するかどうかについて裁量の余地が残され、その間に不正を誘発するおそれがあるので、この見解は実際上採用し難い（参考判例 評釈、判例タイムズ106号33頁）。」

Q76　契約書の日付

　4月1日を契約日に予定していましたが、決裁が間に合わない場合、遡って4月1日にしたいのですが、問題ないでしょうか。

A　契約日付は契約効力の発生日を意味します。
　日付を空欄にしておくと、契約成立時期がいつなのか不明であり、時効の起算点も問題になります。

　契約発効日の遡及は合意によりできますが、自治体の場合、予算執行が可能な日付でなければならないことは言うまでもありません。

　また、日付を遡及すると合意日が不明確になり、効力の点で疑義を生じ、不正につながるおそれもあります。

　契約日と実施日が違う場合、効力発生日を明記し、次のような表現にします。

　例「この契約は〇年〇月〇日から効力を生じる。」「契約締結日にかかわらず、この契約の有効期間は〇年〇月〇日から1年間とする。」

　特に、庁舎管理における業務委託契約などは4月1日付けの契約を4月2日以降に締結した場合、4月1日に業務上で事故が生じた場合の扱いに齟齬を来す場合があり、4月1日の業務は事務管理（民法697）として捉えるのかという問題がありますが、事務管理は義務がないのに他人のためにその事務を処理することからするとこの問題に当てはめるのは疑問が残ります（参考文献）。

　このような問題が生じるため、4月1日が土日に該当することも含め、4月1日前に締結できるように準備しておかなければなりません。

参考文献
4月2日以降の契約締結における4月1日の事務処理の問題
　「契約書の作成が4月2日以降になる場合は、当該契約書に『4月1日から本

契約書締結までの間に、甲がなした本契約に定める事務に相当する事務は、本契約に基づくものと見なして、本契約を適用する。』旨の条項を盛り込むことが適当であると考えられる。なお、4月1日から契約の締結時までになされた事務を事務管理（民法697条1項）として処理することも考えられるが、それが適当かどうかは疑問である（前掲、橋本勇『自治体財務の実務と理論 改訂版―違法・不当といわれないために』461頁）。」

Q77 秘密保持条項

契約書には秘密保持条項がありますが、相手方を拘束するためにはどのような点に注意が必要でしょうか。また、どのような表記が適切でしょうか。

A 秘密保持条項は「第三者に漏洩してはならない」というだけでは不十分であり、秘密事項を特定しなければなりません。

また、退職後の秘密保持を遵守させるには、職業選択の自由との兼ね合いから、制約として当該秘密の具体的内容、例示が求められ、「退職後、秘密を漏らしてはならない」とするだけでは、秘密内容が特定されないので不十分です（ 参考判例 1）。

契約上に明示の規定がなくても同様の業務である場合は顧客情報を使用して勧誘をしてはならない義務があるとした例もありますが（ 参考判例 2）、紛争にならないよう、契約書には対象となる秘密を特定します。

相手方の秘密は、一方のみの秘密において商慣習がなければ開示されても違法性はないとされます（ 参考判例 3）。

参考判例
1 退職後の秘密の特定（東京地判平20・11・26判時2040号126頁、判例 ID 28151326）

「従業員が退職した後においては、その職業選択の自由が保障されるべきであるから、契約上の秘密保持義務の範囲については、その義務を課すのが合理的で

あるといえる内容に限定して解釈するのが相当であるところ、本件各秘密合意の内容は、（中略）秘密保持の対象となる本件機密事項等についての具体的な定義はなく、その例示すら挙げられておらず、また、本件各秘密保持合意の内容が記載された『誓約書』と題する書面及び『秘密保持に関する誓約書』と題する書面にも、本件機密事項等についての定義、例示は一切記載されていないことが認められる（中略）から、いかなる情報が本件各秘密合意によって保護の対象となる本件機密事項等に当たるのかは不明といわざるを得ない。しかも、（中略）原告の従業員は、本件仕入先情報が外部に漏らすことの許されない営業秘密として保護されているということを認識できるような状況に置かれていたとはいえないのである。このような事情に照らせば、本件各秘密保持合意を締結した被告Aに対し、本件仕入先情報が本件機密事項等に該当するとして、それについての秘密保持義務を負わせることは、予測可能性を著しく害し、退職後の行動を不当に制限する結果をもたらすものであって、不合理であるといわざるを得ない。したがって、本件仕入先情報が秘密保持義務の対象となる本件機密事項等に該当すると認めることはできない。」

2　秘密保持の内容（大阪地判平16・5・20裁判所ウェブサイト、判例ID 28091616）

「本件基本契約は、原告が、原告製の昇降機を購入したすべての顧客方（現場）において、自ら昇降機を据え付け、あるいはその後の保守点検等を行うことが困難であるため、協力業者にこれを委託する旨の契約であって、協力業者は、原告と当該顧客との間の契約の履行のために、本件基本契約に基づき、保守点検等請負業務を行うにすぎない。このような本件基本契約の性質からすれば、本件基本契約に明示に規定されていなくとも、協力業者は、契約有効期間中は、原告の顧客に対し原告との保守点検等請負契約を解消し、協力業者と直接に契約を締結するよう勧誘してはならない、とりわけ、（中略）保守点検等請負業務を実際行っている顧客先に対して、保守点検額を低額にする旨示した上で勧誘をしてはならないという、信義則上の義務がある」

* 　筆者注：エレベーターの保守点検業務につき、秘密保持義務の内容が問われました。

3 秘密保持における相手方の秘密（東京高判平16・9・29裁判所ウェブサイト、判例ID 28092569）

「医薬品等の販売業者（小売り）の一般的な認識としては、仕入価格は自らの利益確保のための秘密事項であって、それを消費者に公表したのでは経営が成り立たなくなるか、少なくとも困難になるので、自ら進んで開示するはずのない事項であるという趣旨であると認められる。したがって、販売業者（小売り）の利益を考えて開示しないというものであり、<u>その秘密も自らのために保持するものであるというのであるから、成立しているとしても、利益追求としての経済原理にとどまり、法的な義務として開示してはならないとの商慣習ないし商慣習法が成立していないことは明らかである。</u>」

* 筆者注：医薬品製造会社が小売店に対し、仕入れ価格を開示して販売したことが秘密保持として違法性があると訴えました。相手方の秘密は一方のみの秘密かどうか、一方の秘密は開示されても商慣習がなければ違法性がないとされます。

Q78 相続後の契約書の扱い

契約成立後に契約の相手方が死亡した場合、相続人と契約書を新たに交わす必要があるでしょうか。相続により承継した場合、死亡前に取り交わした契約書はいつまで効力があるのでしょうか。また、相続人と契約書を新たに取り交わさない場合、具備しておく書類はあるでしょうか。

A 相続が開始されれば、死亡者（被相続人）に属していた権利義務は一括して相続人に引き継がれ、契約上の地位も引き継がれ、相続人は何らの行為も必要としません（包括承継、民法896、**参考文献** 1〜3）。しかし、被相続人しかなし得ない、一身に専属したものは相続人に引き継がれません（**一身専属権**、民法896ただし書、**参考文献** 4）。

例えば、弁護士への委任契約において弁護士が死亡した場合、弁護士の相続人は委任契約を履行できないのは当然です。

　一身専属権の例外として法定されたものもあります（民法111の代理権、552の定期贈与等）。

　相続人に引き継がれないものとしては、一身専属権のほか祭祀財産があります（民法897）。祭祀財産は、仏壇、位牌、墳墓等の所有権、祖先の祭祀を主宰する権利です。

　他に例外は、生命保険金、死亡退職金、遺族年金等の特定されたものがあります。

　また、継続的契約の保証契約は保証人が死亡した時点で保証額が確定されます（元本確定、民法465の4①（3））。相続人に引き継ぐかどうかは解釈によるものもあり、身元保証（ 参考判例 1）、生活保護受給権は引き継がれません（ 参考判例 2）。ただし、相続時に発生していた保証債務は引き継がれます。

　賃借権は相続人に引き継がれますが、公営住宅の使用権は低廉な家賃で貸すという公営住宅法の目的、趣旨から相続人に引き継がれません（ 参考判例 3）。

　ゴルフクラブ会員権も退会の意思表示、譲渡を認めていないものは一身専属と考えられ、会則で相続、譲渡性が認められていれば相続人に対する財産として差押えできます（ 参考判例 4）。

　また、相続後の賃料債権は相続財産にならず、遺産分割時になるとしたものもあります（ 参考判例 5）。

　このような一身専属に当たらない契約は、被相続人がなした契約の効力は相続人に引き継がれ、新たに相続人と契約書を交わす必要はなく、また、その効力に期限はありません。念のため、相続人には従前の契約書の確認を求める書類であればよく、必須のものではありません。

参考判例
1　身元保証契約は相続されない（大判昭2・7・4大審院民集6巻436頁、判例ID 27510710）

（要旨）身元保証契約に基づく身元保証人の義務は、専属的性質を有するから、特別の事由がない限り、相続人はこれを承継しない。

2　生活保護受給権は一身専属権である（最判昭42・5・24民集21巻5号1043頁、判例ID 27001071）

「生活保護法の規定に基づき要保護者または被保護者が国から生活保護を受けるのは、単なる国の恩恵ないし社会政策の実施に伴う反射的利益ではなく、法的権利であつて、保護受給権とも称すべきものと解すべきである。しかし、この権利は、被保護者自身の最低限度の生活を維持するために当該個人に与えられた一身専属の権利であつて、他にこれを譲渡し得ないし（筆者注：（生活保護法）59条参照）、相続の対象ともなり得ない」

3　公営住宅の使用権は相続されない（最判平2・10・18民集44巻7号1021頁、判例ID 27807221）

「公営住宅法の規定の趣旨にかんがみれば、入居者が死亡した場合には、その相続人が公営住宅を使用する権利を当然に承継すると解する余地はない」

4　ゴルフ会員権の相続（最判平9・3・25民集51巻3号1609頁、判例ID 28020803）

「本件ゴルフクラブの会則等の定めに従って相続人が理事会に対して被相続人の正会員としての地位の承継についての承認を求め、理事会がこれを承認するならば、相続人が上告会社との関係で右の地位を確定的に取得する」

5　遺産から生じた賃料債権は相続財産を構成せず、遺産分割時に確定する（最判平17・9・8民集59巻7号1931頁、判例ID 28101750）

「遺産は、相続人が数人あるときは、相続開始から遺産分割までの間、共同相続人の共有に属するものであるから、この間に遺産である賃貸不動産を使用管理した結果生ずる金銭債権たる賃料債権は、遺産とは別個の財産というべきであって、各共同相続人がその相続分に応じて分割単独債権として確定的に取得する」

参考文献

1 当然包括承継の原則

　「相続人は、相続開始の時から、被相続人の財産に属した一切の権利義務を承継する（896条本文）。死亡当時、被相続人に帰属していた権利義務は個別的に相続人に承継されるのではなく、包括的に承継される。被相続人の有していた財産的権利義務は個別的な事情とかかわりなく、総体として相続人に引き継がれる。しかも、相続人は相続開始の瞬間から当然にその財産的権利義務を承継する。被相続人の死亡と相続による権利義務の取得は同時であり、時間的ズレは生じない。相続人側に何らかの特別な行為は必要ないし、相続人がそのことを知っているかどうか、現実に遺産の占有を開始していたかどうかも問わない。たとえば、被相続人が有していた売買契約の売主としての地位、貸金の請求をする貸主の地位も相続人側の同意の必要もなく、当然かつ包括的に引き継がれる（高橋朋子＝床谷文夫＝棚村政行『民法7 親族・相続〔第2版〕』有斐閣、2007年、264頁）。」

2 相続は包括承継である

　「民法が定める原則は『被相続人の財産に属した一切の権利義務を承継する』（896条）というものである。したがって、所有権をはじめとする物件のほか、債権、債務、無体財産権、その他明確な権利義務といえないものでも、財産法上の法的地位といえるものであれば、全て包括的に相続の対象となる。これを包括承継という。たとえば、父親がその所有する不動産の売買契約を締結した直後に死亡したとすると、相続人である子は、契約上の売主たる地位を承継することになり、登記移転義務、代金請求権、引渡債務、取消権、解除権のほか、善意・悪意、過失・無過失などの主観的態様も承継する（内田貴『民法Ⅳ〔補訂版〕親族・相続』東京大学出版会、2004年、357頁）。」

3 相続と包括承継

　「（包括承継は）被相続人の土地や車等の所有権、債権、債務が原則として清算されることなく当然に承継される。さらに善意や悪意といった地位や申し込みを受けた地位等も一体として包括的に承継する。あたかも被相続人の地位が相続人に置き換わったにすぎないかのように承継が行われる（松川正毅『民法　親族・相続〔第2版〕』有斐閣、2019年、239頁）。」

4 一身専属権

「婚姻費用分担請求権や扶養請求権は、それによる給付の内容が金銭にすぎない場合でも、その基礎になる親族関係や当事者の収入、資産、窮乏度といった諸要件と無関係には存立し得ない。このような権利義務は、したがって相続されない。このような性質を一身専属性（帰属上の一身専属性）と呼ぶ（佐藤義彦＝伊藤昌司＝右近健男『民法Ⅴ親族・相続〔第4版〕』有斐閣、2012年、142頁）。」

COLUMN

申告課税と賦課課税

原則、国税は申告課税ですが、地方税は賦課課税です。

筆者が新入職員の頃、どうしてこのような違いがあるのか、理解できませんでした。

固定資産税は賦課課税として理解できますが、市県民税は一見すると、所得税の申告を基にするため申告課税のように見えますが、賦課課税になります。

地方税では国税のような大量の事務にならない点で賦課課税が採用されました。

戦前において国税は賦課課税でしたが、戦後、アメリカの指導により申告課税に変更しました。

税においても、国民が自主的に申告することが民主化につながると考えたようです。しかし、当時の大蔵省にとり、このような改革には抵抗があり、全て確定申告によることは大変な事務作業になることが主な理由です。

そこで、導入されたのが源泉徴収制度であり、給与所得者の年末調整です。

　給与等支払いから先に一定の率で所得税を差し引き、給与支払者が年末に調整すれば、大半はそこで終わり、申告の必要がなくなります。

　給与支払者にとっては事務負担を押し付けられた形ですが、やむを得ず、現在のような制度となったようです。

　政府契約の支払遅延防止等に関する法律も、国、自治体の支払い遅れは遅延損害金を付すべきとしてアメリカの指導により制定されたことを聞きます。

　戦後の民主化は、アメリカから強いられた面がありましたが、社会の隅々まで改革をしたことは、今更ながら驚くべきことです。

「戦前、所得税は賦課課税制度でした。税務署長が各納税者の所得税額を、地域の名望家で構成される『所得調査委員会』の意見を聞いて、一定の基準で決定していました。これが戦後、申告納税に変わると、納税者の申告で原則として税額が決まることになります。申告が間違っていると税務署が是正しなければならなくなります。しかも、日本中の納税者が申告書を出してくることになります。これは財務省にとっては脅威だったと思います。ですから、申告納税の導入に反対したのですが、アメリカからすれば当時の税務行政は地域ボスが税額を決めている封建社会のように見えたのでしょう。申告納税制度の導入が強行されました。そこで、やむなく財務省がとった最後の手が年末調整でした。サラリーマンが働いている会社に年末調整を義務づければ、大半の納税者は会社の年末調整で済んでしまい、申告が不要になり、税務署は個人の事業所得者の申告だけを処理すればよいことになります（前掲、三木義一『税のタブー』208頁）。」

Q79　契約書の自動更新条項と相続

建物賃貸借の契約書に「期間満了の３か月前までに賃貸人、賃借人のいず

れから契約解除の申出がない限り、次年度の4月1日から翌年3月31日までの1年間自動更新され、それ以降も同様とする。」としています。しかし、相手方が契約期間の途中で死亡し、その事実を確認できずに自動更新となり新年度の賃料が発生しました。契約者の死亡により、被相続人の意思がないため契約書は自動更新されず、相続人に支払義務が生じないのでしょうか。また、保証契約がある場合、主たる契約の自動更新によって保証契約は更新されるでしょうか。改正民法により個人根保証契約は極度額が必要とされ、保証契約を結び直す必要があるでしょうか。

A 改正民法の適用関係は、旧法中に契約されたものは旧法が適用され、施行日以後（令和2年4月1日、当日も含みます。）に契約されたものは新法が適用されます。

民法では契約更新の効力に関する条文がなく、効力の有無は解釈によります。契約が自動更新条項による更新の場合、自動更新に異議を述べなかったことは更新に合意したもの、また、施行日前に締結した自動更新条項が施行後も及ぶと解され、合意による更新と同様に新法が適用されると解されています（参考文献2のA1）。自動更新の日が施行日前は旧法、施行日以後は新法適用とされ、立法者も同様の考えのようです。

ご質問の契約文面である「期間満了の3か月前までに賃貸人、賃借人のいずれから契約解除の申出がない限り」とあり、旧法が適用されるかにみえますが、効力が発生するのは4月1日ですから新法により契約されたものとみてよいと考えます。

次に、相続人については、相続は契約上の地位も包括的に引き継ぎ、自動更新により異議がないとされ、被相続人はもとより、相続人の意思を問われることはありません。相続人が自動更新条項を知らなくても更新され、後から異議を述べることはできません。

なお、保証契約がある場合、主債務の契約が自動更新されたら保証契約に効力は及ぶのでしょうか。この場合、保証契約は旧法から継続しているため

結び直す必要がないとされます。主債務の契約は自働更新されたら、主債務
は新法によることになり、保証契約は更新されることなく継続し、旧法のま
まと解されます（改正民法附則21①、参考判例、参考文献 1）。

　反対に、主債務の契約の自動更新は保証契約も含め、ともに新法の適用が
あり、極度額のない保証契約は無効とする見解もあります（参考文献 2 の A
2 の前段）。主債務の自働更新に伴い、保証契約も更新されるとすると、保
証人に主たる債務の契約に関与させないことになり、保証意思を問わないこ
とになることから疑問です。

　自動更新後も保証の責めを負う旨が特約で規定されている場合、上記参考
判例、参考文献 1 のように保証契約は旧法が適用されるのは当然です
（参考文献 2 の A 2 の後段も同様）。具体的には、「本賃貸借契約に係る賃貸
人と連帯保証人との間の連帯保証契約は継続していることから、その内容は
従前の契約書の規定に基づくものとする。」などの記載が必要になります。
どちらの考えをとるかは今後の判例によりますが、旧法の適用が極度額の範
囲を問わない保証ですから債権者にとって有利です。

　特に、民法改正施行日である令和 2 年 4 月 1 日以降の連帯保証契約は極度
額の設定が必要であり、極度額のない連帯保証契約は無効とされ（民法465
の 2 ②）、主債務の自動更新により保証契約が旧法か新法の適用か問題にな
ります。

　極度額とは、継続的契約において個人根保証契約の場合に保証人の負担を
考えて限度額を定めたもので、改正後は公営住宅使用料の連帯保証人にも適
用されます（もっとも、公営住宅は更新条項を設けることができますが、更
新条項を定めている場合は少ないと思われます。）。

　いずれ、更新の機会を捉え、主債務の契約に合わせ保証契約を結び直すの
が疑義のない方法です。

　なお、継続的契約における連帯保証人の死亡時点で主たる債務は確定し
（元本確定といいます。民法465の 4 ①（3））、連帯保証人の相続人の責任は、
元本確定した主たる債務の保証をすればよいことになります。

改正前は、保証人の死亡後に借主が賃料を滞納した分も相続人が保証する
とされていましたが（大判昭9・1・30大審院民集13巻103頁、判例 ID
27510007）、改正により保証人の相続人は相続により確定した債務を負い、
主債務者、保証人の死亡後の債務は負わないことになりました。

更新された建物賃貸借は特段の事情のない限り、保証人は更新後も保証の責めを
負う（最判平9・11・13集民186号105頁、判例 ID 28030098）

　「期間の定めのある建物の賃貸借において、賃借人のために保証人が賃貸人と
の間で保証契約を締結した場合には、反対の趣旨をうかがわせるような特段の事
情のない限り、保証人が更新後の賃貸借から生ずる賃借人の債務についても保証
の責めを負う趣旨で合意がされたものと解するのが相当であり、保証人は、賃貸
人において保証債務の履行を請求することが信義則に反すると認められる場合を
除き、更新後の賃貸借から生ずる賃借人の債務についても保証の責めを免れな
い」

1　法定更新（契約期間が過ぎて放置された賃貸借契約）であれ、任意更新（自
　　動更新）であれ、更新は保証契約に及ぶ（参考判例解説判例タイムズ969号
　　126頁）

　「借地借家法の適用を受ける建物賃貸借は、もともと相当長期の期間にわたり
存続することを予定された継続的契約関係である上、更新が原則とされ、期間満
了と同時に更新の効果が（当事者の意思とは関わりなく）自動的に生じる仕組み
になっていること、こうした更新による賃貸借の存続はいわば常識化しており、
保証人となろうとする者も当然更新による賃貸借の継続を予期すべきであるし、
借家保証の債務額ないし範囲はほぼ一定で、更新後の保証継続を肯定しても保証
人に特に酷とはいえないこと、他方、比較的短期の期間の定めがなされることが
多い建物賃貸借の場合には、当初の約定期間経過により保証が外れてしまうので
は、賃貸人側の信頼を害することになるし、期間の定めのない賃貸借における保
証の場合と権衡を失することなどからすれば、更新後は保証しない旨を明示する

などの特段の事情がない限り、更新後の賃貸借についても保証人としての責任を免れないと解するのが相当であろう。そして、保証人において法定更新を覚悟すべき以上、たまたま合意更新がなされた場合であっても、結論を異にする合理的理由はない。」

2　介護付きサービス住宅の契約における民法改正の厚労省老健局回答

「Q1　施行日前に締結された賃貸借契約が施行日以後に自動更新されても、更新後の賃貸借期間以外の条項については、改正前民法が適用されることになるか。

A1　いわゆる自動更新条項（期間の満了前に両当事者のいずれかが異議を述べない限り、自動的に契約が更新される旨の条項）によって賃貸借契約が自動更新された場合には、更新の合意があったものと同様に考えられますので、更新後の賃貸借契約については、改正後の民法が適用されます。

Q2　施行日前連帯保証人にも署名押印させた（保証の条項あり）契約書の連帯保証条項に極度額を定めていないが、施行日以降に自動更新となり、発生した滞納家賃について連帯保証人は責任を負う条項は無効か。

A2　上記（質問1への回答参照）のとおり、施行日後に契約が自動更新された場合には改正後の民法が適用されることとなります。

このため、施行日後に保証契約が自動更新された場合には、その際に極度額を設定しなければ当該保証契約は無効となります。

他方で、保証契約が賃貸借契約更新後に発生する賃料も保証する趣旨で締結されており、施行日後に賃貸借契約が自動更新されたが、保証契約については更新がされずに改正前に締結された契約がそのまま継続している場合には、当該保証契約については改正前の民法が適用されるため、極度額が設定されていなくともその保証契約は無効とはなりません。」

Q80　保証極度額

民法改正により、公営住宅の保証人に極度額の設定が必要と聞きましたが、なぜ必要なのでしょうか。また、どのように設定すべきでしょうか。

A 公営住宅は公営住宅法で規律されますが、入居後は賃貸借に変わりはなく、1回限りの売買契約と違い、賃貸借では継続的な性質があります。その保証契約は賃貸借から負う賃料の保証額が不明であり、また、住宅の明渡しに伴い、原状回復、場合により損害賠償の負担額が不明です。

民法改正前はこのような継続的な保証契約には限度額の定めがなく、保証人に不利にならないように負担限度額である極度額を事前に定めなければならないことになりました（**民法465の2**）。

極度額は具体的な金額を定める必要があり、当初家賃の○月分という定めは無効であり、金額が明示されている○○円×12月分という設定をすることもできます。

改正前の判例においても、長期にわたる主債務者の未納分をいきなり保証人に請求した場合は「権利の濫用」として請求を否定されてきました（**参考判例**）。改正後の極度額の定めにより、保証人の支払義務の拡大を防止することになります。

国土交通省の調べによると、賃貸借契約における保証人への請求が認められた平均額は13.2か月分との報告があり、原状回復に要する費用、損害賠償額を加えても13月分くらいが適当と思われ（**参考文献** 1）、明確な上限はありませんが、過大な極度額は暴利行為とされます（**参考文献** 2）。

保証人が2人とすると極度額は2倍になりますが、改正前の保証契約の極度額は不要です。そうすると、改正法施行日である令和2年4月1日以降の保証人には極度額の設定が必要ですので、極度額のない保証人と並存する場合があります。

公営住宅の保証人以外では、診療契約、介護保険施設契約が考えられますが、それぞれの特性に合わせた極度額の設定が必要であり、現在のところ、極度額としてどのくらいが適当か判断しにくいところがあります。

参考判例

連帯保証人への公営住宅使用料請求が権利の濫用に当たるとされた例（東京高判

令元・7・17判タ1473号45頁、判例 ID 28273045）

　「被控訴人（筆者注：連帯保証人）は（筆者注：公営住宅入居者）が生活保護を受給していることは知っていても、これを廃止されることになることは知らずにいたのであり、実際、生活保護廃止後に（筆者注：公営住宅入居者）の滞納賃料は累積し、その支払について控訴人（筆者注：市）から督促依頼状が送付され、被控訴人は、本件連帯保証契約の解除権行使等の方策を検討する機会もないまま、控訴人に促されて、平成28年6月11日には平成28年4月分までの累積債務額について分納誓約書を提出していること、その頃には被控訴人も70歳に達して年金受給者となっており、（筆者注：公営住宅入居者）とも連絡が取れず困っていたことを控訴人も把握していたこと、平成28年5月27日に控訴人から債権移管決定通知書が送付されて以降は、被控訴人もしばしば控訴人の担当者に対して、（筆者注：公営住宅入居者）に対して本件住宅から追い出すなどの厳しい対応をすることを要求したり、自分も年金生活者で分割払いの履行もなかなか困難であることなどを訴えていたこと等が認められるのであって、このような経緯に照らせば、（筆者注：公営住宅入居者）の生活保護が廃止された以後は、控訴人は被控訴人の支払債務の拡大を防止すべき措置を適切に講ずべきであり、かかる措置をとることなくその後の賃料を被控訴人に請求することは、権利の濫用にあたる」

　＊　本判決の意義（判例タイムズ1473号45頁）

　　「（1）期間の定めのない継続的な建物賃貸借契約においては、当事者間の信頼関係を基礎としていることも考慮すると、賃貸人も不当に保証人の債務が拡大しないようにする信義則上の義務を負担していると認めるべきであり、一定の要件の下で、保証人からの一方的意思表示により保証契約の解除が認められることがあることは複数の裁判例でも認めるところである。しかし、解除という重要な法律効果の発生を生じさせるにあたり、安易に黙示の解除の意思表示を認めると、解除の相手方にとってはいつ解除の意思表示がなされたのか明確ではなく、予測可能性を害することがあることは明らかであるから、本判決の判示するとおり、黙示の解除の意思表示が認められるのは極めて限定的な場合に限られるというべきであろう。

　　原判決は、YがXに電話して、Zと長年連絡が取れず、自分も年金暮らしであるから、Zを本件住宅から追い出すなど厳しく対応してほしいと伝えたことをもって、黙示の解除の意思表示であると認定したが、Yのかかる言動

には連帯保証を解除する意思表示と評価できるものは含まれていないし、このような場合にまで黙示の解除を認めると、賃貸人側にとっては、いつの時点で保証人による契約解除の意思表示がなされたのか、客観的かつ明確に判断することができず、予測可能性が確保されないというべきであるから、原判決のかかる認定を変更した本判決の判断は妥当であり、同種事案の参考になると思われる。

　（2）賃貸人の保証人に対する滞納賃料等の請求が一定の場合に信義則に反するとして否定されることがあり得ることは最高裁判例（最高裁平成9年11月13日第1小法廷判決・裁判集民事186号105頁、判タ969号126頁）が認めるところである。

　本件と同種の事案で、区営住宅の賃貸借契約の連帯保証人に対する賃貸人の滞納使用料等の請求の一部が信義則に反し権利濫用になり許されないと判示した裁判例として、東京高等裁判所平成25年4月24日判決・判タ1412号142頁がある。

　本判決も前記最高裁判決を踏襲し、賃借人が賃料を支払わずに賃貸物件を明け渡さない場合には、賃貸人は保証人の支払債務の拡大を防止すべき措置を適切に講ずべきであり、かかる措置をとることなくその後の賃料を保証人に請求することは権利濫用にあたると判示し、原判決が特段の基準や規範を示すことなく、Xの請求を権利濫用にあたると判示したことから、改めて本件における具体的事実を挙げて、Zの生活保護が停止された後、Zに対して積極的な方策をとることなく2年を経過した後のXのYに対する請求は権利濫用にあたると判断したものである。」

参考文献

1　賃貸借保証の極度額

　「国土交通省の調査結果（平成30年3月30日住宅局住宅総合整備課『極度額に関する参考資料』）によると、例えば借家契約の連帯保証人に支払いを命じた裁判における認容額は、平均して13.2カ月分とのことである。かかる実態調査を前提とすれば、賃貸借保証の極度額は、平均値を基準とすれば、月額賃料の13カ月程度で足りることになる（中井康之「金融商事の目：改正民法（債権法）の施行に備えて―改正債権法の先取りを期待する」金融・商事判例1541号、2018年、1

頁)」

2　極度額自体に制限はあるか？

「具体的に極度額をいくらとするかは、甲（筆者注：債権者）と丙（筆者注：保証人）との間の合意によって定めることになるので、この金額が大きければ丙にとっては不利益になります。

それ故、極度額自体の上限を法律で定めることができれば、より保証人を保護することができます。しかし、残念ながら、この点は簡単には実現できません。

なぜなら、根保証は、銀行取引や賃貸借の保証のみならず、継続的な取引の場合に広く行われており、すべての取引について『一律の極度額を定める』ことが難しいからです。実際に、改正前民法においても、極度額の制限はされていませんでした。

ただし、余りに極度額が過大な場合は、具体的な状況によっては、『暴利行為』として無効になることもあります（前掲、児玉隆晴『やさしく、役に立つ改正民法（債権法）』74頁)。」

5　財産

Q81　公有財産処分の議決

当町では財産処分に係る議決について、議会の議決に付すべき契約及び財産の取得又は処分に関する条例により、土地は予定価格700万円以上の売払いで1件5,000㎡以上のものに限るとしています。売却物件の地積は5,000㎡以上、売却予定価格は700万円以下であり、議決対象ではないと考えますが、自治法施行令121条の2の別表の土地1件は、1筆ではない認識でよいでしょうか。

A 公有財産の売却において議会の議決が必要な理由は、財産価値により財政運営の影響が大きいことを考慮し、自治体財産の売却を慎重にし、かつ、長の恣意的なものにしないことにあります（**法96①（8）**）。

　土地の譲渡は適正な対価でなければならず、一定の場合、議決事項とされ（**法237②**）、自治体財政の健全な運営を図り、取引の安全を優先させるものでないとされます（前掲、村上順＝白藤博之＝人見剛編『別冊法学セミナー新基本法コンメンタール地方自治法』311頁）。

　売却において議決を要する場合、土地にあっては、都道府県は1件2万㎡、予定価格7,000万円以上、指定都市は1件1万㎡、4,000万円以上、市町村は5,000㎡、（市2,000万円、町700万円）以上として示され、それぞれ条例で定めます（**令121の2②**）。

　議決を要する1件の単位は1筆を単位とするのでなく、売却の対象となった土地の一体性を基準とするとされ（ 参考判例 1 ）、ご質問ではこの要件に該当しませんので議決は不要です。

　分筆して議決を得ずに売却することは、財産運営上、影響があり、自治法96条1項8号の趣旨に反します。

　また、議決があったとするには、適正な対価によらないとする前提の上で審議され、譲渡を認める趣旨が必要とされます（最判平17・11・17集民218号459頁、判例ID 28102402）。

　反対に、譲渡等が適正な対価によらなくても、審議された上でこれを認める趣旨の議決がされたと評価できるときは、議決があったものとされ（ 参考判例 2 ）、少なくとも譲渡金額に対して鑑定価格を提示して審議すべきものです（ 参考文献 ）。

　また、補正予算を可決しても、適正な対価としての譲渡を審議していない場合は議決があったものとされないとした例があります（ 参考判例 3 ）。

　 参考判例
1　土地売却に当たり議決を要する1件の意味（大阪地判昭55・6・18民集41巻

4号697頁、判例 ID 27603842）

「（筆者注：議決の）該当性を判断する単位について、明文の定めはないが、売却の対象となつた土地の一体性を基準にして議会の議決の必要性の有無を判断すべきものと解するのが相当である。そのわけは、次のとおりである。（1）回数や買主の数を基準にしたとき、こま切れにして土地を売却することによって、たやすく上記の法条を潜脱することができる。（2）本件のように同一の機会に複数の一体性のある土地を売却するとき、その価格の適否は、各一体性のある土地について個別的に検討されるべきである。したがつて、全体の合計額だけで判断することは、不当に売買の実態を抽捨してしまうことになる。」

2　適正な対価による議決（最判平30・11・6集民260号41頁、判例 ID 28264733）

「地方自治法237条2項の（中略）の趣旨に鑑みると、当該譲渡等が適正な対価によるものであるとして普通地方公共団体の議会に提出された議案を可決する議決がされた場合であっても、当該譲渡等の対価に加えてそれが適正であるか否かを判定するために参照すべき価格が提示され、両者の間に大きなかい離があることを踏まえつつ当該譲渡等を行う必要性と妥当性について審議がされた上でこれを認める議決がされるなど、審議の実態に即して、当該譲渡等が適正な対価によらないものであることを前提として審議がされた上これを認める趣旨の議決がされたと評価することができるときは、同項の会の議決があったものというべきである。」

3　補正予算を可決しても適正な対価による譲渡を審議していない場合は議決があったとされない（最判平17・11・17集民218号459頁、判例 ID 28102402）

「（筆者注：地方自治）法237条2項等の規定の趣旨にかんがみれば、同項の議会の議決があったというためには、当該譲渡等が適正な対価によらないものであることを前提として審議がされた上当該譲渡等を行うことを認める趣旨の議決がされたことを要するというべきである。議会において当該譲渡等の対価の妥当性について審議がされた上当該譲渡等を行うことを認める趣旨の議決がされたというだけでは、当該譲渡等が適正な対価によらないものであることを前提として審議がされた上議決がされたということはできない。」

参考文献

参考判例2の判例評釈（判例タイムズ1458号77頁）

「本判決は、当該譲渡等が適正な対価によらないものであることを前提として
審議がされた上これを認める趣旨の議決がされたといえるかについては、審議の
実態に即して評価すべきものであるとし、その趣旨の議決がされたと評価するこ
とができる場合の一例として、当該譲渡等の対価に加えてそれが適正であるか否
かを判定するために参照すべき価格が提示され、両者の間に大きなかい離がある
ことを踏まえつつ当該譲渡等を行う必要性と妥当性について審議がされた上でこ
れを認める議決がされる場合を挙げている。これは、同法237条2項、96条1項
6号の趣旨につき、適正な対価によらずに財産の譲渡等を行う必要性と妥当性を
議会において審議させ、当該譲渡等を行うかどうかを議会の判断に委ねることと
したものである旨の平成17年最判を受けてのものと考えられる。」

参照条文

地方自治法施行令121条の2②

別表第4（第121条の2関係）

	千円
不動産若しくは動産の買入れ若しくは売払い（土地については、その面積が都道府県にあつては1件2万平方メートル以上、指定都市にあつては1件1万平方メートル以上、市町村にあつては1件5千平方メートル以上のものに係るものに限る。）又は不動産の信託の受益権の買入れ若しくは売払い	都道府県　70,000
	指定都市　40,000
	市　　　　20,000
	町村　　　 7,000

議会の議決に付すべき契約および財産の取得または処分に関する条例（○市条例
昭和39年第○号）

（議会の議決に付すべき財産の取得または処分）

　第3条　地方自治法第96条第1項第8号の規定により議会の議決に付さなけれ
ばならない財産の取得または処分は、予定価格2,000万円以上の不動産もしくは
動産の買入れもしくは売払い（土地については1件5,000平方メートル以上のも
のに係るものに限る。）または不動産の信託の受益権の買入れもしくは売払いと
する。

Q82　行政財産と普通財産

　行政財産と普通財産はどのように違うのでしょうか。また、行政財産で目的外使用許可ができる場合の要件について教えてください。

A　行政財産は公用財産と公共用財産に分けられ（**法238**）、財産を良好に管理し、効率的な運用をしなければなりません（**地方財政法8**）。

　公用財産は自治体が直接使用し、行政の業務として直接使用するものは行政財産と呼ばれ、公共用財産は住民一般の利用に供されます。

　行政財産か、普通財産とするのかは長の裁量とされ、行政財産は行政目的が明確であることが必要です（**参考文献**1）。

　自治体の財産のうち、私人と同じ立場で所有するものを普通財産とし（**法238の5**、**参考文献**2）、売却、賃貸借が可能になります。

　専ら庁舎のように、行政の事務に利用されるものは行政財産とされます。行政財産か普通財産かは、目的による分類として客観的な効用により判断されます（**参考判例**1）。

　行政財産は用途廃止して普通財産にしなければ売却できませんが、用途廃止は財務会計上の行為ではありません（**参考判例**2）。

　普通財産を貸付けに対し、公共の用が生じた場合は契約解除でき、その際は損失補償を要し、損失補償の範囲に注意しなければなりません（**参考判例**3）。

　行政財産は本来的な目的に沿う利用でなくても、福利厚生、住民の便宜等からその用途又は目的を妨げない限度において目的外使用許可ができます（庁舎内の売店等、**法238の4⑦**、**国有財産法18⑥**）。

　また、目的外使用は支障がある場合は許可しないことができ、教育施設は現在の支障だけでなく、将来において支障が生じるおそれがある場合も許可しないことができます（**参考判例**4）。参考判例4では「行政財産である学校施設の目的及び用途と目的外使用の目的、態様等との関係に配慮した合理

的な裁量判断」を必要とし、目的外使用許可の判断では学校施設という性質を考慮しなければならないとされます。

1 行政財産か、普通財産かは客観的に判断される（東京高判昭53・12・21判時920号126頁、判例 ID 27662168）

「控訴人（筆者注：東京都）が、公有財産の取得、管理及び処分について規則を定め（中略）、本件土地を普通財産として取得、管理していたとしても、そのことは、控訴人の公有財産に関する事務の内部的分掌の問題であるにすぎず、本件土地ないし本件溜池が控訴人の行政財産に属するものと見るべきか、普通財産に属するものと見るべきかは、本件溜池の客観的効用がどのようなものであるかという観点から、客観的に判定されるべきものである。」

＊ 筆者注：本件溜池は普通財産として管理してきましたが、判決では行政財産として認定されました。

2 用途廃止は財務会計上の行為でなく監査請求対象でない（浦和地判平5・7・19判時1481号134頁、判例 ID 27817752）

「教育財産の用途廃止決定は正にこのような教育行政上の観点から行われる管理行為なのであるから、住民訴訟の対象となる財務会計上の行為ということはできない。」

3 行政財産に対する損失補償（最判昭49・2・5民集28巻1号1頁、判例 ID 27000454）

「行政財産たる土地につき使用許可によつて与えられた使用権は、それが期間の定めのない場合であれば、当該行政財産本来の用途または目的上の必要を生じたときはその時点において原則として消滅すべきものであり、また、権利自体に右のような制約が内在しているものとして付与されているものとみるのが相当である。すなわち、当該行政財産に右の必要を生じたときに右使用権が消滅することを余儀なくされるのは、ひつきよう使用権自体に内在する前記のような制約に由来する」

4　行政財産の目的外使用許可の裁量権（最判平18・2・7民集60巻2号401頁、

判例 ID 28110353）

「行政財産である学校施設の目的及び用途と目的外使用の目的、態様等との関係に配慮した合理的な裁量判断により使用許可をしないこともできるものである。学校教育上の支障とは、物理的支障に限らず、教育的配慮の観点から、児童、生徒に対し精神的悪影響を与え、学校の教育方針にもとることとなる場合も含まれ、現在の具体的な支障だけでなく、将来における教育上の支障が生ずるおそれが明白に認められる場合も含まれる。」

参考文献

1　行政財産と普通財産

「行政財産とするか普通財産とするかの第一次的判断は財産管理権者に委ねられているのであり、公用又は公共用に供していたものについてその用途を廃止して普通財産とし、特定の用途が予定されていなかったものについて特定の公用又は公共用に供することを決定することによって行政財産とするのは、その裁量に属する（前掲、橋本勇『自治体財務の実務と理論 改訂版─違法・不当といわれないために』166頁）。」

2　普通財産とは

「普通財産とは、普通地方公共団体が一般私人と変わることのない立場でもつ財産で、その管理・処分等によって得た収益を財源とするために保有しているものをいう（前掲、村上順＝白藤博之＝人見剛編『別冊法学セミナー　新基本法コンメンタール地方自治法』313頁）。」

Q83　督促手数料及び延滞金

公営住宅使用料の時効は自治法か、民法のどちらが適用されるでしょうか。また、公の施設の使用料に該当すると考えれば督促手数料及び延滞金を徴収できるでしょうか。

A 公の施設は住民福祉の増進のため、住民の利用に供する施設であり（**法244**）、一般の庁舎等のように住民が利用することを主たる目的としない施設と分けています。

公の施設は住民の利用に供されることから、使用料、利用条件の具体的事項は条例によります。公の施設は平等利用が求められ、不正利用は過料が科され、法律で定める使用料であれば滞納処分が認められます。

また、遅延損害金は納付の遅延に対する損失の補填であり、延滞金は制裁的、罰金的要素があり、早期の納付を促す目的もあります。

遅延損害金は督促を要件とせず、債務不履行、履行遅滞から請求が認められ、延滞金は督促を前提に徴収できますが、延滞金を徴収するには条例を必要とします（**法231の3**、参考文献 1）。

自治法231条の3第1項の「分担金、使用料、加入金、手数料、過料その他の普通地方公共団体の歳入」は包括的な例示であり、同条2項は分担金等を含め督促手数料及び延滞金を徴収できるとされ、いずれも滞納処分の手続を念頭に置いた債権です（「その他」とあれば「その他」により前に書いてあるものは含みません。）。

行政処分で成立しても法律に滞納処分が規定されていない債権もあり（行政財産又は公の施設の目的外使用料が該当します。参考判例 1）、この場合は自治法231条の3第1項に含めることができると考えます。いずれにせよ、行政処分で成立した債権か、利用関係が対等な債権か分けなければなりません。

サービス、利用の対価とされる公の施設の使用料は、行政の優越的地位に基づき決定されるものではなく、督促手数料、延滞金は適用されないと考えます（参考文献 2）。

「公の施設の使用料」であるから時効は自治法が適用されるとする考え方は否定されています（水道料金の時効（東京高判平13・5・22、平成13年（ネ）第928号、判例集未登載、判例ID 28100339、最決平15・10・10、平成13年（受）第1327号、判例集未登載、判例ID 28100340）、公立病院診療費

の時効（最判平17・11・21民集59巻 9 号2611頁、判例 ID 28102401）参照）。

　自治法236条は民法の援用制度を否定し、大量、画一的であり、時効の援用をするしないにかかわらず、平等に取り扱うことから来ており、民間と変わりない性質の債権の時効は民法が適用されます。

　延滞金の対象範囲に関して、直接示した判例は今のところ見当たりません。

　保育施設運営費補助金の返還請求権の時効は、行政処分で成立した債権ではないから自治法236条を適用する理由はなく、また、同補助金要綱の規定する延滞金は強制徴収権が与えられず、制裁としての位置付けではない（延滞金とあっても遅延損害金と同様）とした例があります（ 参考判例 1 ）。ただし、不服申立てができるかどうか争訟手段を拠り所にするだけでは時効、延滞金等の適用は判断できません。

　公営住宅の入居は「（筆者注：公営住宅）利用関係の発生原因である公営住宅法18条に定める入居者の決定は事業主体の長が法令の規定に従って行なう行政行為とみることができ、行政事件訴訟法44条にいう『行政庁の処分』に該当する（大阪地判昭49・12・10判時770号76頁、判例 ID 27818130）。」とした例があります。

　一方で、入居申込みと承諾という点から、公権力の行使といえず抗告訴訟の対象でなく、争う手段は契約当事者として確認訴訟、損害賠償請求で足りるとする解釈もあり（ 参考判例 2 ）、近年では行政処分を否定する傾向にあります。

　次に、使用関係から「公営住宅の使用関係には、公の営造物の利用関係として公法的な一面があることは否定しえない」としながら、明渡しは民間賃貸と同様に「信頼関係の破壊」の法理が適用されるとしています（最判昭59・12・13民集38巻12号1411頁、判例 ID 27000001）。この判決では公営住宅使用料の時効は判断せず、明渡し、契約解除（入居取消し）は公営住宅であっても、賃貸借は継続的契約であるから「信頼関係の破壊」の法理が適用され、未納あるいは入居者の不備の程度によっては明渡請求できないとしました。

水道使用関係は事業者と需要者は対等ですが、下水道使用関係は公道使用に近く、「公共下水道を使用するについては管理者たる地方公共団体の承諾や許可等を何ら必要とせず、かえって排水区域内の住民であることにより事実上当然にその使用を強制される（東京地八王子支決昭50・12・8判時803号18頁、判例ID 27404475)」としています。水道料金、公立病院診療費、公営住宅明渡しの判決から、利用関係が対等、契約に近いサービス・利用の対価とされる債権の時効は民法が適用されると考えるのが自然です。このような債権に自治法231条の3による督促は行政処分として延滞金を発生させる仕組みと矛盾します（ 参考文献 3）。

　時効と別に「公の施設の使用料」として、分担金、使用料等の規制、罰則について過料（ 法228）が適用されることを認めています。

　簡易水道料は「公の施設の使用料」に当たり、町営簡易水道の料金を定める行為は処分ではないとされ、住民と住民以外の者に料金の差は設けられても、平等利用の原則が働き、合理的な理由がない限り差別的な取扱いは自治法244条3項に反するとされます（別荘と別荘以外の住居に関して水道料金に差異を設けたことを違法とした例、 参考文献 4）。参考判例4は、給水契約のあり方として1件当たりの一般の年間平均額と別荘給水契約者の年間負担額を同一水準にするという料金の設定方法は、基本料金の格差を正当化する合理性はないとしています。

　 参考判例

1　教育財産の目的外使用許可における延滞金は附帯条件である（東京地判平25・6・11判例自治383号22頁、判例ID 28223278)

　「教育財産の目的外使用の許否の処分は、使用料及び延滞金の定め等は目的外使用の許可に当たって付することが必要な条件とされてはいるものの、あくまで附帯条件にとどまり、使用料徴収に主眼が置かれたものではないと解されるし、教育行政を所掌する施設管理者として、教育財産である学校の施設の使用につき、児童の教育的配慮の観点等を踏まえて、教育上及び公共上の政策的な見地から、

学校施設の管理に係る教育行政上の処理を直接の目的として、その許否を決する処分であるということができ、本件各使用許可は、学校施設の財産的価値に着目し、その価値の維持、保全を図る財務的処理を直接の目的としているものとは解されず、財務会計上の行為としての財産管理行為又はその怠る事実には当たらない」

2　入居決定は行政処分、抗告訴訟の対象ではない（徳島地判平7・1・27判時1548号57頁、判例ID 27828781）

「公営住宅の利用関係は基本的には対等な法主体間における契約上の権利義務関係にほかならないのであって、利用関係発生の原因である入居の許否関係も、法律が当該行政庁の優越的な意思の発動として行わせ、私人に対してその結果を受忍すべき一般的拘束を課すという『公権力の行使』には本来該当しないものと解するのが相当である。（中略）入居拒否に対しては損害賠償を求める等民事訴訟による救済の可能性も存在するから、救済の途がとざされるわけではない。（中略）、同法は、公共団体と住民との『契約』によって、公営住宅の利用関係は発生する旨規定する一方、公共団体が右契約を結ぶにあたっては、公営住宅設置の目的に照らして、その承諾の自由を規制したものとみることもできるのであって、原告の主張はこれを採用することができない。抗告訴訟が行政庁の行為に公定力がある場合にそれを消滅させるための特別な訴訟制度であることにかんがみれば、本件公営住宅への入居手続は抗告訴訟の対象とならない」

3　町営簡易水道事業と公の施設の規律（最判平18・7・14民集60巻6号2369頁、判例ID 28111516）

「普通地方公共団体が設置する公の施設を利用する者の中には、当該普通地方公共団体の住民ではないが、その区域内に事務所、事業所、家屋敷、寮等を有し、その普通地方公共団体に対し地方税を納付する義務を負う者など住民に準ずる地位にある者が存在することは当然に想定されるところである。そして、同項が憲法14条1項が保障する法の下の平等の原則を公の施設の利用関係につき具体的に規定したものであることを考えれば、上記のような住民に準ずる地位にある者による公の施設の利用関係に地方自治法244条3項の規律が及ばないと解するのは相当でなく、これらの者が公の施設を利用することについて、当該公の施設の性

質やこれらの者と当該普通地方公共団体との結び付きの程度等に照らし合理的な
理由なく差別的取扱いをすることは、同項に違反する」

参考文献

1 自治法231条の3第2項による延滞金

「公法上の債権については、督促した場合に、条例で定めるところにより、手
数料及び延滞金を徴収することができるとされている（自治法231条の3第2項）。
この手数料及び延滞金をどの程度にするかは、社会通念によるということになる
が、手数料については郵便料等の実費、延滞金については地税法の規定等を参考
にして定めることになるものと思われる。私法上の債権については、契約等で合
意している場合は別として、当然に督促手数料の支払いを求めることはできず、
延滞金については、それに相当するものとして民法419条に基づく法定利率又は
約定利率による損害賠償の額がある（前掲、債権管理・回収研究会編『自治体職
員のための事例解説　債権管理・回収の手引き』653頁）。」

2 公の施設の使用料の意義

「使用料は自治体の提供する役務の利用に対する反対給付とされ、使用料は、
反対給付であるから、一方的に賦課される租税及び分担金とはその性質を異にす
るとされています（成田頼明ほか編『注釈地方自治法〔全訂〕』第一法規、4211
頁）。」

3 延滞金を生じさせる督促とその対象債権

「自治法231条の3第1項の督促は、管理者たる地方公共団体の長による一方的
な行為であり、手数料及び延滞金の支払い義務を生じさせ（同条2項）、地方税
の滞納処分の例による処分を可能にする（同条3項）という法律効果を有する処
分である。公の施設の使用料の支払いが対等な当事者間の合意である契約に基づ
くものである場合に、当該支払いが遅延したということだけで、債権者が優越的
な地位を取得し、契約に定めのない不利益を債務者に及ぼすことができるという
のは、利用関係の設定が契約によるものであることと矛盾する。また、私法上の
債権については、弁済期の到来によって当然に法定の遅延損害金の請求権が発生
する（民法404条・412条・415条・419条1項本文）のであるから、督促によって

延滞金の支払い義務を発生させる債権は、私法上のものではあり得ない。したがって、このような法律効果を有する督促ができるのは、その基本となる利用関係が処分によって設定されたもの（公法上の債権）に限られる（前掲、橋本勇『自治体財務の実務と理論 改訂版－違法・不当といわれないために』202頁）」

4　水道料金の格差

「（筆者注：参考判例は）、別荘居住者という『住民』そのものではないけれども『住民に準ずる地位にある者』についても、地方自治法244条3項の規律は及び、『当該公の施設の性質やこれらの者と当該普通地方公共団体との結び付きの程度等に照らし合理的な理由なく差別的取扱いをすること』は禁じられるとして、条例の定めを違法と判断しました。ただし、別荘居住者の基本料金を一般住民より高額に設定すること自体は、裁量の問題として許容されるとしています。様々な事情を考慮しても、最大3.57倍の格差は不合理にすぎたということでしょう（前掲、板垣勝彦『自治体職員のためのようこそ地方自治法〔第3版〕』184頁）。」

Q84　公の施設の使用料の減免

　地元団体からチャリティーショーを開催するため町民会館の使用申請及び使用料免除の申請がありました。町民会館条例は「町長は、特別な事由があると認めたときは、使用料を減額し、又は免除することができる。」とし、この場合、特別な事由として減免が認められるでしょうか。

A　公の施設の使用料は条例により減免することができます（**法224の2①**）。公の施設の使用料の減免は、設置目的、使用内容、公益性の観点から判断することになります。

　ご質問の減免は、町として共催、後援しているか、補助金を支給しているかなどを考慮する必要があり、チャリティーショーの利用につき、主催者の性格、事業の内容、公益性の観点から使用料の免除を受ける必要性は高いものといえず、「特別な事由」があるといえないとされた例があります

（ 参考判例 1）。

「特別な事由」は、事業の性格及び主催者と自治体の関わり合いの程度、使用料免除の必要性を考慮し、公益性の観点から免除する必要性が高い場合とされます（ 参考文献 ）。

公の施設を葬儀に使用することも、公益性が認められるかが判断の基準であり、元町長の葬儀に関し、町民葬に扱われ、広く町民が参加したこと、町自ら公務上使用する場合に準ずべき公益牲があったとして使用料免除を認めた例があります（ 参考判例 2）。

また、25年に一度、神社の修復を行い、修復期間中別の場所に移していたご神体をあらためて本殿に戻す際に行われる祭事を行うため、神社氏子により組織された祭事の実行委員会に対する学校施設の使用料を減免したことは公益のために使用する場合に該当しないとした例があります（ 参考判例 3）。しかし、この例では参加者は地域住民であり、自治会活動の性質があることから使用料を免除したことについて損害賠償までは認めませんでした。

いずれにせよ、減免できる「特別な事由」に対する具体的な例示を定めておくべきものです。

なお、減免については、申請に対する処分として不服申立てができ、行政手続法、行政手続条例上、審査基準を決めておかなければなりません（大阪高判平16・5・27判例自治271号53頁、判例 ID 28091782参照）。

 参考判例

1　公の施設の使用料の減免にいう特別な事由（名古屋高判平17・4・13判例自治273号51頁、判例 ID 28110475）

「（筆者注：減免規定の）『特別な事由』の意義は、本件会館は行政財産であること、及び同会館の設置目的が、町民の文化、教養の向上及び福祉の増進を図り、住みよい地域社会を形成することにある（本件条例2条）ことを考慮すると、当該事業ないし催しに対するA町の関わり合いの程度、当該事業ないし催しの主催者の性格及び主催者とA町の関わり合いの程度、当該事業ないし催しの目的・内

容、当該事業ないし催しにつき主催者が使用料免除を受ける必要性の程度等の事情を総合考慮し、公益性の観点から使用料を免除する必要性ないし相当性が特に高いと認められる場合を意味すると解される。（中略）しかし、文化協会芸能部主催のチャリティーショーについてA町は共催も後援もしていない。また、チャリティーショーに出演した団体の演目の内容は、A町の文化や伝統等に関するものもあるが、出演した団体が、演目の普及啓発のためにA町から助成金ないし補助金を受けていたわけではない。そして、社会福祉法人A町社会福祉協議会に対する寄付を目的としたチャリティーショーを開催するために使用料免除を受ける必要性はそれほど高いものとはいえない。（中略）したがって、文化協会芸能部のチャリティーショー開催及び準備のための使用について使用料を免除したことにつき、特別な事由があるとはいえないから、控訴人は、裁量権を逸脱したといわざるを得ない。」

2　元町長の葬儀に対する町民会館使用料減免の是非（千葉地判昭63・10・31判例自治55号26頁、判例ID 27808785）

「A及びBは元町長であつたというだけでなく、町の教育文化の向上、福祉の増進、産業の発展などに多大に貢献し、広く町民に慕われていたことが認められるから、このようなAやBの功績を讃えるとともに、死者を追悼する目的で広く町内各界各層の代表者らが一体となつて結成された本件葬儀委員会が主催者となり、いわば全町的な意義、目的、規模で、広く町内外の一般人の参加、出席を求めて行われた本件町民葬を、町が財政面からこれを援助し、これに協力することは、普通地方公共団体に属する町の性格、存在に照らしても公益上有益であるということができる。そうだとすると、本件町民葬の挙行費用の一部に充てられる目的で、葬儀委員会に対してなされた本件補助金交付は公益性が認められ、またその金額もA、Bの功績、本件町民葬の規模等に照らし、相当なものであつたと認められる。」

3　神社氏子により組織された祭事の実行委員会に対する学校施設使用料の減免は公益に使用する場合に該当しない（神戸地判平12・2・29判例自治207号72頁、判例ID 28060309）

「●●神社正遷宮実行委員会は、直接神事を行い祭事を主催するものではない

が、神社の氏子により組織された祭事の実行委員会であって宗教的色彩を帯びた組織であり、自治会などの公益的組織、団体と異なるものであることは明らかであるから、同実行委員会に学校施設を使用させる場合は、本件使用条例が定める使用料を減免できる『公益のために使用する場合』に該当しない」

参考文献

参考判例1の評釈（判例タイムズ1223号170頁）

「本件は、公の施設の設置及びその管理に関する条例において、特別な事由があると認めたときは、町長は使用料を免除又は減額できる旨の定めが置かれた場合において、『特別な事由』に該当するのは、当該事業ないし催しに対する地方自治体の関わり合いの程度、当該事業ないし催しの主催者の性格及び主催者と地方自治体の関わり合いの程度、当該事業ないし催しの目的・内容、当該事業ないし催しにつき主催者が使用料免除を受ける必要性の程度等の事情を総合考慮し、公益性の観点から使用料を免除する必要性ないし相当性が特に高いと認められる場合を意味すると解されると判断したものである。」

6 住民監査請求、住民訴訟、賠償責任

Q85 職員の賠償責任

　自治法243条の2の2は会計職員の賠償責任が規定されていますが、賠償責任は故意又は重過失の場合に限られるのでしょうか。

A 会計職員（資金前渡に指定された職員を含みます。）が現金の亡失、備品の損傷等をした場合、裁判によらずに賠償させることができ、長の賠償命令があって職員への損害賠償請求権が発生します（法243の2の2）。これは「職員に責任の所在を認識させ、事故発生を防止するとともに、生じた損害の補填を行政処分により簡易迅速に行うことを目的として創設さ

れた制度（総務省資料「住民監査請求・住民訴訟制度について　参考資料
1」11頁）。」とされます。

　自治法243条の2の2による賠償責任は、公法上の特別の責任であり、時
効は自治法236条の適用を受けるとされます（ 参考判例 1 ）。賠償責任は故意、
過失があって生じるとされますが、自治法243条の2の2と同様である出納
官吏の賠償責任を定める会計法41条は、物品の管理と違い、現金の保管・管
理は容易であり、複雑な判断を伴うことはないことから故意又は重過失に限
らず、弁償義務があるとされます（ 参考判例 2 ）。

　源泉所得税の納付に係る払出通知が遅滞したことについて、著しく注意義
務を怠ったものではなく、損害賠償までは負わないとされた例があります
（ 参考判例 3 ）。

　また、賠償責任は長の賠償命令を待って発生するものではないとされます
（ 参考判例 4 ）。高額医療費及び出産育児一時金を前渡金として銀行口座によ
り管理していたが、他の職員に詐取され、故意又は重大な過失があった場合、
その支払いに対して職員は損害賠償責任を負うとした例があります
（ 参考判例 5 ）。

　なお、自治体の長、職員等に対する賠償額は事案により軽過失であっても
多額になり、従来から責任が重すぎるとの批判があり、会社法等を参考に平
成29年に自治法が改正され、善意かつ重大な過失のない場合、条例により長、
職員等に対する損害賠償責任の範囲を明示し、一部免責が可能になりました。

　条例の参酌基準として、その責任範囲は給与年額により長が6倍、職員が
1倍とされ、最低額は給与年額とされました（令173）。

　参考判例

1　改正前の自治法243条の2による賠償責任の時効は自治法236条の適用がある
　（大阪地判令3・1・20裁判所ウェブサイト、判例ID 28290857）
　「本件各検査職員が地方自治法234条の2第1項の規定に違反してした各完了検
査によって●●市に与えた損害であるといえるとしても、本件各検査職員が負担

する改正前地方自治法243条の2第1項所定の損害賠償責任は、公法上の特別責任であるから、平成29年法律第45号による改正前の地方自治法236条1項所定の5年の消滅時効の規定の適用を受ける」

2 会計法41条の責任は故意又は重過失に限らない（東京地判平30・1・24判タ1465号138頁、判例ID 29048708）

「会計法41条1項が出納官吏の保管する現金の亡失につき弁償責任を定めた趣旨は、出納官吏が国庫に属する現金の出納保管という重要な職責を担うものであり、その保管する現金を亡失した場合には国の財産上の損害に直結し得ることから、出納官吏に現金亡失についての弁償責任を負わせることで、現金の取扱いに係る職務遂行の厳正・慎重さを担保し、国に損害が生じることを回避しようとするとともに、その亡失により国に損害が生じた場合にはこれを弁償させ補填させるというものであると解され、その趣旨には合理性があるといえる。また、同項は、出納官吏が現金亡失につき善良な管理者の注意を怠ったことが立証された場合に初めて弁償責任を負わせるものであるから、出納官吏にとって酷にすぎるものとはいえない。したがって、同項による責任を負う場合は、その文言どおり、出納官吏が現金亡失につき善良な管理者の注意を怠ったことをもって足り、これを故意又は重過失がある場合に限定して解釈すべきであるとはいえない。」

3 著しく注意義務を怠り、重過失までは認められなかった例（最判平20・11・27集民229号269頁、判例ID 28142311）

「本件源泉所得税の納付に係る払出通知が遅滞したことについて、上告人が著しく注意義務を怠ったということはできず、上告人に重大な過失があったとまでは認められないから、上告人が県に対し（筆者注：地方自治）法243条の2第1項後段の規定による損害賠償責任を負うものということはできない。」

4 自治法243条の2は裁判によらず職員の賠償責任を追及するもの（最判昭61・2・27民集40巻1号88頁、判例ID 27100031）

「（筆者注：地方自治）法243条の2の規定は、（中略）職員の行為により当該地方公共団体が損害を被つた場合に、賠償命令という地方公共団体内部における簡便な責任追及の方法を設けることによつて損害の補てんを容易にしようとした点

にその特殊性を有するものにすぎず、当該地方公共団体の右職員に対する損害賠償請求権は、同条１項所定の要件を充たす事実があればこれによつて実体法上直ちに発生するものと解するのが相当であり、同条３項に規定する長の賠償命令をまつて初めてその請求権が発生するとされたものと解すべきではない。」

5　現金の亡失と支払いによる損害賠償（大阪地判平25・8・29判例自治387号66頁、判例ID 28224904）

「地方自治法243条の２第１項（中略）の『現金の亡失』とは、有体物としての現金を亡失した場合をいい、預金債権等の金銭債権の管理を怠ったためにその価値を毀損した場合は、『現金の亡失』には含まれないと解すべきである。よって、本件各口座に入金されていた金銭が正当な高額療養費等の支払を装って不正に引き出され、又は他の口座に振り込まれたことは『現金の亡失』には当たらず、同項３号の『支払』に該当するものと解すべきであるから、原告らは本件各口座に係る前渡資金の支払につき故意又は重大な過失があった場合に、同項に定める損害賠償責任を負うこととなる。（中略）Aは、高額療養費等の支払という外形をとって自ら払戻請求書に押印をし、又は本件資金前渡職員をして払戻請求書に押印させ、本件各口座から払戻しを受けていることから、払戻しを受けた金銭をAが着服したとしても、かかる払戻しは、同項にいう『支払』に含まれる」

COLUMN

言葉の由来

　債権という言葉はどういう意味でしょうか。平たくいえば、ある行為を請求できる権利です。

　債務は反対にあることを為す義務があるということになります。

　一番分かりやすいのは、金銭の消費貸借契約があるなら、貸した方は期限が来れば金銭の返還を請求する権利があり、借りた方は支払う義務があります。権利と義務は、それぞれ裏返しになります。

「債権における『債』の意味　債権とはつまるところ『人』の『責任財産』に対する権利ということになるので、『人』と『責』を組み合わせた『債』という漢字を用いるのだと理解しておくとよいだろう。実は、漢和辞典を引くと、大昔の中国で借りたお金を払わないと拷問で人を責め立てたことに由来があるようだが、現代的には、責め苦の代わりに責任財産を差し出せということになるわけである（前掲、大垣尚司『金融から学ぶ民事法入門〔第2版〕』49頁）」。

　法人の場合は破産して清算されると法人格を失い、清算後に負債が出てきても、債務者としての法人格を喪失し、債権債務が成り立たないことになり、債権者として請求できないことになります。

　債権、債務という言葉を当然に使っていますが、言葉には文化的背景があります。

　当たり前という語句もそれこそ当然に使っていますが、もともと、共同で収穫したものを分け与えるということから来た言葉だそうです。

　「当たり前は『当然』という語がもとになっている。（中略）もとは『当然』という意味のほか、共同で仕事をして得た収穫を分配するときに、一人分の受け取る分け前のことがアタリマエであった。農作業収穫物を分配するときの一人前の分量や、魚を捕りに行って漁獲物を分配する場合に、人の数によって分けた一山のことをいう。その分け前を受け取ることは道理に適い当然の権利であった。そこから、ごく普通のありふれたことをいうようになった（堀井令以知『ことばの由来』岩波新書、2005年、12頁）。」

　法制度も言葉と同様に背景を知ると、より理解できることがあります。

Q86　怠る事実

自治法242条、242条の2の「怠る事実」はどのような行為を問われるので

しょうか。

A 住民監査請求の「怠る事実」は財務会計上、違法か、不当かを判断するものであり、①公金の支出、②財産の取得・管理・処分、③契約の締結・履行、④債務その他の義務の負担、⑤公金の賦課徴収を怠ること、⑥財務の管理を怠ることが該当します（**法242①**）。①から④までは行為であり、その「行為がされることが相当の確実さをもって予測される場合を含む」とされ、⑤と⑥は不作為であり、「『不当』とは違法にまでは至らないが適正な行政の観点から見て不適当な瑕疵がある場合をいう（前掲、村上順＝白藤博之＝人見剛編『別冊法学セミナー　新基本法コンメンタール地方自治法』331頁）」とされます。

住民監査請求できる者は法人、個人どちらでもよく、１人でもできます。

怠る行為や怠る事実を証する書面にて、行為のあった日又は終わった日から１年内に監査委員に請求しなければなりません（**法242②〜⑨**）。

監査結果は自治体の掲示板に公示し（**法242⑨**）、公表は正当な業務の範囲であり、プライバシーの侵害に当たらないとされます（**参考判例 1**）。監査結果、請求に理由がないときは請求人に通知し、公表し、理由があるときは期間を付けて必要な措置を講ずるよう勧告し、上記措置は請求から60日以内とされています。

公共の福祉を阻害するおそれがない場合、監査委員は長や職員に対して監査手続終了まで行為の停止を勧告できます。

監査委員は、委員各人の判断により職務を行うので独任制になります。

どのような行為が怠る事実に問われるかは、徴税事務の効率的運営に関して、高額債権を漫然と催告等を繰り返し、債務者に十分な財産、負担能力があるにもかかわらず、差押えなどの措置をとらずに時効消滅させたことが違法とされた例があります（**参考判例 2**）。

反対に、人員、予算に応じ、少額案件に対して時効消滅させたとしても監督者の不法行為にならないとした例もあります（**参考判例 3、4**）。しかし、

このような例は必ずしも確立した先例といえるものではなく、怠る事実に問われるおそれは否定できません。

　自治体の債権管理に関し、怠る事実は、一般的に債務者の財産、資力に応じてとるべき措置（滞納処分、法的措置、緩和措置、停止措置）が問われ、高額案件は滞納処分、法的措置を実施し、少額案件が多量であれば納付催促などを業務委託して整理する効率的な方法をとるべきです。

　停止措置は債務者の状況のみならず、債権の性質を考慮して判断しなければならず、その誤りは怠る事実とされるおそれもあります。

　住民監査請求の結果に対し、適切な措置を講じなかった場合、監査委員に適切な措置を講じるよう求めたり、議会、長その他職員に対し違法な財産管理上の行為を是正するよう求める訴えが住民訴訟になります（**法242の2**）。

参考判例

　1　監査結果の公表はプライバシーの侵害に当たらない（東京高判平30・8・8、平成29年（ネ）第4747号、判例集未登載、判例ID 28264097）

　「住民監査請求や行政文書の公開請求等に関連する控訴人の活動の状況をうかがうことが可能であるが、（中略）不服の対象とされた監査委員の監査の結果に係る住民監査請求に対する監査結果と題する書面（中略）については地方自治法242条4項の規定に従い公表済みであること（弁論の全趣旨）等にも照らし、被控訴人Y2市が別件訴訟において別件乙号証を証拠として提出した行為について、控訴人のプライバシーを違法に侵害したものとは認め難い。」

　2　漫然と催告を繰り返すのでなく、場合により差押えすべきとした例（浦和地判平12・4・24判例自治210号35頁、判例ID 28060662、控訴棄却、東京高判平13・2・22裁判所ウェブサイト、判例ID 28152164）

　「本件滞納者には、本件各市民税を納付する意思がないことは、すでに明らかになっていたというべきであり、このような滞納者に対しては、本件補助職員が、納税意識に訴えて、本件各市民税を納付するよう指導したとしても、任意に本件各市民税を納付することは期待できない状態であったとみるのが相当であり、こ

のような場合は、むしろ、本件滞納者は、●●市内で薬局を営み、その経営も順調であったというのであるから、本件滞納者の財産を早急に調査して、右財産について参加差押をする方が、かえって時間や手間を省き、限られた徴税担当職員を有効に活用することができたというべきであるし、前述の滞納額をも考慮すると、本件滞納者に対しては、積極的に参加差押をすることが、最小の経費によって最大の効果を上げることを定める地方自治法 2 条13項、地方財政法 4 条の理念にも合致することになったといえるから、本件補助職員が、<u>本件滞納者が本件各市民税の徴収を保全するに足りる不動産を所有していたにもかかわらず、本件不動産について参加差押を行わずに、漫然と電話を 2 回、面接を 5 回したほか、催告書の送付を 8 回繰り返していた</u>という本件の事実関係に照らせば、滞納件数に比して徴税整理に当たる職員の数が少なかったという事情は、法331条 1 項、5 項に定める行為を行うことができなかったことを正当化する合理的な理由にはならない」

3　徴税の優先性と消滅時効に対する監督者の不法行為（水戸地判平19・8・8 裁判所ウェブサイト、判例 ID 28152662）

「●●市においては、督促から滞納整理、催告及び滞納処分に至るまでの滞納整理に関する一連の事務につき、1 件当たり平均10万1062円の費用を要していたことが認められるところ、滞納に係る税額が上記平均費用を下回る案件（以下『少額案件』という。）については、<u>人員及び予算に限りがあることを前提に、徴税事務又は行政事務の全体を適正かつ効率的に遂行しなければならないという●●市における地方行政の実状</u>（●●市においては、全職員1395名のうち、14名が税務の徴収部門に配置されていた。）<u>に照らせば、徴収に要する労力・費用を無視してでも必ず全額を徴収すべきとすることは不可能を強いるものであるから、徴税のために実施される措置として合理的と認めるに足りる程度の措置</u>（中略）が講じられている限りは、仮に当該案件に係る市税債権について差押え等が実施されることのないまま消滅時効が完成するに至ったとしても、徴税事務の監督者たる被告らに不法行為が成立することはない」

　＊　筆者注：控訴審である東京高判（平13・2・2 裁判所ウェブサイト）では「滞納処分に踏みきるか否かは、第 1 次的には地方税法により権限が認められている徴税吏員の判断を尊重すべきものであり、強制執行を命じなかった

市長に裁量権の濫用はない」とした市の主張は棄却されています。

4 時効消滅により不納欠損したことの是非（福岡高判平26・7・24判例自治395号24頁、判例 ID 28223469）

「地方公共団体における公金の徴収のための人員及び予算には限りがあり、滞納者からの債権の徴収には人員と費用を要するところ、本案対象債権は比較的少額の債権であること、滞納処分には本案対象債権の金額を上回る費用を要し、職員の時間外手当等の費用も必要となること、さらに滞納者は生活困窮者等であり、債権を徴収できる見込みが低かったことからすれば、前市長は、本案対象債権の徴収を違法に怠ったものということはできない。」

Q87 住民監査請求と住民訴訟

住民監査請求と住民訴訟の違いについて説明してください。

A 住民監査請求は違法又は不当な財産管理に対して監査委員に請求し、住民訴訟は住民監査請求を経て提起できます。住民監査請求と違って、住民訴訟は財務会計上の行為が違法でなければならず、不当、怠る事実は提起できません（ 参考文献 ）。

住民監査請求の対象は、長、委員会、委員、職員であり、議会は除かれ（法242①）、行為や怠る事実を証する書面にて監査委員に請求することになり、行為のあった日又は終わった日から1年内に請求しなければなりません（法242②）。

監査結果に不服がある場合は住民訴訟を提起でき（**監査請求前置主義、法242の2**）、現行の住民訴訟は2段階をとっており、住民はまず自治体の首長（機関として）を被告として争い、損害賠償が認められて賠償金を支払わない場合は自治体が長、職員個人に損害賠償を請求する仕組みです。

住民訴訟は「地方公共団体の構成員である住民全体の利益を保障するため

に法律によつて特別に認められた参政権の一種（最判昭53・3・30民集32巻
2号485頁、判例 ID 27000247）」とされ、取締役の違法行為による会社の損
失責任を追及する株主代表訴訟に似ています（**会社法847以下**）。

　住民訴訟は、違法な財務会計上の行為又は怠る事実を予防又は是正し、自
治体の損害を回避し、回復することを目的とし、特定の地位、職員の行政上
の責任を明らかにし、追及することを目的とするものではないとされます。

　なお、住民訴訟における職員には自治法242条1項から議員は含まないと
され（最判昭62・4・10民集41巻3号239頁、判例 ID 27100063）、この場合、
直接に不法行為による損害賠償を請求することになります。

参考文献

住民監査請求と住民訴訟

　「地方自治法は、地方公共団体の財産管理や財務会計上の行為の適否を監視す
るために、住民一人ひとりに地方公共団体の財務会計上の行為の違法、不当を指
摘して監査委員に対して監査請求をする権利を認めた。いわゆる住民監査請求の
制度がこれである（242条）。しかし、住民が監査請求をしても、監査委員が監査
を行わなかったり、適切な措置を講じなかった場合、あるいは監査委員が税制措
置を勧告したのに勧告を受けた議会、長その他関係機関が勧告に従わないときは、
住民の監査請求は空振りとなり実効を期すことができない。地方自治法は、そう
した場合にそなえ、監査請求をした住民がさらに裁判所に訴訟を提起して、監査
委員に対して適正な監査の実施を促したり、あるいは地方公共団体の議会、長そ
の他の職員に対し違法な財産管理上の行為を是正する権利を認めた。これが住民
訴訟である（242条の2）（前掲、原田尚彦『行政法要論〔全訂第7版補訂版〕』
433頁）。」

Q88　外部監査

　包括外部監査はどのような場合に行われ、個別外部監査とどのように違う
のでしょうか。

A 従来の監査委員による監査制度は独立性と専門性が不十分であることから、条例の定めにより個別監査契約に基づいて包括外部監査の制度が認められました（**法252の27以下**、 参考文献 ）。

都道府県、政令市、中核市は包括外部監査が義務付けられています（**法252の37以下**）。

包括外部監査は、最小費用で最大の効果を上げること、運営の合理化の目的から行われるのに対し、個別外部監査は事務監査請求（**法75①**）、議会の請求（**法98②**）、長の要求（**法199⑥**）、財政的援助を与えているもの等に係る長の要求（**法199⑦**）、住民監査請求（**法242①**）から行われます。

包括外部監査の特定のテーマは債権管理、指定管理について行う例が見られます。包括外部監査では監査委員に認められる暫定的停止の勧告の権限は有せず、随意監査に限定され、監査委員の監査と包括外部監査が同時に行われることはありません。

参考文献

外部監査契約に基づく監査

　「外部監査制度が導入されたのは、一般的に、地方分権の推進との関係で地方公共団体自らのチェック機能をこれまで以上に充実することの必要性とともに、官官接待問題に端を発した地方公共団体の予算執行の適正性に対する批判が噴出する中で監査機能に対する住民の信頼性を確保することが必要であるが、従来の監査委員による監査制度の独立性と専門性が不十分であると考えられたためである（前掲、村上順＝白藤博之＝人見剛編『別冊法学セミナー　新基本法コンメンタール地方自治法』480頁）。」

Q89　住民訴訟における職員の訴訟参加

　住民訴訟が提起されましたが、責任を問われた担当職員はどのように対応すればよいでしょうか。

A　住民訴訟は監査結果を経て提起することができます（**法242の２**）。
　　　　住民訴訟は請求内容に応じて行為の差止め、処分の取消し・無効確認、怠る事実の違法確認を行い、次に職員への損害賠償請求があります（**参考文献** １、２）。

　住民訴訟になった場合、住民訴訟の４号（**法242の２①（４）**）請求の構造から責任を問われるおそれのある長、職員は訴訟参加して主張することになります（**参考文献** ３）。

　訴訟参加は、民事訴訟法上、当事者以外の第三者が自己の権利・利益を擁護するために係属中の訴訟に参加することをいいます。この場合、訴訟告知が必要であり、訴訟告知は、訴訟の係属中に、補助参加等、参加することができる第三者に訴訟されている事実を通知します（**民事訴訟法53①**）。

　訴訟告知は、訴訟に参加する機会を与え、訴訟告知をした人（告知者）が敗訴した場合、被告知者が訴訟に参加しなくても、被告知者に訴訟参加の効力を及ぼすことができます（**民事訴訟法53④**）。

参考文献

1　住民訴訟の対象

　「住民訴訟は、普通地方公共団体の長などが、違法または不当な公金の支出や財産の管理、処分を行ったときに、監査委員に対する住民監査請求（自治242条）を経て提起される。住民訴訟は、その請求内容に応じて、①行為の差止請求（同242の２第１項１号）、②行政処分の取消し・無効確認請求（同項２号）、③怠る事実の違法確認請求（同項３号）、当該職員等に④損害賠償・不当利得返還を求める請求（同項４号）の４種がある。その目的は、会計経理の是正、公害防止・環境保全、文化財保護、政教分離など広範囲に及び、地方行政の民主化、公正化に果たしている役割は大きいが、処分取消訴訟の原告適格が制限されていたためであろうか、やや濫訴の傾向が現れている（南博方『行政法〔第６版補訂版〕』有斐閣、2012年、279頁）。」

2　４号訴訟の仕組み

「この改正は、それまで1回ですんでいた4号訴訟を2回に分けた。つまり、4号訴訟については、第一次、第二次の2回の訴訟が必要になったのである。第一次訴訟は、住民が原告であり、地方自治体の執行機関すなわち首長（たとえば市長）が被告である。その主文は、『被告は、違法な支出行為を行った者に対し、○○円（損害賠償または不当利得返還請求金）を請求せよ』というものであり、この訴訟で執行機関が敗訴すれば、地方自治体は、違法な支出行為を行った結果第一次訴訟において賠償義務を負うとされた者に対して支払請求を行い、これに応じた支払いがない場合には、第二次訴訟を提起しなければならない。なお、第二次訴訟における地方自治体の代表者は首長であるが、首長が第二次訴訟の被告である場合には、原告の代表者と被告がいずれも首長ということになって利益相反の関係が生じるので、その場合には代表監査委員が地方公共団体の代表者になる（瀬木比呂志『ニッポンの裁判』講談社現代新書、2015年、174頁）。」

3　住民訴訟4号（法242の2①（4））請求の構造

「旧4号請求訴訟では職員個人が被告となるために、職員に対する訴訟負担や心理的圧迫が強いことがかねてから問題とされ、2002年地方自治法改正により、旧4号請求が廃止されて新4号請求が定められた。新4号請求の下では、住民が原告となり、A市（の執行機関）を被告として、〈A市がB（筆者注：市長や職員個人）に対して損害賠償請求を求める〉形をとる。これにより、少なくとも職員等は訴訟における負担から免れることになった。しかし、旧4号請求訴訟でも新4号請求訴訟でも、そこで実質的に争われるのは、長や職員が個人として地方公共団体に賠償責任を有するか否かであって、住民訴訟では、公金支出の違法性と違法支出に対するBの過失の有無が審理される。そこで、新4号請求訴訟で実質的に責任を問われる長や職員は、被告となった地方公共団体が十分に自己の権利を守ってくれないと考えられる場合には、新4号請求訴訟に訴訟参加して自己の主張を行うことが必要になることもある（曽和俊文＝山田洋＝亘理格『現代行政法入門〔第4版〕』有斐閣、2019年、333頁）。」

Q90　住民訴訟における訴訟費用、弁護士費用負担

　住民訴訟の場合、応訴として訴訟費用及び弁護士費用は自治体の費用負担にできるでしょうか。あるいは、職員個人が負担する場合もあるでしょうか。住民側が勝訴した、又は敗訴した場合、訴訟費用及び弁護士費用の負担はどうなるのでしょうか。

　訴訟費用（印紙代）は敗訴者が負担しますが、弁護士費用は訴訟費用に含まれず、原告、被告それぞれで負担します。

　住民訴訟は個人の長、職員を被告としていましたが、平成14年に自治法が改正され、無用な却下を避けるべく、自治体、執行機関の長を被告とし（**法242の2**）、住民側が勝訴した場合、自治体に弁護士費用を請求できるようになりました（**法242の2⑫**）。

　改正前自治法は242条の2第1項4号の違法な財務会計上の行為、不作為に関する訴訟で勝訴した場合のみ費用負担が認められていましたが、1号から4号までの勝訴した場合に拡張されました（Q89の 参考文献 3参照）。

　住民側が敗訴した場合、住民に対して訴訟費用が請求でき、請求した例を少なからず見かけます。しかし、住民訴訟は自治体の財政をチェックするという意味から公益性があり、民事訴訟と同様に訴訟費用を住民に負担させるのは相当でなく、訴訟当事者である住民自身の利益を求めるものでないため規定の不備があるとの指摘があります。

　自治体が応訴する場合、職務行為から機関として訴訟費用を自治体負担にすることができ、重大な過失、条例違反、議決違反、権限の濫用等に基づく場合は職務行為として評価されません（ 参考判例 1）。

　また、自治体の機関としての訴えは自治体の費用負担にできますが、長、職員個人に対する訴えと評価される場合、訴訟費用及び弁護士費用について公金支出できません（ 参考判例 2）。

　なお、行政執行であっても、長個人が刑事責任を問われた場合、訴訟負担

は自治体負担にできないとした例があります（ 参考判例 3 ）。

参考判例
1 職務行為から応訴費用を認めた例（東京地判昭50・12・24判時807号16頁、判例ID 27670794）

「住民訴訟が、原告たる住民の側から着目していわゆる代表訴訟としての性格を有することを否定しえないにしても、右訴訟において被告たる当該地方公共団体の執行機関が、当該行為の正当性について積極的に主張、立証すべく応訴活動を行なうことはむしろ執行機関として当然なすべき職務行為の一環ともみることができるのである（けだし、執行機関が訴訟において当該行為の正当性につき何らの訴訟活動もせず拱手傍観することは機関の性格からいつても背理だからである。）。もつとも、訴訟の対象となつている当該行為等そのものが、当該執行機関等の故意又は重大な過失により法令又は条例の規定もしくは議会の議決に違反し、あるいは、著しい権限のゆ越又は権限の濫用に基づく場合等においては、もはや当該行為等は執行機関としての行為たる評価を受けられないものというべきであるから、このような特別の場合を除けば、被告である当該執行機関関等の応訴費用を当該地方公共団体が負担することは何ら違法ではない」

2 長個人の応訴費用として町の損害を認めなかった例（横浜地判昭60・9・9判時1183号75頁、判例ID 27803696）

「本件（中略）公金の支出は、住民側から同町長を被告とする違法確認訴訟事件における同町長の訴訟代理人であった弁護士に対する成功報酬の支払であり、右費用は、同町長としてこれに応訴するための費用であって、当然同町の事務処理費用として同町が負担すべきものであることが明らかであるところ、同事件は、その解決に約10年間の歳月を要したことなどからも、相当の難事件であったものということができるから、被告個人に関する住民代位請求の訴訟事件が併合審理されたか否かに関わらず、右成功報酬額が同町の負担すべき違法確認訴訟事件の報酬金額としても過大であるとまでは断定することができない。（中略）被告が●●町長として本件（中略）公金の支出をしたことは、本件47年事件の違法確認訴訟の応訴費用として本来同町の負担すべき事務処理費用を支出したにすぎなく、

また、その額も過大ではないから、同町には何らの損害も生じていない」

3 刑事裁判において市の訴訟費用負担が否定された例（東京地判昭58・5・27 判時1080号40頁、判例ID 27604109)

「本件事件で被告（筆者注：市長）が有罪とされれば、本件要綱に基づき行つた本件措置が水道法に違反することが明らかとなり、以後は同種の事案について給水を留保する措置をとりえなくなるから、本件要綱は事実上その実効性を期待し難いこととなろう。かくては、同市が本件要綱制定の際意図した目的を達することは困難となり、本件要綱に基づく行政に多大の影響を及ぼすことはみやすいところである。従つて、本件事件で被告の弁護活動を通し本件措置の適法性を主張・立証することは、他方では本件要綱に基づく行政の正当性を訴えることにもなるといえる。しかしながら、本件事件自体は被告個人を被告人とする刑事事件であり、被告が行つた本件措置の刑事責任の有無を確定するための手続に過ぎないことは明らかであるから、本件事件においては被告個人の刑事責任が問われていない旨の被告の主張は理由がない。」

 ＊ 長個人に対する訴訟として公金支出を認めなかった例（札幌高判昭57・8・5 行裁例集33巻8号1669頁、判例ID 27604048)

Q91 検査業務と損害賠償

委託契約の支出において、証憑書類等の検査を怠った場合、損害賠償に問われるのでしょうか。

A 支出命令者は、支出をしようとするときは関係書類に基づき、法令等の規定又は契約及び予算の目的に違反していないか、必要な関係証憑書類を備えているかなどを調査し、適正と認めたときは、支出命令を発しなければならないとされ、財務規則に規定されていることが通常です。

財務規則では、支出命令を発する際に、所定書類の添付及び提示を義務付けていることが通常です。

証憑検査を怠ることが問われるのではなく、当該支出を裏付ける証憑がなければ法律上原因のない利得として不当利得とされ、概算払も含めて返還請求でき、場合により詐取されたものと評価され、損害賠償に該当します（ 参考判例 1）。

　証憑があっても、検査、確認を怠った場合は重大な過失に問われるおそれがあります（ 参考判例 2）。

 参考判例

1　委託契約に基づく支出と証憑書類の関係（鳥取地判令2・3・25、平成29年（行ウ）第1号、判例集未登載、判例ID 28281495）

　「裏付けとなる証憑書類が存在しないことがやむを得ないと認められる事情がない限り、受託業務の処理のためにした費用の明細において報告した支出を裏付ける証憑書類を提出できなければ、K町からは委託料の支払を受けることができないものと解するのが相当である。したがって、Nが、K町に対し、受託業務の処理のためにした費用の支出を裏付ける証憑書類を提出していない場合には、K町は、Nに対し、前記特段の事情がない限り、委託料を支払うことはできず、また、概算払などによって支払った委託料の返還を請求することができる」

　＊　この判例はNPOへの委託事業につき、領収書の裏付けのない支出や事業内容と関係のない不適正な支出を違法としたものです。

2　委託契約において検査、確認を怠った支出は重大な過失に当たる（広島地判平20・2・29裁判所ウェブサイト、判例ID 28141422）

　「本件委託契約に基づく廃プラの再生処理について、地方自治法234条の2第1項の監督又は検査をすべき義務ないし本件各支出命令の専決に先立つ履行の確認の義務が十分に尽くされておらず、また、そのことに対する憂慮すら示されていた中、Fは、部下からの報告及び自らの視察により、実際は本件委託契約に基づく廃プラの再生処理がほとんど行われておらず、それが行われる見込みも極めて乏しいことを十分に認識しながら、問題があるとの指摘さえされていた従前の方法で、平成16年12月搬出分に係る支出命令を漫然と行ったものであるから、同月搬出分に係る支出命令及び支出に関し、Fは、重大な過失により、同項の監督又

は検査をすべき義務及び支出命令の専決に先立ち履行状況を確認すべき義務を怠ったものというのが相当である」

Q92　各種手当の申請手続と周知義務

児童扶養手当につき、申請期限を過ぎていたことから請求を認めませんでした。申請期限を広報等で周知していない場合は損害賠償に問われるのでしょうか。

A 児童扶養手当申請の周知は法的義務でなく、広報しなかった場合、知る機会がなく、申請が遅れたことに対し、国家賠償責任に当たらないとした例があります（ 参考判例 ）。しかし、受給機会を失しないよう周知に努めることが必要であり、参考判例では周知義務については「官報への掲載のほか一切の広報活動を行わなかつたり、市民が役所の担当窓口で制度について具体的に質問し相談しているのにこれに的確に答えないで誤つた教示をするなど、広報、周知徹底に関する国等の対応がその裁量の範囲を著しく逸脱したような場合には、これを違法として損害賠償義務を肯定することができないわけではな（い）」としています。

裁量によるとしながら、周知に努めるよう配慮すべき点は傾聴すべきところです。

また、広報は知らせるだけでなく、説明責任を果たすことが必要であるとの指摘があります（ 参考文献 ）。

住民目線からすると、定期的な手当、減免等については、申請漏れのないよう、広報で特集を組む試みもあってよいところです。

低所得者への対応として、介護保険料や介護保険自己負担額において、減免が受けられないとしてもより低い基準が適用される境界層該当者の負担軽減があり、ホームページで周知している例（杉並区等）もありますが、知られていないという指摘もあります。

参考判例は、周知は法的義務でないとしていますが、今後、情報の多様化、また、情報取得の格差が拡大している現状では義務化されることも考えておくべきでしょう。

参考判例

児童扶養手当の周知は法的義務ではない（大阪高判平5・10・5判時1387号43頁、判例ID 27825932）

　「（筆者注：児童扶養）手当制度の広報、周知徹底が法的義務とは認められず、また、その広報、周知徹底の方法、範囲等が国の裁量に委ねられているものと解する以上、どの程度の広報活動をすれば十分でどの程度ならば十分とはいえないかを判定する客観的基準も存在しないといわざるをえないので、京都府及び京都市の右のような対応が手当制度の広報、周知徹底のために十分であつたか、それとも不十分といわざるをえないかを直ちに決することは困難であるけれども、少なくともその対応が裁量の範囲を著しく逸脱して違法性を帯びるほどのものとはとうてい認めることができない」

　　＊　筆者注：第1審（京都地判平3・2・5判時1387号43頁、判例ID 27808328）は児童扶養手当の周知に対して法的義務があるとして国家賠償法による損害を認めましたが、第2審は周知に法的義務はないとしています。

参考文献

説明責任を果たす広報へ

　「自治体においても、説明責任の手続などが具体的に検討されなければならない。近年の情報公開制度の普及、情報媒体の多様化、特に、IT化の進展により抜本的に見直しが必要になってきた。これらをも視野に入れて、知らせる広報から説明責任を果たす広報へ、情報政策の再構築が求められている（天野巡一＝石川久＝加藤良重『判例解説自治体政策と訴訟法務』学陽書房、2007年、131頁）。」

Q93　通達、通知と損害賠償の問題

国の通達、通知に従った事務につき、損害賠償に問われることがあるので

しょうか。

A　一般的に通達が法律の解釈を誤る違法なものでも、通達に従った取扱いをした担当者の行為について、職務上注意義務を尽くさず、漫然と取り扱ったと認められるような事情がある場合に限り、国家賠償法1条1項にいう違法な行為と評価されます（**参考判例** 1）。

法定によらない是正により重大な結果をもたらす場合、国家賠償に問われます（**参考判例** 2、3）。

国の通知は地方分権の点から指導、助言とされ、必ずしも拘束されません。しかし、国の見解は事実上、法令解釈、取扱指針になることは変わりありません。

法令改正により従来の取扱いを変更する場合、国民に周知が必要であり、税務行政では不利益を与えることから変更通知は義務的なものです。

国家賠償責任の考え方は、侵害結果に着目する結果不法説と、公務員の違法な行為に着目する行為不法説があります。判例は行為不法説をとっており、どのような行為が明白、重大な結果と評価されるか、今後の判例によります。

被害を発生させた結果に着目する、結果不法説の方が民事法的な発想であり、被害者にとりなじみやすいものとされます（**参考文献**）。

参考判例

1　通達に従った法解釈に対する注意義務（最判平19・11・1民集61巻8号2733頁、判例ID 28132352）

「一般に、通達は、行政上の取扱いの統一性を確保するために上級行政機関が下級行政機関に対して発する法解釈の基準であって、国民に対して直接の法的拘束力を有するものではないにしても、原爆三法の統一的な解釈、運用について直接の権限と責任を有する上級行政機関たる上告人の担当者が上記のような重大な結果を伴う通達を発出し、これに従った取扱いを継続するに当たっては、その内容が原爆三法の規定の内容と整合する適法なものといえるか否かについて、相当

程度に慎重な検討を行うべき職務上の注意義務が存したものというべきである。」

2　所得税確定申告において錯誤が認められる場合（最判昭39・10・22民集18巻 8 号1762頁、判例ID 21019940）

「確定申告書の記載内容の過誤の是正については、その錯誤が客観的に明白且つ重大であって、前記所得税法の定めた方法以外にその是正を許さないならば、納税義務者の利益を著しく害すると認められる特段の事情がある場合でなければ、所論のように法定の方法によらないで記載内容の錯誤を主張することは、許されない」

3　相続税納税申告において錯誤が認められる場合（大阪高判令元・10・10判タ 1473号18頁、判例ID 28282175）

「納税申告書の記載内容の過誤の是正については、その錯誤が客観的に明白かつ重大であって、相続税法や通則法が定める方法以外にその是正を許さないならば納税義務者の利益を著しく害すると認められる特段の事情がある場合でなければ、法定の方法によらないで記載内容の錯誤を主張することは許されない」

参考文献
違法性の意義

「私人の場合と異なり、行政作用は、法令や法の一般原則などの形で、各行動すべしという行為規範が定められている。行為不法説は、この行為規範とのズレがあった場合に、その行政作用を違法と捉える。他方で、国家賠償は、行政作用によって損害を被った者を救済するという局面で問題となる。そうすると、被害を発生させたという結果に着目し、本来生ずるべきでない結果が生じてしまったという場合に、違法な行政作用が行われたという立場もあり得る。これが結果不法説の基本的な考え方であり、権利侵害＝違法性という図式に近いこともあって、民事法的な発想になじみやすい（前掲、櫻井敬子＝橋本博之『行政法〔第 6 版〕』364頁）。」

Q94 申請処理の遅延と損害賠償

申請後に処理が遅れた場合、違法とされ、損害賠償の対象になるでしょうか。

A 民法710条の損害賠償の範囲は財産的な損害だけでなく、精神的苦痛による損害も含まれ、精神的苦痛による損害は慰謝料として判断され、国家賠償責任においても同様です。

処分遅延に伴い、申請者の感情が精神的損害に含まれるかは、受忍限度の範囲の問題です。

難病といわれる水俣病の長期の申請処理の遅延が精神的苦痛として損害に認定されましたが、長期にわたり遅延が続き、処分が期間内に処理できなかったことを損害に問われ、行政庁として遅延解消の努力を尽くさなかったことが不作為に当たるとされました（**参考判例**）。

一般的に処理期間を徒過し、不作為が長期にわたることは、義務を生じているにもかかわらず放置してきたこととして行政手続法7条に違反します。

また、現在では行政事件訴訟法が改正され、申請者は義務付訴訟を活用することもできます（**行政事件訴訟法37の3**、**参考文献**）。

参考判例

申請の処理遅れは不法行為の保護の対象になる（最判平3・4・26民集45巻653頁、判例ID 27808496）

「一般に、処分庁が認定申請を相当期間内に処分すべきは当然であり、これにつき不当に長期間にわたって処分がされない場合には、早期の処分を期待していた申請者が不安感、焦燥感を抱かされ内心の静穏な感情を害されるに至るであろうことは容易に予測できることであるから、処分庁には、こうした結果を回避すべき条理上の作為義務があるということができる。そして、処分庁が右の意味における作為義務に違反したといえるためには、客観的に処分庁がその処分のため

に手続上必要と考えられる期間内に処分できなかったことだけでは足りず、その期間に比して更に長期間にわたり遅延が続き、かつ、その間、処分庁として通常期待される努力によって遅延を解消できたのに、これを回避するための努力を尽くさなかったことが必要である」

参考文献

申請に対する不作為

「(筆者注：参考判例では、）不作為の違法について、認定遅延による精神的損害を回避する条理上の作為義務違反という構成をとるため、結果として、国家賠償法と行政事件訴訟法で違法概念が大きくずれている（前掲、櫻井敬子＝橋本博之『行政法〔第6版〕』374頁)。」

COLUMN

破産免責制度

　法人の破産は清算することにより法人格が消滅します。個人の場合は債権者に債務者財産から配当することと併せて、破産債権を免責することにより破産後の債務者を更生することを目的とします。

　戦前では、破産整理後、配当を受けられなかった債権はそのまま残り、時効、債権者からの免除がなければ債務者は一生弁済することになっていました。破産免責制度は日本では戦後1952年（昭和27年）に導入され、制定当初はほとんど利用されず、1980年（昭和55年）以降に活用されるようになりました。

　現在では、よほどの理由（賭博、隠匿行為など）がない限り免責が認められ、モラルハザードの問題がありますが、債務者の再生の機会を図ることも破産法の目的の一つですから、裁判所の裁量により認められるケースがほとんどです。

　免責制度は債権者の財産権を制限するものですが、憲法29条には反し

ないとされています（最決昭36・12・13民集15巻11号2803頁、判例ID
27002223）。

　「破産法における破産者の免責は、誠実なる破産者に対する特典とし
て、破産手続において、破産財団から弁済出来なかつた債務につき特定
のものを除いて、破産者の責任を免除するものであつて、その制度の目
的とするところは、破産終結後において破産債権を以て無限に責任の追
求を認めるときは、破産者の経済的再起は甚だしく困難となり、引いて
は生活の破綻を招くおそれさえないとはいえないので、誠実な破産者を
更生させるために、その障害となる債権者の追求を遮断する必要が存す
るからである。」

　また、改正前の破産法では、免責許可決定前の強制執行、差押えをす
ることができ、その配当は免責許可決定がなされた後でも不当利得には
ならないとされていましたが（最判平2・3・20民集44巻2号416頁、判
例ID 27806231）、免責による更生の効果を否定するものとして強い批
判があり、破産手続開始の申立をした場合、「免責許可の申立てをした
ものとみなす」ことに（破産法248④）さらには、免責手続中の強制執
行等を禁止することに改められました（破産法249）。

7　その他

Q95　破産手続における債権申出の順位ほか

　破産による債権申出はどのような順位になるでしょうか。一方で、配当が
見込めない劣後債権まで定める意味があるのでしょうか。また、督促手数料
の滞納分の申出は財団債権か、破産債権のいずれになるのでしょうか。公営
住宅使用者が破産申立てをしましたが、明渡しができるのでしょうか。

破産手続において、破産申立者に対する債権は財団債権と破産債権に分けられます。

　破産における財団（財産の集合）は破産手続の原資になるものです。

　財団債権のうち、報酬がなければ破産管財人を引き受ける者がいないことから、破産管財人の報酬は他の財団債権よりも優先されます（**破産法152②**）。財団債権は優先の有無に関係なく、破産手続開始前の原因により生じたものとされ、納期限未到来・納期限後1年以内の租税債権と破産手続開始前3か月相当の給与債権などがあり、平等に扱われます。

　破産債権のうち、納期限後1年を超えた租税債権が優先され、手続開始前3月間以外の給料債権・退職金債権が続きます。破産手続開始後の利息・損害金は、劣後的破産債権とされ、事実上、配当は見込めません。しかし、個人の場合、劣後的破産債権は免責の対象としての意味があります。

　罰金、過料は免責の対象でなく（**破産法253①（7）**）、劣後的破産債権として破産者本人が支払います。

　債権者平等の原則は、破産法で定められた順位により債権者への配当を平等に扱うことです。

　自治体独自の債権として督促手数料があり、租税等の請求権として財団債権か優先的破産債権か見解が分かれます。しかし、督促手数料の納付期限は考えにくく、本税に付随するものであり、本税が財団債権か優先的破産債権かにより決定され、本税が財団債権の場合、督促手数料は財団債権として申出ができると考えます（**参考文献**）。

　一方で契約上の扱いとして、双務契約において双方が未履行の場合、破産管財人に契約の履行をするのか、解除するのか、選択権が与えられています（**破産法53**）が、破産者が未履行の場合、相手方の債権は破産債権になります。例えば、物品を購入して代金支払いしたにもかかわらず、破産者から物品が納入されていない場合、物品引渡請求権は破産債権になります。

　反対に、破産者が品物を引き渡しているにもかかわらず、代金が履行されていない場合は破産者が債権者になり、財団債権に属し、破産管財人が支払

請求します。公営住宅の入居者が破産になった場合、破産法53条が適用され、破産管財人に賃貸借の履行と解除権があり、引き続き入居する場合は使用料（賃料）を支払います。

　破産手続開始前に滞納していた場合の賃料債権は破産債権であり、破産手続開始時から明渡しまでの賃料は財団債権になります（**破産法148①（8）**）。

　公営住宅の場合、破産管財人から契約解除を申し出ることはないと考えられ、破産手続開始前から公営住宅使用料の未納が続き、契約を継続できない、「信頼関係の破壊」と評価される状態であれば解除、明渡請求ができます（ 参考判例 1）。

　なお、債権申出（令171の4①）をしたにもかかわらず、破産管財人が認めず、他の債権者から申出に対して異議が出た場合、破産債権の申出という権利行使は変わりなく、時効中断（更新）の効力に影響はないとされ（ 参考判例 2）、民法改正後も変わりなく更新されると考えます。この場合、異議後、1月内に債権査定されなかった場合は届出債権が確定し、6月経過すると時効完成しますので債権査定を申し立てます。

■ 破産手続における債権の優先順位

		破産管財人の報酬など	
財団債権		租税債権（納期限未到来・納期限後1年以内）	手続開始前3か月間の給料債権とその額に相当する退職金債権
破産債権	優先的破産債権	（順位あり）	納期限後1年を超えた租税債権
		手続開始前3か月間以外の給料債権・退職金債権 その他の労働債権	
	（一般の）破産債権	上記または下記に該当しない債権	

劣後的破産債権	手続開始後の利息・損害金、罰金等	
約定劣後破産債権	劣後化の合意をした債権	

（倉部真由美＝高田賢治＝上江洲純子『倒産法』有斐閣、2018年、85頁）

参考判例

1 公営住宅と信頼関係の法理（最判昭59・12・13民集38巻12号1411頁、判例 ID 27000001）

「（筆者注：公営住宅）法及び条例の規定によれば、事業主体は、公営住宅の入居者を決定するについては入居者を選択する自由を有しないものと解されるが、事業主体と入居者との間に公営住宅の使用関係が設定されたのちにおいては、両者の間には信頼関係を基礎とする法律関係が存するものというべきであるから、公営住宅の使用者が法の定める公営住宅の明渡請求事由に該当する行為をした場合であつても、賃貸人である事業主体との間の信頼関係を破壊するとは認め難い特段の事情があるときには、事業主体の長は、当該使用者に対し、その住宅の使用関係を取り消し、その明渡を請求することはできない」

2 破産申出に異議があっても中断の効力は変わりない（最判昭57・1・29民集36巻1号105頁、判例 ID 27000105）

「執行力のある債務名義又は終局判決を有しない破産債権者は、破産債権の届出により破産手続に参加し破産債権者としてその権利を行使していることになるのであつて、債権調査期日において破産管財人又は他の債権者から異議が述べられても、破産債権者は依然として権利を行使していることに変りはなく、右異議は、単に破産債権の確定を阻止する効力を有するにとどまり、これによつて破産債権届出の時効中断の効力になんら消長を及ぼすものではない」

参考文献

破産手続において督促手数料は本税と同一性質である

「督促がされるのは手続開始前ですから、開始後の原因に基づいて生じたもの

（破97四）に該当せず、実費弁償的性質のものですから、開始後の延滞税（破97三）や加算税（破97五）にも該当しません。また、督促手数料そのものについて納期限を想定することは、延滞金について『親亀子亀説』（本税が財団債権であればその延滞金も財団債権であり、本税が優先的破産債権であればその延滞金も優先的破産債権）が通説であるように、相当とは思われません（納期限を想定すると、優先的破産債権の本税について生じた督促手数料が財団債権になることがあり得ます。）（全国倒産処理弁護士ネットワーク編・木内道祥監修『破産実務Q＆A150問』きんざい、2007年、169頁）。」

Q96　破産手続と民事再生手続の違い

　破産手続と民事再生手続はどのように違うのでしょうか。民事再生は破産財団債権のように、納付期限1年を経過していない地方税は優先的に弁済を受けられるのでしょうか。

A　破産は債務者財産を清算する手続ですが、民事再生は再生計画によって切り捨てられ、債権を共益債権、一般優先債権、再生債権に分け、再生債務者は再生計画に沿って減額された債務を弁済します。

　共益債権は再生債務者の業務費用や監督委員の報酬など再生手続費用であり、破産における財団債権と同様にいつでも弁済を受けられます。

　民事再生では破産のような優先順位（優先的破産債権、破産債権、劣後的破産債権）はなく、単純な処理ができるように給与など労働債権や租税債権は一般優先債権を再生債権に組み入れず、随時に弁済を受けられます（**民事再生法122①**）。

　ご質問の民事再生における納付期限1年を経過していない地方税は破産と違い、共益債権に該当せず、一般優先債権の扱いです。再生計画に組み入れた一般優先債権以外の債権は再生債権に扱い、破産債権に相当し、再生計画が作成され、実行されるまで再生債権への弁済は禁止され、請求、強制執行

もできません。

　破産の財団債権と違って、民事再生の場合、租税債権は納期限の区分はなく、再生計画外から再生手続によらずに随時に弁済を受けられます（**民事再生法122②**）。

　一般優先債権は、個人再生における最低弁済額の基準となる基準債権にならず、税等公課において滞納処分を受ければ、負債総額により再生計画が不認可になる場合があります（**民事再生法231②（3）**）。

　したがって、債務者は再生手続に入る前に租税等公課の滞納を整理しておく必要があります。

　租税公課等以外は、個人再生手続中は優先的に弁済を受けられず、請求も強制執行もできません。

　また、弁済を受けた場合、再生手続で否認されるおそれもあり、保証人がいる場合は保証人に請求しておきます。ただし、10万円以下で債務者の事業を継続するため早期の弁済がよい場合、下請業者、納入業者への配慮から、債権者の申立てにより裁判所が少額債権として優先弁済が認める場合があります。

　再生手続後の利息、遅延損害金、既に発生していた罰金などは、再生計画が終了するまで弁済を受けられません（実質的に劣後債権の扱いです。）。

　債権者としては、債権届出期間内に裁判所に届出を行い、債務者が認めなければ異議を述べることもでき、再生計画案に納得できない場合は修正を求めることもできます。債権者は再生計画確定後も債務者が計画どおり弁済がなければ、再生計画の取消し、再生手続廃止を求めることができます。

■ 民事再生と破産手続との対比

再生手続		破産手続	
共益債権		財団債権	
一般優先債権			優先的破産債権
再生債権	（通常の）再生債権	破産債権	（一般の）破産債権
			劣後的破産債権
	約定劣後再生債権		約定劣後破産債権

（前掲、倉部真由美＝高田賢治＝上江洲純子『倒産法』197頁）

Q97　個人再生計画案の承認と議会の議決

　災害援護資金の借受人（連帯保証人なし）が個人再生を申し立て、再生債権の届出をしました。後日、再生計画（案）が示され、再生債権者は10件で確定債権総額の80％が免除される内容であり、再生計画（案）を承認するか、意見を申し出るか意思表示を求められています。再生計画（案）に承認し、再生（案）が決定された場合、「権利の放棄」に該当し、議決事項に該当するでしょうか。反対の意思表示をして、再生（案）が決定された場合は議決事項に該当するでしょうか。

A　個人再生の場合、過大な債務を切り捨て、債務者が支払可能な額になるように再生計画を定めます。例えば、「再生債権者は10件で確定債権総額の80％が免除される」という表現で再生計画に全ての債権者に対して減額、免除あるいは猶予という変更がなされます（権利変換条項といいます。）。

　再生計画案に賛成か反対か、民事再生は債権者集会による決議か、書面決議、また、両者を組み合わせた方法により過半数の同意を得て決議され、個

人再生は書面投票のみの意思表示にされます。

　議決権は再生債権額の大きさと債権者数によって賛否が決められ、裁判所は適正な手続がされているか、また、決議で負けた少数の債権者に対して保護すべき最低限の利益があるかを審査し、違反すれば再生計画は認められません（**民事再生法174②**）。

　個人再生の場合、債権届出の有無にかかわらず、再生計画を早期に定め、債務者の届出表により再生計画が作成されます。仮に、再生計画に同意せず再生計画が決議されても、再生計画の実行により、破産手続により弁済される金額以上は保障されます（破産による清算より有利なことから清算価値保障原則といいます。）。

　ご質問の場合は書面投票であり、再生計画への同意に議会の議決を必要とする考えは、再生計画により債権額を全部、一部を免除されることによるものです（ 参考文献 1 ）。

　債権放棄は、自治体財産を恣意的に放棄することのないよう、議会の議決を得ることとしたものです（**法96①(10)**）。

　再生計画（案）の同意は、自治体の意思と関係なく、民事再生法に従って再生計画が定められ、同意するかどうかの段階においては自治体の意思を示す議決事項には当たらないと考えます（ 参考文献 2 ）。

　再生計画が認められると、切り捨てられ、免除された債権は完全に消滅するという考えがあり（完全消滅説、 参考文献 3 ）、反対に、免除された債権でも任意の支払いは受けられ、破産により免責を受けた債権と同様に請求できない債権であるという考えもあり（自然債務説）、自然債務説では債権として残る以上、再生計画決定後の段階で不納欠損するには債権放棄として議決が必要です。

　災害援護資金貸付金は保証人を要することから、再生計画により主債務が免除されても、保証人に影響を及ぼしません（ 参考判例 1 ）。保証債務が存続している場合は債権放棄できず、破産手続においても同様であり、主債務者が破産免責されても保証債務に及ばないため（最判平11・11・9民集53巻

8号1403頁、判例ID 28042623）、この場合、保証人だけの債権管理をすれ
ばよいことになります（参考文献 4 ）。

　債権申出（届出）は時効の更新になりますが、個人再生の場合、上記のよ
うに届出しない場合があり、これを債務の承認とみるか、みなし届出を請求
として時効の更新（中断）とするのか議論があります（参考文献 5 、6 ）。
しかし、この場合、債権届出をしたものとみなされることから、請求として
更新されると考えます。

　なお、公営住宅の場合、民事再生による使用料の免除は明渡理由になりま
せん。破産免責が明渡理由になるのではなく、未納が続くことにより貸主と
の間の信頼関係の破壊に値する場合に明渡請求できることと同様です
（参考判例 2 ）。

　明渡しを避けるため、民事再生の対象外として再生計画前の滞納家賃を分
割納付することは許されると考えます（参考文献 7 ）。

参考判例

　1　再生計画による一部免除と保証債務（東京高判平29・6・22判時2383号22頁、
　　　判例ID 28265146）

　「再生債務者につき再生計画の定めにより免除を受けた部分の債務が、会計処
理上も免除益として計上されることを踏まえ、絶対的に消滅したと解するべきか
否か、仮に自然債務として存続する場合に免除前の債務との同一性があるか否か
は、もっぱら主たる債務者との関係で免除部分の法的性質をどのように解するか
という問題であって、前記の民事再生法177条2項の規定の趣旨に照らせば、そ
の法的性質自体は再生債務者の保証人との関係では何ら影響がない」

　2　破産免責により明渡しが正当化されるものでない（東京地判平26・10・27、
　　　平成26年（ワ）第13765号、判例集未登載、判例ID 29042968）

　「（筆者注：建物の使用許可）取消しが、信頼関係が破壊されたことに基づくも
のであれば、これを適法と認めることができるというべきである。もっとも、被
告は、本件取消しにつき、住宅使用者が負担する最も基本的債務である分割金の

回収が不可能となり、公営住宅の使用関係の基盤となる信頼関係が破壊された、本件和解により修復されつつあった信頼関係が破壊されたなどと主張するが、これらの事情は、本件残債権が免責されたことにより本件和解調書第2項による分割金の支払が履行されなかったことに起因するもので、結局、免責を理由とする債務不履行を前提としてその結果を捉えて信頼関係の破壊として主張しているに過ぎず、前記第3の1とその根拠とするところは異なるところはないから、被告が主張する上記信頼関係の破壊をもって本件取消しが適法となるものではない。」

  ＊　筆者注：東京都との間で、滞納使用料等を分割納付及び不履行があった場合に使用許可を取り消され、同建物を明け渡すことなどを内容とする裁判上の和解をしました。その後、入居者が破産により免責許可決定を受け、残債権についても免責されたとして支払わなかったところ、東京都が和解に基づき同建物の使用許可を取り消したことから、強制執行に対する請求異議の訴えを申し立てた事案です。

<u>参考文献</u>

1　会社の再建への協力

「会社の再建の方法としては、会社と債権者が任意に話し合いをし、債権者が一定の債権を放棄することによって会社の財務を健全化するという方法、民事再生法又は会社更生法に基づく法的手続によって債権をカットすることによって財務の健全化を図るという方法がある。前者の場合はすべての債権者が同意することが必要であり、後者の場合は債権者集会の議決（それぞれの法律が定める一定の要件を満たすことが必要）によって再生計画が決定され、それを裁判所が認可したときは、すべての債権者がその計画に拘束されることになる。そして、いずれの場合においても、会社の既存の債務を圧縮して財務体質を強化することが必須であり、債権者は、会社を清算して残余財産から弁済を受けること（残余財産が少なければ弁済額も少なくなる）と、債権の一部を放棄して、その残余について会社から弁済を受けること（その期待）との利害得失を比較して、再建に同意するかどうかを決めるのである。したがって、<u>会社を再建に同意するということは、債権の一部を放棄することを意味するので、A市がそれぞれに賛成する場合には、自治法96条1項10号に基づく議会の議決が必要となる</u>（前掲、債権管理・回収研究会編『自治体職員のための事例解説　債権管理・回収の手引き』）。」

2　個人民事再生における再生計画の同意の可否

　「民事再生手続においては、たとえＡ区（自治体）が不同意の書面を出しても他の債権者が不同意の投票をしなければ可決されてしまう。つまり、不同意の書面を出さないことが免除・放棄あるいは履行期限延期の特約の措置を採ったことにはならないのであって、要件を満たす必要はない。この場合に準拠すべきは自治法・自治令や条例ではなく、民再法である。そうであれば、一般の債権者と同様な立場から、同意・不同意を決すればよいのであって、特に問題がなければ不同意の書面を出す必要はない。なお、再生計画案が否決されると、あとは破産しかなくなることも併せ考える必要がある。民事再生においては、再生計画による弁済が破産の場合よりも有利であることが要求されている（民再法174条Ⅱ④）。再生計画案はこの要件を満たしているかどうか事前のチェックを受けており、破産に移行した場合よりも有利である可能性は高い（東京弁護士会弁護士業務改革委員会自治体債権管理問題検討チーム編『自治体のための債権管理マニュアル』ぎょうせい、2008年、107頁）。」

3　再生計画による責任免除

　「会社更生計画認可決定又は再生計画認可決定の確定によって、一部免除された債権との関係で問題を生ずる（会社更生法204条、民事再生法178条）。すなわち、これらによって一部免除された部分の債権については、完全に消滅するという学説や判例もあるが、なお自然債務として残るという学説や判例もある。債務者たる更正会社や再生債務者に保証人がいるような場合に、免除部分が主債務たる自然債務として残るという考えに立つと、その時効による消滅という問題が発生する。時効によって消滅した債務は自然債務として残るとする説によれば、一部免除部分はもともと自然債務であったのであるから時効にかかっても自然債務であることに変わりはなく、したがっておよそ時効による消滅ということ自体が無意味となる（酒井廣幸『〔新版〕時効の管理』新日本法規出版、2007年、24頁）。」

4　主債務者が破産免責されれば、保証人は主債務の時効援用はできない

　「最判平11・11・9判時1695・66は、破産者たる個人が免責を受けた場合の保

証債務について保証人は、免責された主債務の時効消滅を援用できないとしている。また、最判平15・3・14判時1821・31は、破産終結により法人格が消滅した会社を主債務とする保証人は、主債務についての消滅時効が会社の法人格消滅後に完成したことを主張してこれを援用することはできない、とも判示している。そこでは、『責任を免れる』という文言の実体的解釈を避けつつ、保証人の時効援用権の問題として処理している（前掲、酒井廣幸『〔新版〕時効の管理』549頁）。」

5　個人再生のみなし届出は手続参加とみてよい

「みなし届出において債権者は、債権届出についてまったく不作為であることから、『承認』に準ずると解する見解がある（酒井廣幸『続時効の管理（増補改訂版）』新日本法規（2001年）372頁）が、かかる解釈は、『再生債権の届出をしたものとみなす』という明文の規定で反する。（中略）みなし届出による場合でも、異議が述べられなかった債権、または、異議の申立て（民事再生法226条、244条）、評価の申立て（同法227条、244条）を経て裁判所に認容された債権額は、個人再生手続内での確定の効力しか有しないものの、小規模個人再生手続においては議決権を有し、再生計画に従った弁済を受けることができるのである。そうすると、債権者は、債務者代理人に対して送付した債権調査票等の資料を送付することによって、債権者自身の債権の発生原因、金額の記載を債務者に委ねているといえるので、みなし届出についても、債権者の権利行使の客観的な意思を認めることができる（高木多喜男ほか『時効管理の実務』きんざい、2007年、336頁）。」

6　個人再生における「みなし届出」と時効中断効との関係

「債権届出は時効中断事由となり（筆者注：改正前民法152条、改正民法147条1項4号）、債権届出所が裁判所に提出された時に時効中断の効力が生じるとされています（民訴法147条）。『みなし届出』の場合も、上記のように債権届出をしたものとみなされるわけですから、『当該債権届出期間の初日に』（民事再生法225条）時効中断効が発生することになります。この場合に時効中断効が生じる根拠については、『みなし届出』を『請求』（筆者注：改正前民法147条1号）と位置付けて考える説と、一種の債務『承認』（筆者注：改正前民法147条3号、改

正民法152条１項）と位置付けて考える説とがあります（大阪弁護士会自治体債権管理研究会『Ｑ＆Ａ　自治体の私債権管理・回収マニュアル』ぎょうせい、2012年、289頁）。」

＊　筆者注：民法改正前は連帯保証人への請求は主たる債務者に中断効が及びましたが、改正後は及びません。連帯保証人の承認は主たる債務者に中断（更新）効が及ばず、改正後も変わりません。

7　再生計画認可決定の効果

「計画弁済対象外の再生債権が再生計画に定める『免除』の効力により実体的に消滅するとしても、家賃滞納の事実自体は残りますので、Ａ市としては、その滞納（債務不履行）による信頼関係の破壊を理由として住宅の明渡しを請求することが法律上可能と考えられます。そこで、市営住宅の明渡しという事態をどうしても避けたいということを真摯に希望する債務者から、再生計画認可決定確定後になって、計画弁済対象外の滞納家賃を分割納付したいとの申出がなされた場合に、Ａ市がこの申出を受け入れて市営住宅明渡請求権の行使を事実上猶予する形で事態の収拾を図ることを事実上の和解的解決として合意し、この合意に基づきＡ市が計画弁済対象外の滞納家賃相当額の分割納付を受けることは『法律上の原因』を有するものとして許されるのではないでしょうか（大阪弁護士会・自治体債権管理研究会編『地方公務員のための債権管理・回収実務マニュアル－債権別解決手法の手引き－』第一法規、2010年、173頁）。」

Q98　内部統制と財務事務の関係

地方自治法が改正され、内部統制が問われるようになりましたが、自治体財務と内部統制の関係はどのような事項に注意すればよいでしょうか。

地方自治法が改正され、民間企業と同様に内部統制が問われるようになりました（法150①）。

内部統制の目的は①業務の効率的かつ効果的な遂行、②財務報告等の信頼性の確保、③業務に関わる法令等の順守、④資産の保全です。その対応は、

①統制環境、②リスクの評価と対応、③統制活動、④情報と伝達、⑤モニタリング（監視活動）及び⑥ ICT（情報通信技術）への対応の6つの基本的要素の構成です（総務省内部統制ガイドライン）。

　これらは内部統制の目的を達成するためのリスクをコントロールし、業務をマネジメントすることであり、自治体の業務が不適切なものとならない事前の仕組みが求められます。

　財務事務に関して、不適切な支出はもとより、適正な契約かどうか、債権管理も問われます。外部から問われるのは「怠る事実」であり、内部統制は行政内部から適切な管理をすることです。

　その意味では、業務の流れを可視化する、それぞれの業務手順を明確にすることはもとより、財務規則をはじめ、契約書、請求書のあり方を普段から見直し、また、職員の異動に伴う、事務引き継ぎのリスクも考えておかなければなりません。従前からの取組に比べて特別なことを要求されるものではなく、リスクを発生させない仕組みが求められます。

　業務手順の見直しは不適切な事務処理を防止するだけでなく、働き方改革にもつながります。

　本書では、内部統制の視点も取り入れ、不適切な事務を防止する点を踏まえてお答えしています。

Q99　PTA会費の口座振替と個人情報

　PTA会費の口座振替について、PTAから学校、学校から教育委員会へPTA加入者の個人情報を提供することにつき、問題があるでしょうか。

PTAは任意団体であり、学校、教育委員会と別組織ですので行政機関の一部ではありません。

　学校、教育委員会は同一行政機関の中で個人情報を扱いますから、個人情報の扱いは職務権限上も問題ありません（**法153、地方教育行政の組織及び**

運営に関する法律21）。しかし、PTAと学校、教育委員会の間で個人情報を扱う上では業務範囲を明確にした委任契約を結ぶことが適切です（名古屋市の例、名古屋市立学校PTAと名古屋市立学校の業務委任契約書）。

　個人情報取扱事業者は営利性がなくても、自治会、同窓会、PTA等も事業者として扱います（**個人情報の保護に関する法律16②**）。

　また、個別に父兄と学校間の口座振替の同意書があれば問題ありません。

　学校園徴収金取扱に口座振替を規定している例がありますが、そのまま学校側が口座等の個人情報を扱うのは問題があり、PTAは自治体と委任契約を結ぶことにより、個人情報を提供できます（**個人情報の保護に関する法律27①（4）**）。

　PTAが目的外で利用できる場合、「児童の健全な育成の推進のために特に必要がある場合であって、本人の同意を得ることが困難であるとき。（**個人情報の保護に関する法律18③（3）**）」がありますが、これは児童の安全等の緊急の場合に限られ、本件のように口座等の扱いに同意を得なくてよいとするには無理があり、父兄から個別に同意書が必要です。

　第三者に情報提供することは原則、禁じられますが、国、自治体の「法令の定める事務を遂行することに対して協力する必要がある場合」は利用できます（**個人情報の保護に関する法律27①（4）**）。しかし、この規定は警察の任意捜査に応じる場合、また、統計調査に協力する場合などが例として挙げられ、基本的に協力がなければ業務ができない場合を想定し、ご質問は該当するかどうかは疑問です。要するに、PTAは学校への情報提供のために個別に同意書をとることは現実的に無理があり、第三者である自治体との間に範囲を限定した委任契約が必要です。

　名古屋市の委任契約書の例は委任業務を限定し、その限りで学校側がPTAの業務を行います。また、第三者に提供する場合、個人情報保護委員会に届出し、提供内容を自治体と個人情報保護委員会がともに公表する手続があります（**個人情報の保護に関する法律27②**、いわゆるオプトアウト）。

　ご質問の場合、オプトアウトまで必要ないと考えますが、PTAと学校、

教育委員会は組織が違いますので口座等手続に関する委任契約書は必要です。以前は5,000人以下の個人情報を取り扱う事業者は法の対象外でしたが、平成29年の個人情報保護法の改正により、情報取扱規模の大小により異ならず、人数に関係なく事業者に個人情報保護法が適用されます。

　PTA は、個人情報取扱規則を定めることが必要です（例、名古屋市立学校 PTA 個人情報取扱規則）。PTA、学校、教育委員会の三者契約は不要ですが、PTA と直接の窓口である学校とは委任契約が必要であり、今後のこともあり、個人情報保護委員会の意見も聴いておくとよいでしょう。

Q100　不当利得返還請求

　国保の資格がないにもかかわらず国保を利用して受診した者、また、国保での受診後、労災認定された者に、市が負担した医療費の返還を求めましたが、返還金の時効はどのように考えるべきでしょうか。

　返還金の時効について自治法か、民法の適用がされるのかは、取消しが必要かどうかで違うものと考えます。

　単なる誤納、誤払いの場合は、国保資格の関係は切れており、法律上の原因を欠く民法の不当利得が適用されると考えます（民法703）。

　改正前の時効は10年（改正前民法167①）、改正後は権利行使（請求）ができることを知った時から5年、権利行使（請求）ができる時から10年のどちらか早い方の時効になります（改正民法166①）。

　支給した日が施行日（令和2年4月1日）以前は改正前民法が適用され、不当利得の返還請求権は10年になり、改正後の時効10年は支給した日であり、5年は誤支給として返還すべきことを知った日になります。

　公法上の適用指標になるのは、債権成立として行政処分で成立するかどうかであり、単なる誤払いの場合は給付自体が無効であり、国民健康保険法、自治法の範囲ではなく、民法の範囲になります。判例においても、国保の資

格喪失後の保険証を使った返還金、保険料等の減額更正処分及びこれにより発生した保険料等に係る過納金の返還は民法703条、704条の規定を排除しないとされ、取扱いに注意が必要です（ 参考判例 1、 参考文献 1、2 ）。

　次に、労災保険によるところ国保を利用したのであれば、労災保険に切り替えなければなりません。労災保険で賄うところを国保で受診したのですから、この場合も国保の関係でなく、国保喪失後の受診と同様にその返還金は民法の不当利得によります。

　誤払いの税還付の返還は行政処分ではなく、税徴収の枠外である民法の不当利得であり、督促手数料、延滞金は徴収できないとした例もあります（大阪地判令3・10・13金融・商事判例1631号42頁、判例ID 28300063）。不当利得による返還金は、自治法施行令171条による督促ですから督促手数料及び延滞金は徴収できず、債務不履行、履行遅滞により遅延損害金が請求でき、裁判所による回収になります。

　また、納付の猶予、分割をする場合は履行延期特約（**令171の6**）、納付の見込みがない場合は徴収停止（**令171の5**）が適用され、時効完成しても援用が必要であり、場合により債権放棄が必要な債権です。時効だけでなく、管理・回収手続も国保料と全く違うことに注意が必要です。

　なお、交通事故等で保険会社が支払った給付については、国保の保険者は本人に代わって損害賠償請求権を取得し（ 参考判例 2 ）、二重に補填することのないようにしており（**労災保険法12の4、厚生年金保険法40、健康保険法67**）、この場合も民法の不法行為の適用になります。

参考判例

1　健康保険料返還の場合は民法703、704条を排除しない（大阪地判平31・2・27判タ1466号132頁、判例ID 28280022）

　「不当利得返還請求に関する一般法理は、適法に納付又は徴収が行われた保険料等について、国が保有する正当な理由がなくなった場合にも妥当するものと考えられるから、当該場合に関しては、民法所定の不当利得の規定が適用されるも

のと解するのが相当である（なお、内閣総理大臣は、国民年金に係る過払保険料等を還付する制度の有無や創設の必要性等に関する質問主意書に対し、平成20年3月21日、『国民年金法及び厚生年金保険法（中略）において、法律上の根拠なく受領していたことが判明した保険料についての取扱いについて定めた規定は設けられていないが、このような保険料については民法上の一般原則に基づき、不当利得として還付しているところであり、御指摘のような特別な制度を設ける必要はないものと考える。』との答弁をしているところである（中略）。）。以上の見地からは、当該場合に関して、公平の見地から悪意の受益者に利息を付して返還する義務を負わせた民法704条前段の規定が適用されることもまた当然のことであって、当該規定の適用のみが排除されるべき合理的な理由も見当たらない。」

＊　本判決は、適用事業所の届出により9年以上遡って標準報酬月額が改定され、これに伴って厚生年金保険料等が遡って減額更正されたという珍しい事案に関するものです（判例タイムズ1466号132頁）。

2　自賠法16条1項の損害賠償額の支払に応じた残存額に応じて保険者は損害賠償請求権を取得する（最判平10・9・10集民189号819頁、判例ID 28032716）

「国民健康保険の保険者が交通事故の被害者である被保険者に対して行った療養の給付と、自賠責保険の保険会社が右被害者に対して自賠法16条1項の規定に基づいてした損害賠償額の支払とは、共に一個の交通事故により生じた身体傷害に対するものであって、原因事実及び被侵害利益を共通にするものであるところ、右被保険者が、療養の給付を受けるのに先立って、保険会社から損害賠償額の支払を受けた場合には、右損害賠償額の支払は、右事故による身体傷害から生じた損害賠償請求権全体を対象としており、療養に関する損害をも包含するものであって、保険会社が損害賠償額の支払に当たって算定した損害の内訳は支払額を算出するために示した便宜上の計算根拠にすぎないから、右被保険者の第三者に対する損害賠償請求権は、その内訳のいかんにかかわらず、支払に応じて消滅し、保険者は、療養の給付の時に残存する額を限度として、右損害賠償請求権を代位取得する」

参考文献

1　公法上の不当利得（参考判例1の評釈）

　「公法上の不当利得については、民法703条等の規定の適用がないという見解もあり得る。しかしながら、裁判例においては、一般的に、権力的な公法的手続の過程において生じた不当利得についても、民法703条等の規定が適用されているように見受けられる（東京地判平成4年6月9日・金判902号15頁、東京地判平成5年1月29日・判時1444号41頁、札幌地判平成18年9月22日・判例秘書等）。また、昭和37年法律第44号による改正前の旧所得税法の下において雑所得として課税の対象とされた金銭債権が後日回収不能となった場合と徴収税額についての不当利得の成否について判示した最二小判昭和49年3月8日・民集28巻2号186頁、判タ309号255頁の調査官解説は、従来からの通説判例が述べるところとして、『民法703条以下の不当利得調整の理念は、公法関係にも妥当する』という（最高裁判所判例解説民事篇昭和49年度202頁〔佐藤繁〕）。この解説は、引き続いて、不当利得が権力的行為に基づいて生じた場合には、権力的行為の特殊性としての公定力が認められる結果、利得の原因となった行為が違法であっても、それが無効であるか又は権限を有する機関によって取り消されない限り、不当利得の返還を請求することができない旨を述べており、いわゆる公法上の不当利得の特殊性は、民法703条等の規定の適用の有無自体ではなく、その成立要件（法律上の原因を欠くといえるための要件）にある旨をいうものと解される（判例タイムズ1466号132頁）。」

2　国保資格喪失後の返還金の性質

　「保険給付の受給資格を得ると、有資格者は保険給付を受ける権利を取得し（国民健康保険法36条）、保険者に対して保険料を負担する義務を負うことになるが（国民健康保険法76条）、この権利義務関係は、国民健康保険法という法律に基づいて直接発生するもの（公法上の関係）である。

　他方で、受給資格を失った場合、上記公法上の関係が消滅しているのであり、公法上の関係が消滅した後の保険給付の受給は、法律上の原因のない利得であって、民法703条の不当利得の問題となる。取消処分等の行政処分によって返還請求権が発生する場合には、公法上の関係から発生する不当利得返還請求権であるとして、時効期間は5年であるが（自治法236条1項）、本返還請求権は、保険に相当する給付を受けることによって当然に発生するものと解される。したがって、その時効は、民法167条1項によって10年となる。なお、偽りその他不正の行為

によって保険給付を受けた者に対する徴収金の時効は国民健康保険法110条1項により、時効期間は2年である（前掲、債権管理・回収研究会編『自治体職員のための事例解説　債権管理・回収の手引き』）。

COLUMN

他の地方団体への徴収の嘱託

　地方税法20条の4に他の地方団体への徴収の嘱託の規定があり、遠隔地の納税義務者に対して居住自治体に徴収を嘱託している例があります。
　差押えを一本化する点で効率的な徴収方法ですが、この制度は十分に活用されているといえません。
　福岡県、福岡市、北九州市、久留米市が2005年（平成17年）から2007年（平成19年）にかけて地方税の合同捜索、徴収嘱託を初めて行った例が総務省の行政改革の事例として紹介されていましたが、徴収嘱託自体は古くから活用されていました。
　小説家、詩人である木山捷平（きやましょうへい）が、1953年（昭和28年）頃の固定資産税の滞納で郷里の市から嘱託された東京都庁が郷里の家屋を差し押さえたことを面白く書いています。
「税金で苦労する話
　役人はおんぼろラジオ1台を差押えて帰って行った。
　その時役人が置いて行った差押調書は、記念のために取っておいた筈だと思って捜してみたら出てきた。ところがその調書によると、差押物件は箪笥1棹となっている。ラジオだとばかり思っていたのは私の記憶違いであったようだ。滞納税額は1,140円である。日付は昭和28年10月7日である。
　ところで同じ書類袋の中からもう一つ変なものが出てきた。これは箪笥のような座敷にある動産ではなく、外にある不動産の宅地の差押調書

である。

　私は思い出すことができた。私は東京のほかに郷里の方にも、もはや人間は住めないようなおんぼろ家を一棟所有しているが、そのおんぼろ家の固定資産税の差押えをうけたことがあるのである。

　話の筋をとおすため初めからいうと、或る日突然一通の配達証明が舞い込んだ。あけて見ると上記のようなわけだったが、発信人は東京都となっているのには驚いた。私の郷里の市役所が東京都庁に財産の差押えをたのんだものらしかった（木山捷平『行列の尻っ尾』幻戯書房、2016年、212頁）。」

事項索引

判例索引

■昭和

著者紹介

青田悟朗　（あおた　ごろう）

立命館大学法学部卒業。1982年芦屋市に入庁。固定資産税係、諸税、病院総務課、収税係、行政担当（法規担当）、行政経営担当課長、総務部参事（行政経営担当部長）、上下水道部長、会計管理者を経て2019年3月に退職。

【主要著書】
『裁判例から読み解く　自治体の債権管理』（第一法規、2016年）
『判断に迷ったら読む　自治体の債権管理　50の疑問からわかる解決の糸口』（第一法規、2019年）
『改正民法対応　自治体のための債権回収Ｑ＆Ａ　現場からの質問【第2次改訂版】』（第一法規、2019年）
『自治体職員のための事例解説　債権管理・回収の手引き』（第一法規、加除式）

サービス・インフォメーション
・・・・・・・・・・・・・・・・・・・・・・・ 通話無料 ・・・・・・・・・・・・
①商品に関するご照会・お申込みのご依頼
　　　　　　　TEL 0120(203)694／FAX 0120(302)640
②ご住所・ご名義等各種変更のご連絡
　　　　　　　TEL 0120(203)696／FAX 0120(202)974
③請求・お支払いに関するご照会・ご要望
　　　　　　　TEL 0120(203)695／FAX 0120(202)973

●フリーダイヤル(TEL)の受付時間は、土・日・祝日を除く
　9:00〜17:30です。
●FAXは24時間受け付けておりますので、あわせてご利用ください。

現場の悩みを法と判例から解決に導く！
自治体財務Q＆A

2023年3月15日　初版発行

著　者　青　田　悟　朗
発行者　田　中　英　弥
発行所　第一法規株式会社
　　　　〒107-8560　東京都港区南青山2-11-17
　　　　ホームページ　https://www.daiichihoki.co.jp/

自治体財務QA　ISBN978-4-474-09227-3　C0031　(0)